AF452743

INTRODUCTION

A L'ÉTUDE

DU CODE NAPOLÉON.

De l'Imprimerie de Madame Veuve DUMINIL-LESUEUR,
rue de la Harpe, n°. 78.

INTRODUCTION

A L'ÉTUDE

DU CODE NAPOLÉON;

PAR F. DE LASSAULX,

DOCTEUR ET PROFESSEUR EN DROIT, DOYEN DE LA FACULTÉ DE DROIT DE COBLENTZ, OFFICIER DE L'UNIVERSITÉ IMPÉRIALE, etc.

———

A PARIS,

CHEZ ANTOINE BAVOUX, jeune, Libraire-Editeur de la jurisprudence du Code Napoléon, rue de l'hirondelle, n.º 18,

1812.

PRÉFACE.

Dès la première publication du *Code Napoléon*, j'ai consacré tous mes loisirs à l'étude de cette législation. J'en ai donné la première traduction en langue allemande, dont le succès rapide doit sans doute être principalement attribué aux circonstances favorables dans lesquelles elle parut, mais à laquelle du-moins on ne pourra contester le mérite de la priorité (*), et d'une grande fidélité, quoique la diligence que j'ai été

(*) L'impartialité ne me permet cependant pas de taire que la traduction de M. Daniels, avocat-général en la Cour de Cassation, a paru avant la publication des deux derniers volumes de la mienne, dont l'impression n'avait pu être achevée aussi rapidement, attendu qu'étant accompagnée d'un Commentaire tiré exclusivement des matériaux de la discussion officielle, elle a formé, dans la première édition, 5 volumes *in-8.º*, publiés successivement depuis 1803 jusqu'en 1805.

forcé d'apporter à la publication de ce travail, ne m'ait point permis d'accorder à l'élégance du style autant de soins, que mes nombreux successeurs dans la même carrière.

Nommé Professeur de *Code Napoléon* en la Faculté de Droit de Coblentz, à la première formation des Écoles de Droit, j'ai continué depuis, par état, ces études commencées par goût. En 1809, j'ai publié le premier volume d'un Cours complet et approfondi sur le Code Napoléon, auquel j'en ai fait depuis succéder trois autres, qui embrassent les matières renfermées dans les deux premiers livres du Code, ainsi que le titre des Successions. Cet ouvrage, quoique rédigé d'abord en langue française, ainsi que je l'ai annoncé dans la préface, a encore été publié en langue allemande. Deux motifs m'y ont déterminé. Les états d'Allemagne dans lesquels le Code venait d'être nouvellement adopté, étaient, à cette époque, inondés d'ouvrages commandés à la hâte par des libraires spéculateurs, et dans lesquels la législation française était entièrement défigurée. Les ouvrages français n'étant pas à la portée de tous les lecteurs, un ouvrage publié sur le Code par un jurisconsulte français, en langue allemande, m'a paru, dans ces circonstances, d'une utilité plus réelle, que la publication d'un pareil ouvrage en langue française. Le second motif tient aux difficultés que l'on éprouve en province pour l'impression et le débit de tout ouvrage de quelque étendue. Le retard qu'a éprouvé l'édition française de cet ouvrage ne peut d'ailleurs que tourner à son avantage, si le Public m'encourage à la lui donner, parceque je suis à même d'y faire entrer tous les développemens que la législation et la jurisprudence ont reçus depuis cette époque. Mais comme le nombre des auteurs estimés, qui ont écrit sur l'universalité ou sur les matières les plus importantes du nouveau droit civil, s'est considérablement augmenté, et s'accroit encore

tous les jours, je ne me croirais autorisé
d'en grossir le nombre , qu'autant que
l'accueildu présent essai m'aura prouvé
l'indulgence du Public pour mes travaux.

Quelques titres de cette introduction
ont déjà paru dans la *Bibliothèque du
Barreau* , et il en a été tiré un petit
nombre d'exemplaires, à part, sous le
titre : *des Caractères distinctifs du Code
Napoléon.* Cette brochure a été trouvée
parfaitement inutile par le rédacteur
d'un article inséré dans le *Journal de Paris* , du 5 mars 1812, tout en accordant
à l'auteur des éloges qu'il est loin de mériter. Si j'avais pu me convaincre de cette
inutilité , loin de reproduire ici ces titres,
je me serais empressé de les supprimer;
mais quelque docilité que j'aie pour la
critique , les argumens de l'auteur de cet
article n'ont pu opérer cette conviction
dans moi. C'est ainsi qu'il demande :

« A - t - il voulu prouver que ce
» Recueil immortel de nos Lois civiles

» était un emprunt fait, à-la-fois,
» au droit romain et à nos anciennes
» coutumes ? Mais il suffisait de lire le
» *Code Napoléon,* pour se convaincre de
» cette vérité ; il suffisait d'ailleurs de
» parcourir les discours éloquens pro-
» noncés dans l'enceinte du Conseil-
» d'État, pour y lire le noble aveu qu'ont
« fait, à cet égard, les savans et judi-
« cieux rédacteurs du Code ». Il me
semble que précisément, parcequ'ils ont
proclamé cette vérité, c'est un motif
et même une obligation pour le professeur, de rechercher dans quelles
matières on a suivi les principes de
l'une et de l'autre de ces législations,
et quelles sont les matières dans lesquelles on a cherché à combiner ceux
de l'une et de l'autre, afin de mettre son
lecteur à même de lire encore aujour-
d'hui, avec fruit, les anciens auteurs,
et de rechercher, dans la législation
originaire, les développemens de la loi
nouvelle.

Comme quelques personnes pourraient supposer que la présente introduction se compose de différentes dissertations détachées, rassemblées au hasard pour en faire un livre, il me reste à indiquer le plan que je me suis tracé dans la composition de cet ouvrage.

J'ai commencé par établir quelle était la matière des lois civiles, et quelle est la place qu'elle assigne au *Code Napoléon* dans le système général de la législation : *titre* Ier

Après avoir déterminé quel était l'objet du Code, j'ai cru devoir examiner quelles sont les personnes réglées par son empire : *titre* II. Le *titre* III en expose le système et la distribution des matières.

Le Code n'étant que le résultat des anciennes législations combinées et perfectionnées, j'ai remonté, dans le *titre* IV, à l'origine de ces législations, pour faire voir comment se sont successivement formées nos institutions actuelles, et quelles sont les causes qui avaient produit le partage du même royaume entre deux législations différentes. J'ai ensuite démontré, dans le *titre* V, dans quelles matières l'une et l'autre de ces législations avait prévalu dans la rédaction de la loi nouvelle, et quelles sont les matières dans lesquelles le législateur a abandonné l'une et l'autre pour se frayer une route nouvelle. Le *titre* VI expose alors les principes par lesquels on s'est dirigé dans l'emploi des matériaux fondus dans le Code, et dans sa rédaction.

Le *titre* VII explique les rapports qui existent entre le *Code Napoléon*, et les autres branches de la législation, par exemple, le droit public, la législation pénale, la procédure, etc. Le *titre* VIII nous présente le résultat de toutes les discussions précédentes, en récapitulant les principes qui caractérisent la législation du Code et, en la distinguant de toutes les autres législations, la rendent véritablement nationale. Enfin, le *titre* IX indique la manière la plus convenable de l'étudier, et le *titre* X, dans la *Bibliothèque choisie du droit nouveau*, indique les moyens pour faire cette étude avec fruit, et les guides qui pourront diriger ceux qui s'y consacrent.

INTRODUCTION

A L'ÉTUDE

DU CODE NAPOLÉON.

TITRE PREMIER.

De la place que le Code Napoléon occupe dans le système général de la Législation.

N.º I.ᵉʳ

On appelle *Droit*, en général, l'ensemble de toutes les lois écrites ou non écrites (1).

On appelle *Loi*, dans le sens le plus étendu, tout ce qui entraîne une nécessité quelconque avec soi (2); et dans un sens plus restreint, dans lequel ce mot est plus communément employé en jurisprudence, tout *précepte obligatoire*, soit que cette force obligatoire dérive de la seule conscience humaine (*for intérieur*), soit qu'elle résulte d'une contrainte extérieure (*for extérieur*). La *liberté* (3) consistant dans *la possibilité d'exercer notre volonté*, il s'en suit que chaque loi est une restriction apportée à la liberté, et que l'ensemble de toutes les restrictions

I

qui s'opposent au libre exercice de notre volonté, forme le droit en général.

Les lois d'une espèce particulière, celles, par exemple, qui ont pour objet les rapports politiques, les relations privées, ou qui ne concernent qu'une espèce de ces relations, sont les *sections* ou les *parties* du droit en général (*droit public*, *droit privé*, *droit commercial*). Il y a, sous ce rapport, autant de divisions et de subdivisions du droit, en général, qu'il y a de rapports entre les individus (4).

La *jurisprudence* (5) est la science ou la connaissance du droit (6) [*ars juris*].

(1) Voir la note première au n.º 2, sur les autres acceptions que l'on attribue au terme *droit*.

(2) C'est en ce sens que l'on appelle *loi physique*, la nécessité qui résulte de l'action et du mouvement des corps physiques ; *loi d'instinct*, l'impulsion donnée par l'action des forces physiques sur les penchans d'un être animé ; *loi intellectuelle*, la direction donnée à nos actions par la raison.

(3) *Montesquieu* (Esprit des lois, L. XI, ch. III) la définit : *le droit de faire tout ce que les lois permettent*. Mais la liberté considérée en elle-même, est la faculté de faire ce que l'on veut ; faculté nécessairement et essentiellement restreinte, en l'état de nature, par les lois physiques et le droit naturel, et, en l'état de société, en outre, par la loi civile.

Ces restrictions sont, en effet, inséparables de la liberté ; la volonté de l'homme étant subordonnée à dés nécessités de toute espèce ; mais, pour cela , ces dernières n'entrent pas dans l'idée même de la liberté , ni dans sa définition qui doit exprimer cette idée. D'après la définition du président Montesquieu , ce serait une absurdité de dire qu'il règne plus de liberté dans tel pays que dans tel autre , attendu que , dans tout pays quelconque , on a le droit de faire *ce que les lois permettent*. Seulement les lois d'un pays laissent plus de latitude à la volonté de l'homme, que celles d'un autre peuple ; et la liberté est toujours en raison inverse des restrictions apportées par la loi à la possibilité d'exercer cette volonté.

(4)   C'est ainsi que les lois du droit public qui embrassent tous les rapports du sujet avec l'autorité publique dans l'état , se subdivisent en lois constitutionnelles , lois administratives , lois criminelles , lois de police , lois financières.

(5)   Les Instituts (L.1.) définissent la jurisprudence, *rerum divinarum et humanarum notitia , justi atque injusti scientia*. La première partie de cette définition s'applique plutôt à la *science* en général , qu'à la *science du droit* en particulier. Quant à la seconde , elle se rapporte à la science du droit , parceque le juste est ce qui est conforme aux lois (écrites ou non écrites) ; et l'injuste, ce qui y est contraire.

Le mot jurisprudence , dans notre droit , a encore une acception plus restreinte , dans laquelle il signifie les règles tirées d'une série de décisions particulières. C'est en ce sens que l'on dit : *la jurisprudence des arrêts, la jurisprudence d'une cour.* Cette partie de la science du droit (jurisprudence), est d'une

(4)

haute importance en France , où la publicité de la procédure et la hiérarchie des cours de justice ont, de tout temps , assuré à la jurisprudence des arrêts une grande influence sur la législation, dont elle forme le supplément.

(6) On confond souvent les termes de jurisprudence et de droit. Le droit est cependant *l'ensemble des lois* (écrites ou non écrites); et la jurisprudence en est la *science*.

N.º II.

Le droit a pour objet les différentes relations qui existent entre les hommes ; mais dans un autre sens de ce mot (1) , toute faculté quelconque qui naît de ces mêmes relations , s'appelle également *un droit*, et la nécessité qui résulte d'une loi, *une obligation*, qui est *parfaite*, lorsque de la loi il naît, en faveur d'un autre individu, le droit d'en exiger l'accomplissement ; *imparfaite,* dans le cas contraire (2); *naturelle ,* si cet accomplissement ne peut être exigé que devant le for intérieur ; *civile ,* s'il peut être poursuivi devant le for extérieur (3). Les facultés qui naissent des relations d'une espèce particulière , forment autant de subdivisions du droit dans ce sens, (droit *personnel, réel,* etc., etc.). C'est pourquoi la jurisprudence peut aussi être définie : *la science des droits et des obligations ,* ou la science du juste et de l'injuste ; en d'autres termes, la science de ce qui est permis et de ce qui est défendu (par les lois valables dans le for intérieur ou extérieur).

(1) De ces deux acceptions du mot *droit*, on appelle
(quoique improprement) *objective*, celle établie
au n.º 1, (dans laquelle il est synonyme avec *law*,
νομος) et *subjective*, celle expliquée dans le n.º 2
(dans laquelle il est synonyme avec *right*, δικαιον).
Il mérite d'être remarqué que ces deux acceptions
sont communes au mot latin *Jus*, au mot français
Droit, et au mot allemand *Recht*. Quelques auteurs
lui attribuent encore plusieurs autres acceptions,
qui ne servent cependant qu'à mettre de la confusion
dans les idées, et à compliquer la science. Un jurisconsulte allemand, *Strick*, dans son commentaire
sur le digeste, § 1, en a trouvé jusqu'à 14, qu'il prétend faire dériver de différens textes des Pandectes.
Il n'est cependant rien moins que difficile de les ramener toutes aux deux acceptions que nous avons
établies, et d'après lesquelles le mot *droit* signifie
toujours, ou un *ensemble de préceptes*, ou une
faculté. C'est ainsi que, dans la phrase *i mecum
in jus*, le mot *jus* ne signifie pas, comme on l'a prétendu, le tribunal du Préteur, mais simplement,
*i mecum illuc ubi jus, id est, lex, ratio pronuncia-
tur*; que dans les mots *testamentum jure factum*,
il ne signifie pas la forme matérielle du testament,
mais un testament *secundùm jus, id est, legem factum*; que dans ceux, *hoc juris est*, il ne signifie pas
la qualité d'une action, mais simplement, *hoc per
jus, id est, legem fieri licet*. C'est de même à tort
qu'on a voulu déduire de la l. 13, *Codicis de rei vin-
dicatione*, (lib. 3, tit. 32), qu'il signifiait procédure.

(2) Les obligations imparfaites sont celles qu'imposent,

par ex. , la reconnaissance, l'amitié , la bienfaisance.

Elles diffèrent essentiellement des obligations naturelles , en ce qu'elles ne donnent à personne le droit d'en exiger l'accomplissement , même devant le for de la conscience. Si c'est une obligation pour nous de faire la charité , cette obligation n'existe pas envers une personne déterminée : si la morale nous impose le devoir de rendre bienfait pour bienfait , celui qui nous a rendu un service dans une occasion , ne peut s'en prévaloir pour en exiger un de nous dans une autre occasion , parcequ'il nous a servi spontanément , sans aucune condition , et qu'il est possible que nous eussions refusé son service , s'il nous eût dit d'avance qu'il en exigerait un jour l'équivalent. C'est-là la différence entre l'obligation imparfaite qu'impose la reconnaissance, et l'obligation naturelle qui résulterait d'un contrat, *do ut des*, *facio ut facias* , auquel la loi civile aurait dénié l'action devant le for extérieur.

(3) Ces principes justifient la définition que nous avons donnée plus haut de la liberté. En effet , supposons une action physiquement possible , mais contraire aux lois valables dans le for intérieur seulement , nous avons bien la liberté physique de la faire , mais nous n'en avons pas la liberté morale. Il est d'autres actions que le droit naturel ne défend pas , et qui ne sont illicites que parceque la loi positive les prohibe (ainsi qu'il sera plus amplement développé par la suite). En ce cas , nous aurons la liberté physique de commettre une pareille action ; nous en aurions même la liberté morale , si nous pouvions faire abstraction de l'état de société dans lequel nous vivons,

Mais comme c'est un principe de droit naturel : *ne fais pas à autrui ce que tu ne veux pas que l'on te fasse ;* et comme la société serait dissoute , du moment que ses membres se permettraient de méconnaître la loi positive , il s'en suit que la prohibition de cette action nous ôte la liberté de la faire , non-seulement par la contrainte extérieure , qui est la sanction des lois positives ; mais aussi . sans égard à cette contrainte , par application du principe que nous venons de citer.

N.º III.

On appelle droit naturel (*jus naturæ et gentium*), les règles qui font distinguer à l'homme , indépendamment de toute volonté étrangère et arbitraire (*législation positive*), ce qui est juste , de ce qui ne l'est pas (1). Comme ces règles ont leur source dans la conscience humaine , le droit de la nature et des gens est le même chez tous les peuples ; de là, la *première division* des lois , tirée de leur origine , en *lois naturelles* (innées, immuables) , et *lois positives* (créées et arbitraires.)

(1) Rien de plus discordant que les idées des philosophes et des jurisconsultes sur la définition du *droit naturel;* discordance qui a fait révoquer en doute jusqu'à l'existence de ce droit. Il nous paraît cependant qu'elle provient , en grande partie, de ce qu'on ne s'entend pas réciproquement. Du moment que nous établissons que la science du droit est la connaissance

du juste et de l'injuste, la division du droit en *droit naturel* (dans le sens que nous attachons à ce terme, et dans lequel il comprend la connaissance du juste et de l'injuste, abstraction faite de toute législation positive), et en *droit positif* (ou la connaissance des droits que l'on peut poursuivre devant le for extérieur, et des engagemens à l'accomplissement desquels on peut être contraint par une force étrangère), résulte de la nature même des choses. Cette définition du droit naturel a cependant été attaquée, sous ce point de vue que plusieurs auteurs regardent l'état de nature comme une chimère, et soutiennent que, par un résultat nécessaire de l'inégalité des forces physiques, les plus petits peuples, même dans leur enfance, ont toujours été régis par des lois positives quelconques, dictées par le plus fort, ou agréées d'un commun accord. Mais il devient indifférent d'examiner si jamais un peuple quelconque a vécu en l'état de nature; il suffit d'admettre l'existence de certaines règles, qui devraient régir, dans la supposition de cet état, les rapports entre des hommes n'ayant aucune loi positive; et c'est l'ensemble de ces règles que nous qualifions de droit naturel. Nous démontrerons, par la suite, que leur connaissance n'est rien moins qu'indifférente au légiste.

Les jurisconsultes de l'école allemande attachent au terme de droit naturel, une acception plus abstraite. Selon eux, le droit naturel est la métaphysique du droit, la philosophie du droit positif, ou les décisions dictées, par la seule raison, sur le règlement des rapports entre les hommes vivant en l'état so-

(9)

cial. D'après cette définition, il y a un droit naturel
des gens et un droit naturel public, comme un droit
naturel privé ; et ce droit naturel, loin de faire abstraction de la législation positive, doit nous présenter, au contraire, le type de la meilleure législation
positive possible.

Enfin , les romains nous donnent encore une
autre définition du droit naturel, sur laquelle on leur
a fait le reproche très-mal fondé (*Locré, Esprit du
C. N., introduction, chap.* 7.) de n'avoir donné
qu'une idée imparfaite et inexacte de ce droit, et
d'avoir supposé que le droit naturel de l'homme fût
le même que celui de la brute. Jamais les auteurs de
cette législation immortelle, qui éclaire encore les
nations après tant de siècles, n'ont eu une idée aussi
absurde ; seulement ils attachaient aux termes une
autre valeur. Leur division du droit en JUS NATURÆ,
quod natura omnia animalia docuit; JUS GENTIUM ,
quod naturalis ratio inter omnes homines constituit,
et JUS CIVILE , *quod quæque sibi civitas constituit ,*
nous paraît même bien plus simple que celle que l'on
y a substituée. Il est d'ailleurs facile de prouver que
les romains avaient les mêmes idées que nous sur ce
qu'ils appellaient *jus gentium ,* et que nous appelons
droit naturel. C'est ainsi que Cicéron dit : *Est non
scripta , sed nata lex , quam non didicimus , acce-
pimus , legimus , verùm ex naturá ipsá arripui-
mus , hausimus , ad quam non docti sed facti ,
non instituti sed imbuti sumus.* A la vérité, ils met-
taient l'esclavage au nombre des institutions du droit
des gens ; mais, si toutefois on ne veut pas adopter

l'opinion de *Hugo Grotius* (*de jure belli et pacis* , l. 3 , c. 7 , § 2 , l. 2 , c. 5 , § 27), on ne doit y voir qu'une erreur de fait, en ce que les romains , peuple guerrier, croyaient l'esclavage en usage sur toute la terre.

Voir , sur la division tout-à-fait erronée du droit des gens en *primævum* (*quod naturalis ratio cons- tituit*), et *secundarium* (*quod gentes inter se , ob mutuam necessitatem, cons ituére*) , à laquelle une expression improprement employée par Tribonien a donné naissance , le *jus civile controversum* par *Coccéjus,* lib. 1 , tit. 1 , quæst. 5.

N.º I V.

On appelle *droit positif* (1), la législation arbi- traire d'un peuple , qui règle les rapports respectifs de ses membres dans toutes les relations de la vie sociale (2). L'ensemble des lois positives fut appelé *jus civile* par les romains. Nous les divisons en au- tant d'espèces qu'il y a de rapports généraux entre les hommes , savoir : *le droit des gens* (3), ou les lois qui règlent les rapports entre les différens peuples et les droits qui naissent de ces rapports; *le droit public* (4), ou les lois qui règlent les rapports du sujet avec les dépositaires de l'autorité publique dans l'état , ainsi que les rapports entre ces derniers mêmes; le *droit privé,* qu'aujourd'hui on appelle ex- clusivement *droit civil* (5) , qui règle les rapports particuliers entre les hommes réunis en société. Il

est même plus juste de réduire ces divisions à deux ,
savoir : le *droit public* , et le *droit privé* , parcequ'il
ne peut y avoir un droit des gens positif, à défaut
d'un tribunal souverain chargé de faire respecter les
lois positives du droit des gens. *Les lois du droit
privé* se divisent en lois *d'intérêt privé* , lorsqu'elles
ont été rendues dans le seul intérêt des particuliers
qui peuvent, dès lors, y déroger ; et en lois *d'ordre
public* , lorsque ces lois, quoique statuant sur des
rapports privés , sont le résultat de principes adoptés dans l'intérêt général de la société (6). Deuxième
division des lois, relativement à leur objet, en *droit
des gens* , *droit public* , *droit privé* (7).

(1) Toute loi positive n'oblige que les membres de
l'Etat pour lequel elle a été rendue , ainsi qu'il
résulte de l'indépendance des différentes nations
entre elles. Elle présuppose donc nécessairement un
état social , mais non la forme du gouvernement de
cette société ; car tout droit positif a été , dans son
origine , le résultat d'une convention entre les membres de la cité , quoiqu'aujourd'hui il n'ait plus les
caractères d'un contrat, parcequ'il n'est nullement
nécessaire, pour sa perfection, que tous les membres
de la nation pour laquelle une loi positive est rendue, y aient donné leur consentement par eux-
mêmes ou par leurs représentans. Mais si nous re-
montons à l'origine de l'état social , nous trouverons
que la première loi positive ne peut avoir reçu sa
force exécutoire que d'une convention entre les

membres , ou de l'autorité d'un chef auquel le peuple avait attribué le pouvoir législatif par une pareille convention expresse ou tacite. Aujourd'hui que chaque nation a sa constitution écrite ou non écrite , qui fait partie de son droit positif, le pouvoir législatif est fixé par cette constitution.

En admettant même qu'une usurpation fondée sur la seule supériorité des forces physiques, ait été dans le principe l'origine du pouvoir législatif, nous arriverons néanmoins au même résultat ; car, comme toute supériorité physique est transitoire de sa nature, la soumission du plus fort, depuis le moment où cette supériorité est venue à cesser, renferme un véritable consentement à la continuation du pouvoir usurpé ; et, ni un seul, ni la minorité des membres de la société , ne serait recevable, dans la suite, à argumenter de cette usurpation originaire , pour lui refuser l'obéissance : sous ce rapport, le gouvernement le plus absolu peut être tout aussi légal qu'un gouvernement purement démocratique.

Mais si , par le fait d'une crise violente, soit du dehors , soit dans l'intérieur , la constitution d'un Etat se trouve renversée et l'autorité abolie, tout citoyen rentre dans le droit de concourir au traité qui doit établir le nouveau gouvernement. C'est ainsi qu'en France , le pouvoir législatif dérive de la sanction accordée par le peuple aux actes des constitutions de l'empire des 22 frimaire an 8 , et 28 floréal an 12.

(2) Dans le projet du code civil , on avait défini la loi positive, *une déclaration solennelle du pouvoir*

législatif, sur un objet de régime intérieur et d'intérêt commun. En France, où le pouvoir législatif est partagé entre l'empereur, le sénat et le corps législatif, on ne se sert communément du terme de *loi,* que pour désigner les décrets sanctionnés par la dernière de ces autorités.

(3) On a voulu prétendre que les traités et les ambassades étaient des institutions positives du droit des gens : mais comme les peuples ne reconnaissent aucun législateur commun, et aucun for extérieur, il s'en suit que l'exécution des traités et la sûreté des ambassadeurs ne repose que sur la foi publique et l'hospitalité, qui sont de droit naturel. Il n'existe donc aucun droit des gens positif, parceque lorsqu'une nation a des griefs contre une autre nation, elle est réduite à la nécessité de subordonner la décision de son droit au sort des armes. Lorsqu'un gouvernement publie un traité passé avec un autre gouvernement, pour le faire respecter par ses sujets, ce traité devient pour ces derniers une loi de droit public, parceque sa force obligatoire est restreinte aux habitans du pays où cette publication a lieu, et dérive de l'obéissance qu'ils doivent à leur gouvernement.

Les lois de droit public sont toutes positives, en ce qu'elles ont pour objet les rapports avec le gouvernement, qui est lui-même une institution positive. La plupart des rapports du droit privé, au contraire, existent également en l'état de nature ; et la législation positive du droit privé a donc seulement pour objet d'organiser et de modifier ces rapports dans l'intérêt général de la société.

(4) Dans le droit des gens, qui a pour objet les relations d'état à état, les rapports sont collectifs des deux côtés ; dans le droit public, ils le sont quelquefois également : quelquefois ils sont individuels d'un côté et collectifs de l'autre. Dans le droit privé, ils sont toujours individuels des deux côtés.

(5) On appelle aujourd'hui droit civil, le droit privé qui, chez les romains, ne formait qu'une subdivision du droit civil, ou du droit de la cité. Nous avons été surpris qu'un de nos premiers jurisconsultes en ait voulu déduire que les romains n'avaient point saisi le caractère distinctif du droit civil, et que, pour justifier cette inculpation, il ait allégué que, d'après leur système, la *lex tribunitia* était également ment une loi de droit civil (*Jus civitatis*).

(6) De ce nombre sont toutes les lois sur les rapports de famille, parceque la constitution des familles tient à celles de l'état ; celles qui établissent des incapacités civiles, les lois prohibitives, etc., etc.

(7) Les rédacteurs du code , indépendamment de ces trois espèces de lois, en admettaient une quatrième, à laquelle devaient appartenir toutes les lois qui n'entrent, ni dans le droit des gens, ni dans le droit public, ni dans le droit privé. Nous croyons, avec M. *Locré*, que toutes les lois quelconques peuvent être rangées dans l'une ou l'autre de ces trois divisions. Les lois relatives à la hiérarchie et à la compétence des autorités judiciaires ; celles sur le système

militaire, ainsi que les lois de finance, sont des lois de droit public. Les lois commerciales appartiennent au droit des gens, lorsqu'elles règlent les relations commerciales d'état à état; au droit public, lorsqu'elles ont pour objet de prévenir et de punir les désordres et les crimes auxquels le commerce peut donner lieu, ou lorsqu'elles établissent des tribunaux et une procédure particulière pour la décision des contestations entre commerçans à l'occasion du commerce, ou lorsqu'enfin elles frappent des impôts sur l'industrie commerciale ; au droit civil, lorsqu'elles règlent la force et les effets des transactions commerciales. Les lois maritimes, à l'exception de celles qui renferment des préceptes du droit des gens, sont, ou lois militaires et de simple police, ou lois civiles. Les lois rurales, enfin, font partie du droit criminel dans leurs dispositions relatives à la police, et du droit civil, en tant qu'elles ont rapport à la propriété.

N.º V.

Le droit naturel est le type et la base de toute législation positive, parceque des lois contraires aux principes du droit naturel ne pourraient être qu'injustes : mais ce droit est insuffisant, parceque, ne considérant l'homme qu'abstraction faite de toute loi positive, il ne peut contenir aucune règle sur les devoirs respectifs qu'imposent aux hommes réunis en société civile les rapports sociaux qui prennent leur origine dans la loi positive. Il doit aussi souffrir de grandes restrictions, parceque si chaque membre de la société voulait, en usant de la plénitude de ses droits naturels, se permettre tout ce qui n'est pas injuste en soi-même, il en naîtrait un conflit de droits qui amènerait inévitablement la dissolution du corps social (1).

(1) De ces principes, on peut déduire les règles suivantes : 1.º que la loi positive ne peut jamais ordonner ce que la loi naturelle défend ; 2.º mais qu'elle peut modifier et restreindre les facultés que la loi naturelle accorde à l'homme en lui-même, abstraction faite du lien social : d'où il suit qu'il y a des choses qui ne sont pas injustes en elles-mêmes, mais qui le sont, parceque la loi positive les a déclarées telles ; 3.º que la loi positive doit régler à elle seule les institutions créées par elle ; et 4.º que la loi naturelle règle tous les rapports sur lesquels la loi positive n'a point statué : d'où il suit que les obligations du droit naturel doivent être respectées, même dans le for extérieur, à moins qu'une disposition particulière de la loi positive ne leur ait dénié cet effet. Il suit de ces règles que le droit naturel est bien la base de la législation positive, mais que c'est à tort qu'on a voulu établir qu'il en était la source : c'est l'insuffisance du droit naturel qui a nécessité la législation positive, et cette dernière ayant particulièrement pour objet des rapports non prévus par le droit naturel, ses dispositions ne sauraient être tirées de ce droit. Dans les matières du droit naturel, la loi positive organise et modifie les dispositions de la loi naturelle dans

leur

leur application aux rapports sociaux. Dans les matières qui lui sont étrangères, par ex., les testamens,
l'équité naturelle sert encore de guide, lorsque la
loi positive est muette ou obscure. Et comme presque toutes les institutions du droit positif se rapportent, en dernier lieu, à la propriété qui est de
droit naturel, ce dernier est, en effet, la base de
toute législation positive, et le fondement sur lequel
on a construit le temple de cette loi ; mais il n'est pas
exacte de dire qu'elle en dérive.

Si l'on demande s'il faut nécessairement faire une
étude particulière du droit naturel, avant que d'a-
border la législation positive, nous n'hésitons pas de
répondre négativement. Les principes du droit naturel, d'un intérêt pratique, ont été adoptés par le droit
positif, et se retrouvent entre ses dispositions. Ceux
que l'on y chercherait en vain, tiennent plutôt au
sentiment qu'à la doctrine. La conscience seule nous
fait distinguer le juste d'avec l'injuste, et ce que la
nature a gravé dans nos cœurs n'a pas besoin d'être
enseigné. Tout au plus, il faut de la logique pour se
décider dans la collision d'obligations et de devoirs
inconciliables.

N.º VI.

On divise encore les lois en *divines* et *humaines,*
ecclésiastiques et *laïques* : la première de ces divisions est exclusivement du domaine de la théologie,
en ce qu'elle est subordonnée à la question de savoir quelle révélation il faut admettre. La seconde
peut exister sous un double rapport : 1.º relative-

ment à l'objet de ces lois ; et 2.º relativement à l'autorité dont elles émanent. Sous ce dernier rapport, les lois rendues par une autorité ecclésiastique n'ont de force obligatoire devant le for extérieur, qu'autant qu'elle leur a été accordée par le souverain. Toutes les lois positives quelconques sur des matières de religion, font partie du droit public ; tout ce qui n'y est pas prévu est du domaine de la conscience.

N.º VII.

Sous le rapport de leur formation, les lois sont *écrites*, ou *non écrites* (1). Le droit écrit est renfermé dans les déclarations solennelles du pouvoir législatif dans l'état ; le droit non écrit se compose des coutumes et usages, qui forment le complément du droit écrit.

La coutume est d'une double espèce ;

1.º *Res judicata*, ou la jurisprudence des arrêts ;

2.º *Jus consuetudinarium*, ou le résultat d'une série d'actes publics, uniformes, non interrompus par d'autres actes contraires, qui, par cette répétition, obtiennent la force d'une convention entre tous les membres de la cité (2), laquelle a cependant besoin d'être sanctionnée par le consentement tacite du pouvoir législatif, toutes les fois qu'on l'oppose à une loi écrite (3). Il faut même, pour qu'elle puisse être invoquée, que les actes publics qui établissent la coutume (4), aient été exercés depuis un temps immémorial contre le texte formel d'une loi, *consuetudo abrogatoria*, ou en laissant le texte de la loi sans exécution, *desuetudo*. On divise encore la coutume en *affirmative* et *négative*, *constitutive*, correctoria seu derogatoria, en *générale* et *locale* (5).

(1) Il est inutile de dire que toutes les lois de droit naturel appartiennent à cette dernière classe.

(2) La preuve d'une coutume est toujours à la charge de celui qui l'allègue.

(3) Ce consentement tacite n'est pas requis, lorsque la coutume, sans déroger à une loi existante, a le caractère d'une convention entre les habitans de la province ou de la commune où elle s'est formée ; ce qui explique aussi la variété des coutumes locales, par exemple, dans le cas de l'art. 1641 du code Napoléon.

(4) En France, le terme de coutume est devenu synonyme de celui de *droit statutaire*, quoique la plupart des lois statutaires en vigueur avant la révolution, eussent été rédigées par écrit. Ce sont sans doute l'ignorance de cette circonstance et une fausse interprétation de l'art. 7 de la loi du 30 ventose an 12, qui ont fait dire à quelques jurisconsultes allemands qu'il ne saurait être question d'aucune coutume sous l'empire du code Napoléon. Les articles 1641, 1648,

1754, 1759, et beaucoup d'autres de ce code, prouvent, au contraire, que la coutume ou l'usage constant forme, dans bien des cas, le supplément de la législation. Il ne peut point encore être question d'abrogation ou de dérogation à ses dispositions par une coutume contraire, vu la date récente de sa publication : cependant la disposition de l'art. 77, d'après laquelle l'officier de l'état civil est tenu de se transporter auprès de la personne décédée avant de dresser l'acte de décès, est déjà tombée en désuétude dans une grande partie de l'empire.

(5) Comme on ne peut pas présumer, à moins de circonstances particulières, qu'une coutume locale soit arrivée à la connaissance du législateur, il s'en suit que de pareilles coutumes ne peuvent être invoquées que dans le silence de la loi, et pour y suppléer; mais qu'en règle, elles ne peuvent lui être opposées.

N.º VIII.

Les lois ordonnent (*jus præceptivum*), ou défendent (*jus prohibitivum*) (1).

Elles se divisent enfin en lois *nationales* et lois *reçues* (2).

(1) Le jurisconsulte romain dit : *Legis virtus hæc est, imperare, vetare, permittere, punire;* mais toute loi pénale se rapporte nécessairement à une autre loi, dont elle a pour but d'assurer l'exécution; et comme tout ce qui n'est pas défendu est permis,

toute loi qui permet un fait quelconque se rapporte également à une autre qui l'avait défendu ; il ne reste donc d'autres lois principales , que celles qui ordonnent ou qui défendent. Les jurisconsultes anciens avaient adopté une autre division de droit, en *jus præceptivum*, ou lois strictement obligatoires, et *jus permissivum*, ou lois *meræ permissionis*. Cette division est combattue par *Coccéjus*, *jus civile controversum*, lib. 1, tit. 1, quæst. 8.

(2) Le droit français actuel est entièrement national , depuis que l'art. 7 de la loi du 3o ventose an 12 n'a plus conservé au droit romain d'autre autorité que celle qu'il obtiendra toujours comme *raison écrite*, sans que pour cela la contravention à ses décisions puisse jamais donner lieu à cassation.

N.º I X.

Les lois perdent leur force obligatoire, d'une manière expresse, par une loi postérieure ; tacitement, par une coutume contraire. Une loi peut être abrogée en tout ou en partie ; de nouvelles dispositions peuvent y être ajoutées ; des dispositions contraires peuvent la modifier : *derogare, subrogare, abrogare, obrogare* (1).

(1) Toutes les fois qu'il est possible de concilier ensemble l'exécution simultanée de deux lois successives, on doit les entendre et appliquer plutôt en ce

sens, que dans celui dans lequel la loi postérieure dérogerait à la loi précédente ; comme il faut toujours interpréter une loi nouvelle dans le sens dans lequel elle s'écarte le moins de la loi antérieure.

N.º X.

La justice est la constante et perpétuelle volonté d'attribuer à chacun ce qui lui est dû.

Les tribunaux sont l'organe de la justice, et revêtus de l'autorité nécessaire pour faire exécuter leurs décisions. On divise ordinairement la justice en *générale* et *particulière*, *commutative* et *distributive*, *intérieure* et *extérieure* (1).

(1) On confond souvent ces deux dernières divisions, qui tiennent cependant à des principes différens : la justice, en elle-même, est proprement la manière d'agir conforme aux lois, et, en ce sens, on la divise en intérieure, lorsque cette manière d'agir est conforme aux lois seulement valables dans le for intérieur, et extérieure, lorsqu'elle est conforme à celles valables devant le for extérieur. La justice commutative, au contraire, est une justice absolue, tandis que la justice distributive, ayant égard à la règle *summum jus, summa injustitia*, modifie la rigueur du droit par des motifs d'équité tirés des circonstances particulières de chaque espèce.

N.º X I.

Le droit des gens peut être réduit à ce double principe ;

De faire, en temps de paix, aux nations étrangères, le plus de bien,

Et, en temps de guerre, le moins de mal que l'intérêt national le permet.

De ce principe, on a déduit quelques règles d'application, qui sont généralement respectées par toutes les nations policées, sans avoir reçu aucune sanction extérieure (1).

(1) Les principales de ces règles sont : 1.º que la souveraineté territoriale s'acquiert par *occupation* (des pays nouvellement découverts), par *droit de conquête* et par *cession*, mais non par *usucapion*.

2.º Que la mer est libre et commune à toutes les nations, et que celle d'entre elles qui voudrait en usurper l'empire exclusif, se met hors du droit commun des gens.

3.º Que le gouvernement de chaque état jouit de la liberté la plus absolue de faire, dans l'intérieur de son territoire, tout ce qu'il juge conforme à ses intérêts ; et qu'on ne peut regarder comme des violations du droit des gens, ni l'exclusion des étrangers du commerce national et des places publiques, ni la défense faite par un gouvernement à ses propres sujets de passer à l'étranger, ni enfin les changemens dans la constitution, ou dans l'organisation militaire et financière de l'état, lors même que des effets de ces changemens, il résulterait un préjudice indirect aux autres états.

4.º Que les *traités* entre états ont besoin de la ratification du souverain pour être définitifs, à l'exception cependant des *conventions militaires*; mais quelquefois on n'est pas d'accord sur la question, jusqu'à quel point les stipulations d'une pareille convention sont obligatoires pour le souverain, dont le général s'est vu obligé de la passer. Parmi les traités, nous remarquerons les traités d'alliance (offensive ou défensive), de commerce, de neutralité et de subsides.

5.º Les nations sont représentées, dans les rapports d'état à état, par des *ambassadeurs* ordinaires et extraordinaires, par des ministres ou envoyés plénipotentiaires, par des chargés d'affaires; et dans les relations commerciales, par des *consuls* généraux et particuliers.

6.º Les moyens de poursuivre des droits contestés entre des nations indépendantes, sont la *rétorsion*, les *représailles*, et la *guerre*. L'on appelle *rétorsion*, des mesures défavorables à un autre état, mais que, suivant les principes établis au n.º 3, une nation est autorisée à prendre, même en temps de paix, par ex., l'exclusion du commerce national des habitans d'un pays avec lequel il n'existe aucun traité de commerce. Les *représailles* sont des actes de violence, commis sous le prétexte de troubles essuyés de la part de la nation contre laquelle ils sont dirigées. La *guerre* est un état de violences réciproques, par lesquelles on soumet la décision des droits contestés au sort des armes, c'est-à-dire, au droit du plus fort.

7.º La guerre étant un rapport d'état à état, et non de particulier à particulier, il n'y a que le *militaire* (régulier ou formé par des appels extraordinaires à la masse des habitans) qui soit autorisé à commettre ces actes de violence, sous les ordres de ses chefs. Ces actes, dans la guerre continentale, ne sont pas même dirigés contre les propriétés particulières, sauf le droit du vainqueur de lever des *contributions de guerre,* et de pourvoir à la subsistance de ses troupes par des *réquisitions.* Il en est autrement de la guerre maritime, dans laquelle on expédie des *lettres de marque* à des corsaires, qui forment une espèce de *marine auxiliaire* principalement diri-gée contre le commerce ennemi. Il est certains actes de violence, par exemple, le saccage d'une ville qui n'aurait pas fait de résistance armée, et cer-taines armes, par exemple, le poison, que l'on re-garde comme défendus par le droit des gens : mais, excepté les cas dont nous venons de parler, il serait difficile d'établir des règles invariables à cet égard : communément il est admis de ne pas tuer les soldats qui rendent leurs armes, mais de les faire prison-niers de guerre ; on leur rend quelquefois la li-berté sur parole ; les vaisseaux se rendent en bais-sant le pavillon ; on punit les espions de mort ; et l'on regarde comme inviolables les personnes des parlementaires.

8.º Les alliés peuvent être divisés en deux classes ;

ceux qui ne prennent part à la guerre qu'en vertu d'un traité particulier et jusqu'à concurrence d'un contingent déterminé, et ceux qui épousent, d'une manière absolue, le parti de l'une des nations belligérantes. Les *neutres*, sont ceux qui se maintiennent en état de paix avec toutes les puissances belligérantes. L'ancien principe du droit des gens admis en leur faveur dans la guerre maritime, *que le pavillon couvre la marchandise*, a été foulé aux pieds dans la guerre présente par les ordres du conseil Britannique.

9.º A moins que l'un des états belligérans ne soit conquis en entier et incorporé aux états du vainqueur, la guerre se termine par un *traité de paix*, dont les conditions principales sont quelquefois arrêtées par un traité préliminaire, et développées plus amplement dans un traité définitif, qui est souvent conclu dans un congrès des puissances belligérantes. Par fois, des puissances neutres y interviennent comme *médiateurs*, ou comme *garans*.

N.º X I I.

Toutes les institutions sociales ont pour objet, de fonder la prospérité générale sur la prospérité des particuliers, par la plus grande sûreté des personnes et des propriétés; en second lieu, en réunissant les volontés et les ressources de tous les membres de l'état pour la formation de grands établissemens, et l'exécution de vastes entreprises au-dessus des forces des simples particuliers.

Pour atteindre ce but , chaque membre de la société a dû ,

1.º Renoncer au droit de se faire justice à soi-même , moyennant le recours qui lui est ouvert devant les tribunaux , sous la réserve cependant du droit de défense de soi-même ;

2.º Consentir d'abandonner une partie de son revenu , pour obtenir une garantie plus forte de sa personne , de sa famille , de ses propriétés , que celle qu'il aurait trouvée dans ses propres forces , et cela , non-seulement contre des attaques de la part d'ennemis personnels ou de brigands , mais aussi contre les invasions d'ennemis extérieurs : moyennant cette contribution , il partage également le bienfait des établissemens et institutions formés pour la prospérité générale de habitans.

Les lois du droit public (1) ont pour objet de régler les rapports qui naissent de cet état de choses entre les membres de la société et le souverain, ainsi qu'entre les différentes autorités qui exercent quelque pouvoir dans l'état , soit comme participant à la souveraineté , soit par délégation du souverain.

La *souveraineté* est le pouvoir suprême dans l'état ; celui ou ceux qui l'exercent s'appellent souverains.

La souveraineté se compose ;

1.º Du *pouvoir législatif ,* ou du droit de déterminer l'étendue des sacrifices à faire par les membres de l'état, pour atteindre le but social, et d'arrêter toutes les mesures jugées conformes à l'intérêt général du corps social ;

2.º Du *pouvoir exécutif* (2), ou du pouvoir de mettre ces mesures à exécution, de choisir les personnes chargées de cette exécution, et de les diriger dans leurs opérations.

Quelquefois ces deux pouvoirs sont réunis dans la même main; quelquefois ils sont séparés (3).

(1) *Le droit public se divise;* 1.º en *droit constitutionnel,* proprement dit, qui renferme les règles sur la formation du pouvoir suprême dans l'état, et sur les personnes par lesquelles ce pouvoir est exercé : ni l'autocrate, ni une assemblée populaire, ne pouvant exercer par eux-mêmes le pouvoir exécutif, ils sont obligés l'un et l'autre de le déléguer à certaines personnes, qu'on appelle *fonctionnaires publics.* Sous ce rapport, les gouvernemens despotiques et démocratiques sont également entremêlés d'aristocratie.

2.º En *droit administratif,* qui contient les règles sur l'organisation des institutions sociales ; cette dernière partie du droit public se subdivise :

a.) En *droit administratif, proprement dit,* ou l'ensemble des mesures générales qui ont pour objet la prospérité de l'état. Dans cette subdivision doivent être rangées les lois sur l'administration générale, sur l'éducation publique, sur le commerce et les moyens de lui procurer de grandes commu-

nications, au moyen des canaux, routes nouvelles, etc.,
les lois sur la bienfaisance publique, etc. , etc.

b.) En *lois de police* , qui s'étendent sur toutes
les mesures ayant pour objet la sûreté publique , et
qui tendent à écarter tous les maux qui pourraient
menacer les personnes et les propriétés des habitans.
Dans cette cathégorie viennent se ranger les *lois de
police, proprement dites,* qui ont pour objet les restrictions de la liberté individuelle , jugées nécessaires
dans l'intérêt de la société ; celles qui ont pour objet
d'assurer la liberté des cultes ; celles sur la conscription militaire et la garde nationale , etc. , etc.

c.) En *droit judiciaire ,* ou l'ensemble des mesures prises par l'état pour maintenir chacun dans
la jouissance de ses droits. Ce droit se subdivise ,

1.º En *procédure civile ;*

2.º En *droit et procédure criminelle,* qui diffèrent
en ce que la première indique aux parties le moyen
de se garantir des troubles apportés à leurs droits ,
lorsque ces troubles ne blessent pas l'ordre social ,
mais seulement leur intérêt particulier ; tandis que le
droit criminel a pour objet les attentats à la sûreté de
l'état , des personnes ou des propriétés, qui excitent
la vindicte publique , en troublant l'ordre établi
dans l'état. C'est pourquoi les premières de ces lois
ont uniquement pour objet le maintien des particuliers dans leurs droits, tandis que les lois criminelles ont pour objet direct la punition des coupables , afin de prévenir le retour de pareilles dis-
cordes, et pour but secondaire seulement, le rétablissement des parties dans leurs droits respectifs.

d.) En *lois de finance*, ou l'ensemble des règles sur les moyens de faire face, de la part de l'état, aux dépenses nécessaires, pour assurer l'exécution de toutes les lois précédemment énoncées.

(2) Il y a des auteurs qui admettent trois espèces de pouvoirs dans la souveraineté, savoir : le pouvoir *législatif*, *exécutif* et *judiciaire*. Plusieurs les portent même à quatre, en considérant comme un pouvoir à part le droit du souverain, de représenter la nation dans ses relations au dehors : mais il ne me paraît pas difficile de les réduire à deux ; le droit de faire des traités de paix, de commerce et d'alliance, ainsi que celui de déclarer la guerre, fait essentiellement partie du pouvoir législatif. C'est alors au pouvoir exécutif à faire respecter ces traités, et à diriger les opérations de la guerre. Il en est de même du pouvoir judiciaire. Le droit d'instituer les tribunaux, d'en régler les attributions et la compétence, fait partie du pouvoir législatif. Les tribunaux eux-mêmes ne sont que les bras du pouvoir exécutif, chargés de faire respecter les lois dans l'état. La circonstance, que quelquefois le pouvoir judiciaire n'est pas réuni dans la même main que le pouvoir législatif et les autres branches du pouvoir exécutif, est indifférente pour la division des pouvoirs elle-même.

(3) On appelle le gouvernement *despotique*, lorsque la souveraineté repose, sans aucune restriction, entre les mains d'un seul. C'est improprement que l'on at-

tache souvent , au terme de despotisme , l'idée de l'abus de ce pouvoir suprême.

Le gouvernement s'appelle *aristocratique ,* lorsque la souveraineté est concentrée entre les mains de certaines familles , de certaines autorités ou de certaines personnes , à l'exclusion de la masse des habitans ;

Démocratique , lorsque tous les citoyens participent à l'exercice de la souveraineté ;

Représentatif , lorsqu'ils y concourent par leurs représentans ;

Monarchique , lorsqu'un prince est le chef de la nation , et son premier représentant.

On appelle la monarchie *absolue ,* lorsque le monarque réunit , sans aucune restriction , et le pouvoir législatif , et le pouvoir exécutif : *tempérée* ou *constitutionnelle ,* lorsque les grandes autorités de l'état , ou la nation par ses représentans , concourent à l'exercice de ces pouvoirs. Entre la monarchie absolue et le gouvernement despotique , il y a cette unique différence , que le chef d'une monarchie est nécessairement un prince (dans un sens plus étroit , on n'appelle même monarchie , que les états gouvernés par un empereur ou un roi), tandis qu'un général , un dictateur , ou tout autre chef , peut se trouver à la tête d'un gouvernement despotique.

N.º XIII.

Le droit privé a pour objet les *droits civils.*

On appelle droits civils les droits qui naissent des rapports privés entre les hommes vivant en société, tels qu'ils se trouvent réglés par la loi positive (1). Ces rapports sont d'une double espèce.

a) Les rapports *purement personnels* qui existent entre les hommes , abstraction faite des choses : [mariage, filiation , puissance paternelle.]

b) Les rapports qui existent entre les hommes relativement aux choses qui sont dans le commerce (2) et qui prennent leur origine, ou dans la loi, ou dans les dispositions de l'homme, ou dans les conventions: [division des lois en *personnelles* et *réelles*] (3).

(1) Les *droits naturels* , par opposition aux *droits civils*, sont les droits qui naissent des rapports entre les hommes , abstraction faite de la loi positive. C'est ainsi que le mariage est bien originairement une convention du droit naturel des gens ; mais comme la loi positive ne reconnaît comme mariage , que l'union contractée sous les conditions et selon les formes établies par elle , *le mariage est un droit civil.*

Il en est de même des droits qui dérivent de la *filiation ;* rapport que la loi positive ne reconnaît, et auquel elle n'attribue d'effet , qu'autant qu'il est constaté dans la forme déterminée par elle.

Il en est autrement des *conventions ,* qui non-seulement sont du droit naturel , mais, qu'en règle générale, la loi civile maintient , même devant le for extérieur , sans les soumettre à des conditions , et les astreindre à des formes particulières. Les droits résultant des conventions sont donc, en règle, des *droits naturels ,* et, par exception seulement , il est certaines

taines conventions dont le droit civil s'est emparé en les assujettissant à ses formes, par exemple, le contrat de mariage. Les droits qui résultent des conventions de cette espèce sont des *droits civils.*

La *capacité de recevoir par succession* ab intestat ou testamentaire, est un *droit civil,* parceque, dans le droit naturel, la propriété s'éteint avec la mort du propriétaire.

Celle de *recevoir par acte entre-vifs* est originairement de *droit naturel;* mais la loi positive s'étant emparé de la donation entre-vifs, qu'elle ne maintient qu'autant qu'elle est revêtue de certaines solennités, elle est devenue également un *droit civil,* sauf la capacité de recevoir par *donation manuelle,* que la loi civile n'a point assujettie à ses formes, et qui est donc restée sous l'empire du droit naturel. Il en est de l'hypothèque conventionnelle comme de la donation entre-vifs; quant aux *priviléges* et à l'*hypothèque judiciaire et légale,* ils ne sont évidemment que des *droits civils.*

Le *droit de juridiction,* ou le droit de saisir le for extérieur de la connaissance de nos contestations, est un droit civil, les tribunaux étant une institution de la loi positive.

La *cession* de biens est un *droit civil,* en ce qu'elle est un moyen admis dans un cas déterminé, pour se soustraire à un mode d'exécution auquel le débiteur s'était volontairement soumis, dans une espèce où cette soumission était autorisée par la loi positive.

La *prescription extinctive* appartient, tantôt au

droit civil, et tantôt au droit naturel ; au premier, lorsqu'elle est une fin de non-recevoir accordée au débiteur pour punir le créancier de sa négligence ; au deuxième, lorsqu'elle est fondée sur une présomption de paiement. L'*usucapion* ou la *prescription acquisitive*, est toujours un *droit civil*, étant fondée sur une considération d'ordre public dictée par l'intérêt social.

Le code Napoléon ayant abandonné à la doctrine la définition et l'énumération des droits civils, il nous a paru indispensable de donner l'une et l'autre dans le premier titre de cet ouvrage, autant parceque cette énumération présente l'aperçu général des matières traitées dans le code, que parceque la division des droits, en droits naturels et droits civils, est essentielle à connaître, pour comprendre la division des personnes, relativement à la jouissance de ces mêmes droits, que nous établirons dans la suite.

(2) On admet ordinairement trois matières du droit privé ; les *personnes,* les *choses,* et les *actions* ou le *droit des obligations.* — Voir au titre II nos observations sur les motifs par lesquels nous donnons la préférence à la division du droit privé en deux parties seulement, dont la première comprend les rapports qui peuvent exister entre les hommes, abstraction faite des choses, et dont la seconde comprend tous les rapports quelconques qui peuvent exister entre les hommes relativement aux choses, conséquemment ceux qui résultent des conventions sur les choses

qui sont dans le commerce. — Ne sont pas dans le commerce ;

1.º Les choses que la nature a rendu communes à tous les hommes ;

2.º Celles qu'une loi positive a retirées du commerce. Et comme il n'y a qu'un motif d'intérêt public qui puisse déterminer le législateur à prendre une pareille mesure, les lois qui déclarent un objet inaliénable et règlent le mode particulier de son administration, sont des lois de droit public ;

3.º On ne doit confondre la division des lois en lois *personnelles* et *réelles*, dans le sens dans lequel nous l'avons établie, ni avec ce que l'on appelle *le statut personnel* et *réel*, dont il est question dans l'art. 3 du code Napoléon, ni avec ce que la plupart des commentateurs sur le droit romain appellent *jus in re*, et *jus in personam*. Le *statut personnel* comprend les lois qui règlent les rapports purement personnels d'un individu, sans qu'il puisse dépendre de sa volonté de changer ou de modifier ces rapports. Le *statut réel* comprend toutes les lois qui disposent des biens, sans le fait des propriétaires. L'état et la capacité des individus tenant à l'ordre public, sous ce rapport, toutes les lois personnelles font effectivement partie du statut personnel ; mais ce que l'on appelle statut réel, par opposition au statut personnel, ne comprend qu'une seule classe des lois sur les rapports qui peuvent exister entre les hommes relativement aux choses. Mais le statut réel n'a aussi rien de commun avec le *jus in re*, ou le droit qui compète sur une chose d'une manière absolue et sans égard à son possesseur , puisqu'ici le mot *droit* est employé dans la deuxième acception que nous avons établie au n.º 2 , et qu'il signifie seulement une espèce des rapports que l'on peut avoir sur les choses , essentiellement différens de ceux qui sont l'objet du statut réel.

TITRE II.

De la division des personnes sous le rapport de la jouissance des droits civils.

Nous venons de faire l'énumération des droits civils qui sont l'objet du code Napoléon.

Il nous reste à déterminer quelles sont les personnes auxquelles la jouissance de ces droits est accordée par ce code, et quelles sont les restrictions qu'il attache à leur exercice, lorsqu'ils sont attribués à certaines personnes.

Toute loi positive présuppose un gouvernement, un état, une nation. C'est donc sur les rapports de nationalité que la division des hommes, relativement à la participation aux effets de cette loi, a dû être établie.

De là, une *première division* des hommes en *français* soumis à la loi française, et en *étrangers*.

Mais chacune de ces divisions est susceptible de plusieurs subdivisions, savoir :

I. *Français,* qui sont :

 1.º Ou *citoyens français par naissance*, jouissant des droits civils et des droits politiques dans leur plénitude.

 2.º *Français de naissance*, jouissant de la plénitude des droits civils, sans jouir des droits politiques.

3.° *Citoyens français par naturalisation,* jouissant des droits civils et des droits politiques dans leur plénitude.

4.° *Français par naturalisation,* jouissant des droits civils dans leur plénitude, mais sous une condition résolutoire, et ne jouissant pas des droits politiques.

5.° *Français par naissance ou naturalisation,* privés des droits politiques et de certains droits civils déterminés.

6.° *Français par naissance ou naturalisation,* privés à-la-fois de tous les droits politiques et civils. [*Mort civile.*]

II. *Étrangers :*

a) *Jouissant des droits civils* en France, sous la condition de réciprocité établie par l'art. 11 du code Napoléon.

b) *Etrangers, français originaires et naturalisés en pays étranger avec la permission de l'Empereur,* jouissant des droits civils à-la-fois en France et dans leur nouvelle patrie, sous les restrictions résultant de l'indivisibilité de l'état civil.

c) *Etrangers, enfans de français, naturalisés à l'étranger avec l'autorisation de l'Empereur,* ne jouissant des droits civils en France, cumulativement avec ceux de leur nouvelle patrie, que pendant une certaine époque, mais conservant toujours la faculté de recouvrer cette jouissance.

CHAPITRE PREMIER.

Des Français considérés sous le rapport de leur jouissance des droits civils.

PREMIÈRE SECTION.

Citoyens français par naissance, jouissant et des droits civils et des droits politiques dans leur intégrité.

La qualité de citoyen français présuppose la qualité de français. Cette qualité peut être originaire ou acquise. Elle est originaire :

a) Lorsqu'un individu est né de parens français, ou s'il est enfant naturel d'une mère française, n'importe qu'il soit né en France ou en pays étranger (1). Le français reste soumis au statut personnel, même en pays étranger ; ce principe est consacré par l'art. 3 du code Napoléon, et l'art. 10, n.° 1, n'en énonce que la conséquence.

b) Lorsqu'un individu est né en France de parens étrangers, *art. 9 du code Nap.* ; mais l'état de ce dernier individu est incertain pendant sa minorité ; il est le maître de le fixer lui-même à sa majorité. Si, dans l'année, il déclare que son intention est de fixer son domicile en France, s'il y réside ; ou si, dans le même délai, il fait sa soumission d'y transporter son domicile, et qu'il s'y établisse dans l'année, à compter de l'acte de soumission, il sera réputé avoir toujours été français (2) : s'il néglige de remplir ces formalités, il sera réputé avoir toujours été étranger.

Mais la qualité de français n'attribue que la jouissance des droits civils. Pour être admis à l'exercice des droits politiques, il faut y réunir celle de citoyen. L'art. 2 de l'acte des constitutions de l'empire du 22 frimaire an 8, a déterminé les conditions à remplir à cet effet. On peut encore établir, relativement à l'exercice de ces droits, la subdivision suivante :

1.º En citoyens français investis de la jouissance effective des droits politiques.

2.º En citoyens français ayant la capacité de jouir des droits politiques, mais ne se trouvant pas dans la jouissance effective de ces droits, pour avoir négligé de remplir les conditions prescrites pour y être admis.

Mais les uns et les autres se trouvent nécessairement dans la jouissance la plus entière des droits civils, qui est bien indépendante de celle des droits politiques, en ce sens que la perte ou la privation des droits politiques peut ne pas porter atteinte aux droits civils ; mais qui est *inhérente à la qualité de citoyen,* en ce sens qu'on ne peut être capable des droits politiques, qu'autant qu'on jouit des droits civils dans leur plénitude. *Art. 7 et 8 du code Nap.*

(1) Lors même que son père étranger l'aurait également reconnu. Si, pendant le mariage, l'autorité du pèie prévaut sur celle de la mère, c'est parceque le mariage est une association à laquelle la loi devait nécessairement assigner un chef. Mais relativement à l'enfant naturel, les droits du père ne sauraient être plus forts que ceux de la mère ; et il ne peut dépendre du premier d'enlever à cet enfant, par sa reconnaissance, l'état de français qui lui est attribué par la condition de sa mère.

(2) Nous n'hésitons pas d'attribuer ainsi au choix fait par l'enfant devenu majeur, un effet rétroactif au jour de sa naissance :

a) Parceque sa qualité de français ne dérive pas de la déclaration prescrite par l'art. 9, qui n'est pas *acquisitive*, mais seulement *déclarative* de cette qualité, laquelle dérive de la naissance sur le sol français;

b) Parceque l'art. 20, en décidant que les individus qui, dans les cas prévus par les art. 10, 18 et 19 du code Napoléon, auront *recouvré* la qualité de français, ne jouiront des droits y attachés que pour l'exercice des droits ouverts à leur profit *depuis cette époque*, n'a pas appliqué cette restriction aux individus qui *réclament* cette qualité en vertu de l'art. 9; d'où nous tirons la conséquence que ces individus, s'ils remplissent les formalités prescrites par cet article, doivent être considérés comme *français-nés* ; et qu'ils doivent au contraire être considérés comme *étrangers-nés*, s'ils laissent écouler le délai pendant lequel ils sont admis à réclamer le privilége de la naissance sur le sol français.

DEUXIÈME SECTION.

Français de naissance , jouissant de la plénitude des droits civils , sans jouir des droits politiques.

Dans cette cathégorie se trouvent tous les individus nés de parens français , ou d'une mère française, s'il s'agit d'enfans naturels (1) qui appartiennent à l'une des classes suivantes :

1.º Toutes les personnes du sexe ;

2.º Les mineurs ;

3.º Les interdits ;

4.º Les personnes privées ou suspendues de leurs droits politiques ; par ex., par une faillite, par un état de domesticité, par une accusation criminelle. *Art. 4 et 5 de la constitution du 22 frimaire an 8.*

On ne doit pas perdre de vue que les mineurs et les interdits, quoiqu'incapables d'exercer les droits civils par eux-mêmes, jouissent cependant de ces droits dans leur plénitude, par les personnes chargées de les exercer pour eux. A la même classe appartiennent encore :

5.º Les veuves ou filles majeures (2) nées en

France de parens étrangers, qui ont rempli les formalités prescrites par l'art. 9 du code Nap.

(1) *Quid* de l'enfant naturel né en pays étranger d'une mère étrangère , mais d'un père français qui l'a reconnu dans la forme prescrite par les lois françaises? D'après le principe établi dans la note n.º 1, p. 41, il faudrait décider qu'il suit, malgré cette reconnaissance, la condition de sa mère. Mais, comme à l'égard des enfans naturels , les droits du père et de la mère sont *égaux,* lorsque le premier, par sa reconnaissance volontaire, s'est soumis aux obligations attachées à la qualité de père, la faveur de l'enfant qui nous a déterminé à le regarder comme français, malgré la reconnaissance du père étranger, nous détermine encore, dans cette égalité de droits, à lui concéder cette même qualité en vertu de la reconnaissance de son père français. Mais cette reconnaissance aurait-elle aussi l'effet de lui conférer de plein droit la qualité de citoyen, s'il réside en France à l'âge de vingt-un ans? Cette question de droit public étant laissée indécise par nos lois , nous n'osons la décider ; et c'est par ce motif que nous avons traité de l'état de ces enfans dans la présente section , et non dans la précédente.

(2) L'état de la fille mineure étant en suspens jusqu'à l'âge de sa majorité, et celui de la femme étant subordonné à celui de son mari.

TROISIÈME SECTION.

Français par naturalisation, jouissant des droits politiques et civils dans leur intégrité.

Un étranger, pour devenir citoyen français, doit avoir résidé en France pendant dix années consécutives, après avoir fait la déclaration que son intention est de se fixer en France.

Cette déclaration ne peut être faite qu'après avoir atteint l'âge de vingt-un ans accomplis. L'impétrant, après avoir rempli ces formalités, doit présenter au maire de son domicile une demande en naturalisation, que le maire transmet, avec les pièces à l'appui, au préfet du département, et le préfet au grand juge, ministre de la justice, sur le rapport duquel les lettres de naturalisation sont signées par l'Empereur. *Décret du 17 mars 1809, art. 2 et 3 de l'acte des constitutions du 22 frimaire an 8.*

Les étrangers qui rendent des services importans à l'état, ou qui apportent dans son sein des talens, des inventions, ou une industrie utile, ou qui y forment de grands établissemens, peuvent être admis, *après un an de domicile,* à jouir des droits de citoyen français, par décret spécial de l'Empereur, rendu sur le rapport d'un ministre, le conseil d'état entendu ; il en est délivré à l'impétrant une expédition visée par le grand juge, ministre de la justice : muni de cette expédition, il doit se présenter devant la municipalité de son domicile pour y prêter le serment d'obéissance aux constitutions de l'empire et de fidélité à l'Empereur. *Senatus-consulte du 19 février 1808.*

L'étranger qui a obtenu pareilles lettres de naturalisation, acquiert de plein droit la qualité de citoyen français.

QUATRIÈME SECTION.

Français par naturalisation, jouissant des droits civils dans leur plénitude, mais ne jouissant pas des droits politiques.

Cette classe reçoit encore une subdivision :

A la première partie, appartiennent les personnes qui ont obtenu des lettres de naturalisation en France, mais qui n'ont jamais pu acquérir les droits politiques, ou qui les ont perdus depuis leur naturalisation.

On doit observer, à cet égard, que la naturalisation peut avoir lieu en faveur d'une veuve ou fille étrangère, maîtresse de ses droits ; mais qu'elle ne peut avoir lieu en faveur d'un mineur ou interdit, qui ne pourraient pas par eux-mêmes valablement consentir à ce changement d'état, ni être liés par le consentement donné en leur nom.

A la seconde partie, appartiennent les personnes capables d'acquérir un jour les droits de citoyen français, qui sont même venues en France dans l'intention de s'y faire naturaliser, mais qui se trouvent encore dans les délais déterminés dans la section précédente.

Ayant abdiqué leur ancienne patrie, et la nouvelle ne leur étant pas encore acquise, ils ne peuvent exercer les droits politiques ni dans l'une ni dans l'autre. Mais comme il est possible, même probable, qu'un individu qui se trouve en ce cas, aura également perdu l'exercice des droits civils dans sa terre natale, uniquement parcequ'il aura transporté son domicile sur le sol français (*), on n'aurait pu suspendre pour lui l'exercice des droits civils en France, sans le condamner à une espèce de mort civile ; car y eût-il même réciprocité avec la nation chez laquelle il est né, il ne pourrait la réclamer en France, n'étant plus avoué par cette nation.

L'article 13 accorde donc à l'étranger qui aspire à la naturalisation, pendant son stage politique, les droits civils dans leur plénitude, c'est-à-dire, qu'il lui accorde la qualité de français, dès l'instant,

    1.º Qu'il aura été admis, par l'autorisation de l'Empereur, à établir son domicile en France.

    2.º Qu'il l'y aura effectivement établi.

Cette autorisation de l'Empereur ne doit pas être confondue avec les lettres patentes de naturalisation : elle ne confère pas à l'étranger la qualité de citoyen, elle le rend habile à acquérir cette qualité ; elle n'est point une adoption politique, mais elle est une adoption civile.

(*) R. Treilhard, Exposé des motifs ; Procès-verbal du 12 ventose an 11 , II , 443.

Quant à la condition de résidence exigée par le même art. 13, il est à remarquer :

a) Qu'il suffit que l'étranger s'établisse en France, et y continue son *domicile réel*, qu'il y ait le siége principal de ses affaires, sans que ce domicile l'assujettisse à une *résidence* continuelle en France.

b) Que s'il abandonne ce domicile pour le transférer à l'étranger, il faudra encore distinguer entre les époques :

1.º S'il n'a pas encore acquis la qualité de citoyen, ce changement de domicile a *un effet rétroactif*, en vertu duquel l'étranger est supposé n'avoir jamais eu la jouissance des droits civils en France, jouissance qui ne lui avait été accordée que sous la condition suspensive de l'établissement de son domicile en France, et sous la condition résolutoire du non-changement de ce domicile.

2.º Si ce changement de domicile a lieu après qu'il a acquis la qualité de citoyen français, il ne peut plus abdiquer cette qualité, qu'en s'exposant aux pénalités qui seront développées dans le chapitre concernant les étrangers ; mais sans effet rétroactif, au temps antérieur à cette abdication.

Il nous reste à parler de ce que quelques auteurs (Proudhon, Cours de Droit fr., I, pag. 89) appellent *incolat,* et qui serait un état moyen, dans

lequel un individu ne serait ni français, ni étranger, ou plutôt serait français et étranger à-la-fois,
soumis au statut personnel français, et au droit d'aubaine comme étranger (1).

Dans cette classe, on range les individus qui ont
fixé leur domicile en France *sans l'autorisation de
l'Empereur*, et qui ont dès-lors abdiqué leur patrie natale, sans en avoir acquis une nouvelle en
France (2). Nous n'admettons pas cette classe mi-
toyenne d'individus, en partant des principes suivans.

L'état de nationalité est indivisible, comme tout
autre état personnel. Tout individu quelconque a un
domicile d'origine qui détermine cet état. Tout se
réduit donc, dans le cas du prétendu incolat, à la
question de savoir si le changement de domicile
s'est opéré utilement ou non. Dans l'affirmative,
l'étranger d'origine établi en France, sera français. Dans le cas contraire, il aura conservé son
domicile d'origine malgré sa résidence ou son séjour en France.

Combinons d'abord l'article 13 du code Napoléon, avec l'art. 3 de l'acte des constitutions du
22 frimaire an 8, et observons qu'il n'a pu être dérogé à ce dernier article, décrété dans la forme la
plus solennelle admise par nos constitutions, par
une loi rendue dans une forme moins solennelle :
nous obtiendrons alors ce premier résultat, que
l'autorisation de l'Empereur n'est pas un prélimi-

naire

naire indispensable à l'établissement d'un étranger en France. C'est un moyen que la loi lui indique comme le plus direct et le plus authentique de fixer l'époque de son admission à la jouissance des droits civils. Mais une simple déclaration faite, en vertu de l'article précité de la constitution, par un étranger dont le séjour en France ne peut avoir lieu qu'avec la permission du gouvernement, produit le même effet. Par cette déclaration, il fait connaître au gouvernement son intention de se naturaliser en France. Si alors le gouvernement tolère son établissement formé dans cette vue, il lui accorde tacitement l'autorisation de s'y fixer définitivement. S'il y voyait de l'inconvénient, il userait de son droit de faire sortir l'étranger de la France, ou du moins il lui déclarerait qu'il n'entend point l'admettre à y fixer son domicile; d'où il suit incontestablement qu'il y a une seconde classe de personnes auxquelles l'art. 13 du code Napoléon est applicable, et qui comprend les individus qui, après avoir fait la déclaration autorisée par la constitution, ont établi et continué leur demeure en France. Mais il est encore une troisième classe de personnes fort nombreuse, qui nous semble également fondée à invoquer le bénéfice de ce même article, sans avoir obtenu l'autorisation spéciale y mentionnée, et même sans avoir fait la déclaration autorisée par les constitutions. Un étranger ne peut séjourner, même momentanément en France, sans l'autorisation du gouvernement. S'il convertit alors ce séjour passager en résidence habituelle; s'il s'y marie; s'il y transporte le siége principal de ses affaires; si alors dans les relations nombreuses et journalières que cet état de choses fera naître entre lui et l'autorité publique, cette dernière le considère et le traite comme français; si elle l'assujettit à la contribution et aux autres charges personnelles; si elle le porte sur le tableau de la garde nationale; si elle fait concourir ses fils à la conscription militaire, de quel droit lui voudrait-on ensuite contester cette qualité pour le traiter comme aubain dans le partage d'une succession? Il peut quelquefois être difficile de déterminer l'état d'un individu, qui ne peut pas invoquer en sa faveur une réunion de circonstances aussi décisives que celles énoncées ci-dessus; il peut sur-tout être difficile de déterminer avec précision l'époque à laquelle il faudra fixer l'adoption civile de cet individu; et, sous ce rapport, tout étranger arrivant en France avec l'intention de s'y fixer, a un intérêt bien puissant à solliciter un décret d'autorisation, aux termes de l'art. 13 du code Napoléon. Mais la difficulté, à notre avis, ne peut exister que relativement à la *question de fait*, et jamais quant à la *question de droit*. Un individu peut passer sa vie en France, et rester toujours étranger; un autre peut, après une courte résidence, être jugé français : mais il faut pour cela qu'on puisse le ranger dans une des trois classes ci-

dessus ; autrement il aura conservé son domicile d'o-
rigine et sa qualité d'étranger.

Dans ce système, cesse aussi la question relative à
l'état des enfans de celui que l'on qualifie être en
état d'incolat. L'état du père déterminera toujours
celui des enfans mineurs, sauf le privilége attaché
à la naissance en France par l'art. 2 de la constitution et l'art. 9 du code Napoléon , dont nous
avons fixé l'étendue plus haut.

(1) Particulièrement les jeunes gens arrivés en France
comme apprentis ou garçons de métier, et qui s'y seraient domiciliés, ainsi que les prisonniers de guerre,
qui s'étant mariés en France, y resteront après la
paix.

(2) M. Proudhon, pour justifier cette distinction, prétend que lorsqu'il ne s'agit que de fixer les qualités
de l'homme, le fisc ainsi que toute personne tierce,
sont désintéressées dans cette question ; tandis que
l'Empereur n'ayant pas consenti à son établissement
n'aurait renoncé, ni pour l'intérêt du fisc, ni dans
l'intérêt de ses autres sujets, aux droits d'aubaine et
autres qui pourraient leur appartenir au préjudice
du nouveau domicilié.

Mais cette distinction n'est que spécieuse ; car il
n'est rien moins que vrai que le fisc et toute personne tierce soient sans intérêt dans les questions
qui auraient pour objet l'état et la capacité civile de
cet individu. Selon qu'on le regarde comme français ou étranger , il peut être majeur ou mineur,

bâtard ou enfant légitime ; son mariage peut être valable ou non. Le français qui aurait contracté un nouveau mariage avec la compagne de cet étranger, serait-il donc désintéressé dans la question élevée sur son état ? Et d'où ferait-on dériver cette renonciation de l'Empereur aux droits de ses sujets qui peuvent avoir un intérêt à contester la capacité personnelle de cet individu ? M. Proudhon cite encore, en faveur de son opinion, le terme *étranger non domicilié en France*, dans l'art. 1.er de la loi du 10 septembre 1807, relative à la contrainte par corps à exercer contre les étrangers. Nous renvoyons, à cet égard, à l'explication de la véritable valeur de ce terme, dans l'hypothèse de la loi précitée : on la trouvera dans la section première du chapitre II de ce titre.

CINQUIÈME SECTION.

Français par naissance ou par naturalisation , privés et des droits politiques et de certains droits civils.

On perd les droits politiques.

1.º En devenant étranger (*voir la section suivante*) :

2.º Par la condamnation à des peines afflictives ou infamantes. Cette condamnation entraîne , en outre, la perte absolue ou temporaire de certains droits civils, dans les cas prévus par les art. 28, 42 et 43 du code pénal.

La privation à temps de certains droits civils, est même quelquefois le résultat d'une simple condamnation correctionnelle, conformément aux dispositions précitées. Cette privation ne doit pas être confondue avec l'interdiction prononcée cumulativement avec elle par l'art. 28 du code pénal, en ce que, pendant cette interdiction, les biens de l'interdit sont administrés, et ses droits réels exercés en son nom par un curateur qui le représente : sous ce rapport il est entièrement assimilé au mineur et à l'interdit pour cause de démence.

SIXIÈME SECTION.

Français par naissance ou naturalisation, privés des droits politiques et civils à-la-fois. [Mort civile].

Nous ne rangeons pas ces individus dans la section suivante relative aux étrangers ; en premier lieu, parceque la privation des droits civils qu'ils éprouvent, prend son origine dans la loi française ; en deuxième lieu, parcequ'en perdant les droits civils en France, ils ne les acquièrent point chez une nation étrangère.

Il y a cependant un cas dans lequel la mort civile suppose nécessairement que le condamné a acquis les droits de nationalité chez une nation étrangère ; mais alors il est condamné précisément pour s'être soustrait, au mépris de l'obéissance qu'il doit à son gouvernement, à la force coactive du statut personnel français, et pour avoir méconnu ses rapports de nationalité avec la France.

N.º I. *Ce que c'est que la mort civile.*

La mort civile, institution propre à la législation française, peut être définie : *la privation absolue de tous les droits qui dérivent de la loi positive.*

L'homme civilement mort n'est plus une personne juridique. On ne le considère plus comme membre du corps social ; et c'est ainsi qu'au milieu de la société, il se trouve rejeté dans l'état de nature, sans qu'il lui soit cependant permis d'exercer les droits qui lui compéteraient dans ce dernier état, lorsqu'ils ont été modifiés, ou que l'exercice en est défendu par la loi positive : tous les autres membres de l'état sont, en effet, autorisés à invoquer cette loi, qui n'est muette que pour lui seul.

L'humanité a cependant fait admettre quelques exceptions à la rigueur de ce principe ; nous aurons occasion de les développer dans le n.º IV.

N.º II. *Dans quel cas il y a lieu à la mort civile.*

La mort civile étant une peine, il s'ensuit que c'est à la législation criminelle à déterminer les cas dans lesquels elle doit trouver son application. Seulement l'art. 23 du code Napoléon, qui ne peut recevoir son application « que dans le cas d'une condamnation par contumace, ou de l'évasion du condamné après un jugement contradictoire », avait proclamé le principe de la conservation de l'institution de la mort civile; et l'art. 24 avait disposé qu'il n'y a que des peines afflictives perpétuelles auxquelles cet effet puisse être attaché, parceque la mort civile est une imitation de la mort naturelle, et qu'on ne peut mourir pour un temps déterminé.

Les peines perpétuelles qui emportent la mort civile, *dans l'état actuel de la législation*, sont :

a) La condamnation à la mort naturelle.

b) Les travaux forcés à perpétuité.

c) La déportation (art. 18 du code pénal.)

d) Enfin, sont condamnés à la mort civile les francais, qui, au mépris de l'obéissance qu'ils doivent à leur souverain, ont contracté envers un gouvernement étranger des obligations incompatibles avec leurs devoirs envers leur patrie, savoir :

1.º Les français mâles qui se sont fait naturaliser en pays étranger sans la permission de l'Empereur. (*Art. 6 et 7 du décret du 26 août* 1811; *art. 17 du code Napoléon ; avis du conseil d'état, du 22 mai* 1812.)

2.º Ceux qui ont accepté des fonctions publiques conférées par un gouvernement étranger, sans cette autorisation. (*Art. 17 et 25 du décret du 26 août* 1811; *art. 17 du C. N.*

3.º Ceux qui étant entrés au service d'une puissance étrangère avec l'autorisation de l'Empereur, ou qui ayant accepté des fonctions publiques conférées par un gouvernement étranger, avec cette même autorisation, ne sont pas rentrés en France, après avoir été rappelés par une disposition générale, ou par un ordre direct, ou même sans avoir été rappelés, si la guerre venait à éclater entre la France et le gouvernement au service duquel ils sont entrés. *Art. 6, 20 et suivans du décret du 6 avril 1809; art. 17 et 27 du décret du 26 août 1811. Modèle n.º II, à la suite du décret du 9 décembre 1811* (1).

4.º Ceux qui ont abdiqué leur patrie en s'établissant en pays étranger sans esprit de retour : on suppose toujours cet esprit dans les établissemens de commerce. *Art. 17 du code Napoléon* (2).

Dans les trois cas marqués *a, b, c,* la mort civile est une pénalité attachée *accessoirement* à une autre condamnation principale ; mais dans le quatrième cas, elle est une peine principale, qui est prononcée par la cour du dernier domicile du prévenu, à la diligence du procureur général, ou sur la requête de la partie civile intéressée. (*Art. 22 du décret du 6 avril 1809, art. 7 du décret du 26 août 1811.*) Les individus qui se trouvent en ce cas peuvent cependant être relevés de cette privation des droits civils, par des lettres de relief accordées par l'Empereur en conseil privé, comme lettres de grâce. *Art. 12 du même décret* (3).

(57)

(1) Sans préjudice des peines prononcées par l'art. 75
du code pénal, dans le cas où ils auraient porté les
armes contre la France. Ils seraient considérés comme
les ayant portées, par cela seul qu'ils auraient continué
à faire partie d'un corps militaire destiné à agir
contre l'empire français *ou ses alliés*. (*Art.* 27 *du*
décret du 26 *août* 1811.)

(2) A la vérité, le décret du 26 août 1811, ne parle que
des français *naturalisés en pays étranger;* mais le
troisième cas prévu par l'art. 17 du code Napoléon
n'est autre chose qu'une *naturalisation de fait*, par
opposition à la *naturalisation de droit* dont il est
question dans le n.° 1 du même article. Dans l'un et
l'autre cas, le français se soustrait à la force coactive
de la loi française, au mépris de l'obéissance qu'il
lui doit : seulement dans le premier cas, cette abdication de la patrie est constatée par un acte authentique, savoir le contrat de naturalisation passé avec le
gouvernement étranger ; tandis que dans le deuxième,
cette abdication résulte seulement des circonstances ;
d'où il suit que, dans le premier cas, il est indifférent qu'il ait conservé ou non l'esprit de retour en
France, tandis que, dans le deuxième, l'esprit de retour se présume toujours, et que l'individu, quoique
résidant à l'étranger, sera toujours réputé français,
à moins qu'il n'y ait des circonstances décisives qui
ne laissent aucun doute sur son intention de renoncer
à cette qualité.

(3) C'est avec cet article que doivent dorénavant être
combinés les art. 18 , 20 et 21 du code Napoléon ;
d'où il suit que ces lettres de relief n'ont pas d'effet
rétroactif aux effets de la mort civile antérieurs à

leur expédition. Il résulte en outre de l'art. 21 conféré avec l'art. 2 de l'acte des constitutions du 22 frimaire an 8, que le français qui a obtenu de pareilles lettres de relief, après avoir pris du service militaire chez l'étranger sans l'autorisation de l'Empereur, ne recouvrera la capacité civile que dix ans après l'expédition de ces lettres, si elles ne renferment une disposition contraire.

N.º III. *De l'époque à laquelle commencent les effets de la mort civile.*

Il a fallu nécessairement faire une distinction, sous ce rapport, entre le cas d'une *condamnation contradictoire*, et celui d'une *condamnation par contumace*. La procédure particulière de la contumace, et la possibilité d'un empêchement légitime de la part de l'absent, ne permettent pas d'attribuer à un jugement rendu par contumace le même effet qu'à un jugement contradictoire.

A) Dans le cas d'une condamnation contradictoire, la mort civile est encourue du jour de l'exécution, soit réelle, soit par effigie. (*Art.* 26 *du code Napoléon.*)

Il est intéressant de déterminer avec précision ce jour, tant relativement aux héritiers appelés à recueillir la succession du condamné, que parceque ce dernier conserve même la capacité civile jusqu'à ce jour, qui est, pour la peine des travaux forcés à perpétuité, le jour de l'exposition (*art.* 23 *du code pénal*), et pour le condamné à la mort naturelle, l'exécution par effigie dont il est fait mention à l'article 26 du C. N., et qui paraît devoir être faite dans la forme déterminée, par l'art. 472 du C. d'inst. crim.; la loi n'a fixé aucune époque précise, ni pour le cas de la déportation, ni pour celui prévu par les décrets du 6 avril 1809 et du 26 août 1811. Cette omission n'est cependant pas, dans la pratique, d'une aussi haute importance qu'il le paraît au premier abord; le gouvernement pouvant accorder, aux termes de l'art. 18 du code pénal, au déporté, dans le lieu de sa déportation, l'exercice de tous ou de certains droits civils; et l'exécution du jugement de déportation se trouvant également confiée au gouvernement, il fera le plus souvent usage de cette faculté, et le décret à rendre à cet effet déterminera probablement l'époque de la transition de l'ancienne à la nouvelle vie civile. Dans le cas prévu par les décrets du 6 avril 1809 et du 26 août 1811, la mort civile est encourue du jour de l'arrêt, sans distinction entre les arrêts par contumace et les arrêts contradictoires; la mort civile est en effet ici une peine principale, et le jugement ne reçoit aucune autre exécution, la confiscation des biens n'étant qu'un effet accessoire de la mort civile.

Nous tirerons du principe établi par l'art. 26 les conséquences majeures :

1.º Que les actes faits par l'accusé après le jugement de condamnation, mais avant son exécution, par exemple, pendant les délais de cassation, ne sont pas nuls de droit, et qu'ils ne peuvent être annulés que lorsqu'ils ont été faits en fraude des droits des créanciers, parmi lesquels il faut comprendre le trésor public pour les frais de procédure.

2.º Que lorsque le condamné décède avant l'exécution, il meurt *integri statûs*, et qu'en ce cas son testament est valable, puisque l'incapacité résultant de la mort civile n'existait ni à l'époque de la rédaction du testament, ni à l'époque de l'ouverture de la succession. La proposition d'en excepter les suicides n'a pas eu de suite. L'art. 29 du code pénal n'a point modifié ce principe, l'interdiction qu'il prononce n'ayant lieu que pendant la durée de la peine, laquelle ne commence qu'aux époques déterminées ci-dessus.

B.) Il y avait plus de difficulté à régler le sort du condamné par contumace. Au conseil d'état, les opinions furent long-temps partagées entre le *système suspensif* et le *système résolutoire* des effets de la mort civile. Le premier prévalut dans la disposition de l'art. 27 du code Napoléon, principalement à raison de l'incertitude que le système résolutoire aurait jeté sur l'état de la femme du contumace remariée pendant le délai de grâce, et celui des enfans nés de son union, et parceque ce système aurait rendu absolument illusoire le délai de grâce accordé au contumax. L'exécution par effigie ne peut être prouvée que par le procès-verbal de cette exécution même, dont les formes sont déterminées par l'art. 472 du code d'instruction criminelle (*).

Conformément aux dispositions de l'art. 471 du code d'instruction criminelle , les biens du contumax sont mis sous le séquestre pendant la procédure ; mesure qui a pour objet de le forcer à se représenter.

En conséquence, ces biens sont administrés comme ceux d'un absent, et le compte du séquestre est rendu à qui de droit , après que le contumax s'est représenté, ou après que la condamnation est devenue irrévocable par l'expiration des cinq années de grâce. Durant le séquestre, il peut être accordé des secours , réglés par l'autorité administrative , à la femme, aux enfans et aux ascendans du condamné , s'ils sont dans le besoin. (*Art. 475 du code d'instruction criminelle*).

Les parens successibles à l'époque du jugement par contumace, peuvent même demander l'envoi en possession provisoire, aux termes de l'art. 28 du

---

(*) Il existe cependant un arrêt de la Cour de Cassation , du 26 thermidor an **XII**, qui a admis une exception à cette règle , dans la fameuse cause de *Desvernais* ; mais cet arrêt, rendu dans des circonstances tout-à-fait extraordinaires, 69 années après le jugement rendu par contumace , qui avait reçu son entière exécution , et dont le procès-verbal d'exécution, par effigie, se trouvait même relaté dans des actes authentiques, ne saurait être invoqué contre la règle établie ci-dessus.

code Napoléon, à charge de se conformer aux dispositions relatives aux biens des absens. Le jugement de contumace tient alors lieu du jugement de déclaration d'absence.

Les créanciers et autres intéressés peuvent également exercer leurs droits, soit contre le séquestre, soit contre les héritiers envoyés en possession, à la charge de fournir caution si les tribunaux le jugent nécessaire.

L'art. 29 du code Napoléon renferme une conséquence directe des principes que nous venons d'établir. Dans le cas y prévu, la mort civile n'a point encore eu lieu, et le jugement qui l'avait prononcée se trouvant anéanti de plein droit par l'arrestation ou la représentation du contumax, il rentre dans le même état où il se trouvait avant la procédure.

Il en est autrement si la mort civile était déjà effectivement encourue ; quoique le contumax reprenne alors, pour l'avenir, sa place dans la société, la loi reste cependant fidèle à la fiction de la mort civile, en ce que, dans aucun cas, elle ne lui accorde les bienfaits de l'existence civile pendant l'espace de temps pendant lequel elle l'avait réputé mort ; d'où il suit :

a) Que les biens composant sa succession, à l'époque de la mort civile encourue, sont irrévocablement perdus, bien qu'il recouvre, pour l'avenir, la capacité d'acquérir dans les formes du droit civil.

b) Que les successions ouvertes dans l'intervalle à son profit, sont irrévocablement dévolues aux personnes qui les auraient recueillies concurremment avec lui ou après lui.

c) Que ses enfans procréés en état de mort civile sont bâtards.

d) Que son mariage est dissous, quoiqu'il recouvre la capacité de contracter un nouveau mariage civil, même avec son ancien conjoint, si ce dernier ne s'est pas remarié pendant la mort civile de son époux, et de procréer des enfans légitimes, même de légitimer ceux qu'il aurait procréés pendant l'état de mort civile. (*Voir l'art.* 476 *du code d'instruction criminelle*).

La dernière disposition de l'art. 31 est la conséquence du principe, que l'arrestation ou la représentation du condamné, pendant le délai de grâce, anéantit de plein droit le jugement de condamnation, et conséquemment les condamnations civiles qu'il peut renfermer. Comme , d'après le code d'instruction criminelle, les cours criminelles ne peuvent connaître des réparations civiles résultant d'un délit, qu'accessoirement et par le jugement même qui statue sur l'accusation criminelle, l'action civile ne peut plus être de leur compétence après la mort du condamné arrivée dans le délai de grâce.

On a attaqué la disposition de l'art. 32, contraire à l'ancienne jurisprudence des pays de droit écrit, par le motif que la mort civile, comme peine accessoire, devait suivre le sort de la peine principale. Mais la prescription de la peine étant une grâce accordée au coupable, cette considération n'a pu s'étendre à un cas où le changement arrivé dans sa condition, aurait compromis la stabilité des propriétés. On a prétendu, à la vérité, que la réintégration du condamné, pour l'avenir seulement, dans ses droits civils, ne présentait pas cet inconvénient. Mais il y a cette différence essentielle entre le cas prévu par l'art 30, et celui prévu par l'art. 32, que, dans le premier, cette réintégration est l'effet d'un jugement rendu sur nouvel examen, et reconnaissant l'innocence du condamné, qui ne supporte alors les effets de la mort civile, pour le passé, que comme une peine de sa désobéissance et de sa méfiance en la justice, tandis que, dans le cas prévu par l'art. 32, il ne peut pas même demander sa mise en jugement, parce qu'il y aurait de l'absurdité à faire le procès à un homme qui ne pourrait plus être condamné.

La grâce accordée par l'Empereur, après le délai de grâce, à une personne civilement morte, ne pourrait la rétablir, que pour l'avenir, dans l'exercice des droits civils, parce qu'il est incontestable que le jugement de condamnation à la mort civile, du moment qu'il a acquis l'autorité de la chose jugée, attribue aux parties intéressées un droit irrévocable, qui ne peut plus leur être enlevé par un acte postérieur (1).

(1)

(1)   Cette observation s'applique particulièrement aux
. lettres de relief accordées par l'Empereur, en vertu
de l'art. 12 du décret du 26 août 1811.

N°. IV. *Des effets de la mort civile.*

Il faut distinguer, à cet égard, entre la mort civile,
effet de la déportation, et la mort civile prononcée
dans les trois autres cas déterminés ci-dessus.

Dans le premier cas, le gouvernement peut accorder au déporté la jouissance de tous ou de certains droits civils dans le lieu de sa déportation,
(*art.* 18 *du code pénal*). Cette disposition bienfaisante justifie le code Napoléon du reproche d'in-
justice qu'on lui avait fait à l'égard de la femme
du condamné, de l'envelopper dans les effets de la
condamnation, en conciliant néanmoins la conséquence juridique avec les droits de l'humanité. L'acte
du gouvernement qui sera nécessaire, dans chaque
espèce particulière, pour déterminer le mode d'exécution du jugement de déportation, statuera en même
temps sur la capacité du déporté dans le lieu où
commencera pour lui une nouvelle existence civile,
et déterminera s'il pourra conserver et y transporter
une partie de son bien. Certainement alors, si sa
femme consent à partager son exil, on ne lui refusera
pas le titre d'épouse dont elle se sera rendue double-
ment digne par ce dévouement; tandis que, lorsqu'elle préférera rester en France, on ne la re-

tiendra pas dans les liens d'un mariage illusoire, et dont le but ne peut plus être atteint.

Les effets de la mort civile sont énoncés dans l'art. 25 du code Napoléon. Mais bien qu'on paraisse être convenu au conseil d'état, dans la séance du 24 thermidor an 9 (procès-verbaux t. I, p. 85 et suivantes), que l'énumération faite par cet article, n'était qu'*énonciative* et *non limitative*, nous ne connaissons cependant aucun cas, excepté ceux prévus par l'art. précité, auquel on puisse étendre la privation de droits opérée par la mort civile : le condamné, en effet, ne peut jamais, par la nature de sa condition, invoquer le bénéfice de la *cession de biens*, et nous n'hésitons pas à décider qu'il peut acquérir par *usucapion* dans tous les cas où il peut avoir la possession, et qu'il peut également opposer la *prescription extinctive* établie par un motif d'intérêt public. Ce sont cependant là les seuls droits civils à l'égard desquels l'art. 25 ne renferme pas de décision expresse. Toutes les dispositions de cet article ne sont que des conséquences nécessaires de la définition que nous avons donnée plus haut de la mort civile. C'est ainsi :

a) Que le condamné à cette mort, peut bien acquérir la propriété par son travail, même par convention, ce mode d'acquisition étant de droit naturel ; mais qu'il ne peut l'acquérir, ni par succession, ni par testament, ni dans la forme d'une donation entre-vifs, ces institutions étant de droit positif. C'est par le même motif qu'il faut décider qu'il conserve la capacité de recevoir des dons manuels, que la seule tradition rend parfaite.

b) Que son mariage civil est dissous, et que ses enfans procréés dans l'état de mort civile, ne peuvent prétendre à un autre état que celui qui leur est assigné par leur filiation du côté de la mère. La rigueur de cette disposition ne peut être justifiée, que par la contradiction manifeste qu'eût présenté une loi qui aurait reconnu une femme et des enfans légitimes à un individu réputé mort aux yeux de cette même loi. Nous avons d'ailleurs vu quel tempérament la législation criminelle apporte à cette rigueur, dans le seul cas où cette contradiction peut être évitée.

La loi d'ailleurs ne déclare dissous que le mariage civil : elle laisse donc subsister le mariage naturel et religieux, sans que cependant on en puisse inférer une différence quelconque, relativement à l'état civil, entre les enfans procréés par le condamné à la mort civile avec son ancienne épouse, et ceux qu'il pourrait avoir d'une autre femme.

c) Que le condamné à la mort civile ne peut être témoin dans un acte solennel ou authentique, ni être admis à donner témoignage en justice ; parce que la société ne saurait accorder aucune confiance à celui qu'elle a rayé du tableau de ses membres. En conférant l'art. 28 du code pénal avec l'art. 18 *ibid.*, il paraît qu'il ne peut même être entendu en justice, pour y donner de simples renseignemens.

d) Qu'il ne peut pas même contracter ni acquérir une obligation dans les formes de la loi civile; d'où il suit qu'il peut bien passer des conventions, mais qu'il ne peut point les revêtir des solennités prescrites par la loi positive; qu'en conséquence il ne peut point acquérir une hypothèque conventionnelle, bien qu'il puisse, par le ministère de son curateur, *acquérir une hypothèque judiciaire.*

e) Qu'enfin il ne peut disposer ni transmettre, dans la forme du droit civil, même les biens acquis pendant la mort civile : cependant la loi, par un motif d'humanité, accorde à l'Empereur l'autorisation générale, requise d'après les principes de notre droit public pour toute aliénation des domaines de l'état, d'en disposer au profit de sa famille, *art.* 33.

Les droits du fisc sur la succession du condamné à la mort civile, résultent de l'art. 713, attendu que cet individu étant rejeté en l'état de nature, les droits de propriété qu'il avait de son vivant, s'éteignent avec sa mort, et ses biens restent alors dans la classe des biens sans maître.

L'humanité a fait admettre quelques exceptions

au principe de la privation totale du condamné à la mort civile, de tous les bienfaits de la loi positive :

1.º Il peut recevoir des alimens dans la forme du droit civil, puisque autrement la condamnation à la mort civile pourrait entraîner la mort physique.

2.º Comme il ne peut se faire justice à soi-même sans violer la loi positive qui existe pour tous les autres membres de la société, il a fallu lui laisser le *droit de juridiction*, tant pour se garantir d'injures personnelles, que pour se faire maintenir dans les biens acquis par les voies du droit naturel. Seulement il ne peut paraître lui-même en qualité, et doit exercer ses droits par le ministère d'un curateur. C'est en vertu de ce même droit, qu'il peut obtenir une hypothèque judiciaire, pour sûreté des obligations consenties à son profit; cette hypothèque étant un effet direct du droit de juridiction.

CHAPITRE II.

Des étrangers.

SECTION PREMIÈRE.

Des étrangers jouissant des droits civils en France sous la condition de réciprocité établie par les art. 11, 726 et 912 du Code Napoléon.

Pour déterminer avec précision la condition des

étrangers relativement à la jouissance des droits civils en France, il est indispensable de rappeler l'état de la législation existant à leur égard avant la révolution.

D'après cette législation, ou plutôt d'après la jurisprudence des parlemens, l'étranger était soumis, en général, aux droits d'*aubaine*. Ces droits comprenaient :

1.º Le *droit d'aubaine proprement dit,* en vertu duquel sa succession était dévolue au fisc du roi. Cependant la jurisprudence avait admis, dans ces derniers temps, une exception en faveur des enfans de l'étranger, nés et demeurant dans le royaume; cette exception fut même étendue, dans le ressort de plusieurs parlemens, à tous les parens regnicoles et naturalisés (*).

2.º L'étranger ne pouvait *succéder* à ses parens français, ni *recevoir* par testament ou donation entre-vifs d'un français. Il mérite d'être remarqué que depuis plusieurs siècles le droit d'aubaine, particulier à la France, n'était exercé, à son égard, que par l'Angleterre (**) et la Suède, et ce pour les successions immobilières seule-

____

(*) *Baquet,* du droit d'aubaine, chap. XXIII, n.ᵒˢ 4 et 10, et chap. XXXII, n.º 8.

(**) L'incapacité des étrangers à recueillir des successions immobilières, étant motivée, dans la plupart des provinces anglaises, sur le droit de suffrage aux assemblées politiques, attaché à la possession des terres, a même une origine tout-à-fait différente de l'aubaine.

ment. Mais dans presque tous les états d'Europe, on avait assujetti les successions échues à des étrangers, sans distinction de nationalité, à un *droit de détraction*, qui était ordinairement de dix pour cent.

Les droits d'aubaine et de détraction furent abolis par les décrets de l'assemblée constituante du 6 août 1790, et par l'art. 3 du décret du 8 avril 1791, et les étrangers rétablis dans le droit de recueillir des successions et des libéralités en France, le tout sans aucune condition.

A l'époque de ces décrets, l'abolition du droit d'aubaine avait déjà été stipulée par des traités particuliers avec tous les états d'Europe, qui ne les avaient même exercés, dans les temps modernes, que par voie de représailles, à la seule exception de la Prusse, des états du Pape, de la Turquie, de Gênes, de quelques principautés d'Allemagne, et de la Suède, relativement aux successions immobilières (*). Ce même droit avait été aboli par un traité formel à l'égard des sujets du roi d'Angleterre.

Il est à remarquer que, bien que la plupart de ces traités n'eussent stipulé que l'abolition du *droit d'aubaine*, néanmoins les francais étaient admis à recueillir dans tous les états de l'Europe les successions de leurs parens étrangers, à la seule exception men-

____

(*) Locré, Esprit du Code Napoléon, I, 288, édit. in-8.°

tionnée ci-dessus, des successions immobilières ouvertes en Angleterre et en Suède ; mais les successions des français, ouvertes en pays étranger, comme les successions ouvertes en faveur d'héritiers français, étaient soumises, lorsque les appelés voulaient en faire l'exportation, au droit de détraction. C'est donc proprement de ce droit, que les décrets de l'assemblée constituante ont fait le sacrifice gratuit envers les puissances étrangères.

Lors de la discussion du code Napoléon, on convint que cette admission gratuite et illimitée des étrangers à la jouissance de tous les droits civils en France, pouvait compromettre l'intérêt national ; en conséquence, après une discussion fort intéressante, le conseil d'état adopta le principe de n'accorder à l'étranger les droits civils, que sous la condition de réciprocité, et arrêta un article portant : « L'étranger « jouira en France des mêmes droits civils que ceux « qui sont ou seront accordés aux français par les lois « ou les traités de la nation à laquelle cet étranger « appartiendra » (*). Mais sur la demande du tribunat, qu'on ne s'arrêtât qu'aux traités, afin que la législation française ne dépendît point, à l'égard des étrangers, de la législation particulière des étrangers envers des français, les mots *les lois*, furent retranchés de l'article.

____

(*) Procès-verbal de la séance du 6 Thermidor an IX, tome I, pag. 21 et suiv.

Depuis la publication du code :

1.º Il a été passé le 4 vendémiaire an 13 avec la *Suisse* un traité d'alliance défensive, stipulant en faveur des sujets des deux états une parfaite réciprocité dans la jouissance des droits civils.

2.º Par décret du 19 février 1806, les droits d'aubaine, et tous autres droits de pareille nature, quelle qu'en soit la dénomination, ont été abolis entre la France, *le royaume d'Italie* et les états de Parme, Plaisance et Guastalla, réunis depuis à l'empire. « Pourront en conséquence, ajoute ledit décret, nos « sujets de l'un des deux états recueillir librement « les successions ouvertes à leur profit dans l'autre ».

3.º Par décret du 21 décembre 1810, il a été ordonné que le droit d'aubaine ne serait pas exercé sur les successions des sujets de *l'Autriche*, morts en France pendant la dernière guerre, et que celles desdites successions, ou les deniers en provenans, qui auraient été mises sous le séquestre, seraient restituées aux héritiers légitimes.

4.º Un décret rendu le 6 août 1811, et motivé sur une déclaration remise par le gouvernement des principautés de *Luques et Piombino*, porte « que les « sujets de ces principautés sont admis, dans les états « de France et d'Italie, à transmettre et à recueillir « toute succession, tant *ab intestat,* que par testa- « ment, et à faire et accepter toute donation, comme « s'ils étaient nés sujets, soit de France, soit d'Italie ».

5.º Un décret du 2 décembre 1811, motivé sur

une ordonnance de S. M. le roi de *Prusse* du 6 août 1811, porte : « Le droit d'aubaine ne sera « point exercé en France à l'égard des sujets prus- « siens. Il ne sera perçu aucun droit de détraction « sur les héritages et legs échus ou à échoir dans nos « états à des sujets prussiens ».

6.º Un décret du 12 janvier 1812 supprime l'aubaine entre les habitans des provinces Illiriennes et du royaume d'Italie.

7.º Enfin, un décret du 25 avril 1812, porte que le droit d'aubaine ne sera point exercé en France, à l'égard des habitans du grand duché de Francfort.

Tel est l'état actuel de la législation qui détermine les droits civils des étrangers en France.

Il est évident qu'on ne peut, à cet égard, mettre tous les étrangers sur la même ligne, et qu'il faut distinguer les sujets des gouvernemens avec lesquels il existe des traités, d'avec ceux qui appartiennent à des états avec lesquels il n'existe point de pareils traités.

Nous traiterons d'abord des derniers, et nous commencerons par établir les règles relatives à certains droits dont l'exercice est indépendant des traités.

N.º I. Tout étranger étant soumis au *statut personnel* de son pays, la validité de son mariage, les rapports de filiation et de la puissance paternelle, la tutelle de ses enfans, enfin tout ce qui tient à la *capacité civile* et *à l'état de la personne*, doit être jugé d'après ce statut personnel; d'où il suit que, dans la discussion relative à la jouissance des droits civils des étrangers, il faut faire abstraction entière de tous les droits qui résultent des rapports purement personnels : seulement l'étranger peut, relativement à la forme des actes destinés à constater ces rapports, invoquer le principe du droit des gens « *locus regit actum* »; mais il ne peut, en aucun cas, invoquer le bienfait de la loi française pour réclamer une capacité qui lui serait refusée par la loi de son pays; comme les lois françaises ne sauraient lui imprimer une incapacité qui n'existerait pas dans sa législation nationale.

N.º II. Les étrangers, sans distinction de nation et sans égard aux traités politiques, sont capables en France de tous *les actes du droit des gens , que le droit civil n'a point assujettis à ses formes particulières.* Ils peuvent donc acquérir des biens de toute espèce en France, et s'obliger avec des français par des conventions; par suite de ce principe, ils jouissent *du droit de juridiction ,* c'est-à-dire, du droit de poursuivre l'exécution de ces obligations devant le forum de leur débiteur. S'ils peuvent eux-mêmes être cités devant les tribunaux français pour les obligations contractées en France ou en pays étranger envers un français (*Art.* 14 *du code Napoléon*), c'est par suite du principe du droit public, qu'il n'y a que les jugemens rendus au nom de l'Empereur qui puissent avoir force exécutoire en France. Cette autorité étant déniée aux jugemens rendus par les tribunaux étrangers, le français qui y aurait obtenu un jugement contre son débiteur étranger, manquerait toujours en France de moyens d'exécution contre la personne et les biens de son débiteur.

De ce principe, nous tirerons les conséquences suivantes :

a) Que l'on ne saurait opposer à l'action dirigée devant les tribunaux français par le créancier français contre son débiteur étranger, la litispendance en pays étranger (*Arrêt de la cour de cassation du 7 septembre* 1808), ni même la chose jugée contradictoirement en pays étranger (*Arrêt de la cour de cassation du 26 ventose an* 12); et que les tribunaux ne doivent déclarer exécutoires les jugemens rendus en pays étranger, qu'en connaissance de cause, et après une nouvelle discussion, dans laquelle on pourra néanmoins tirer parti des aveux faits par les parties devant les tribunaux étrangers.

b) Que la disposition de l'art. 14 du code Napoléon étant une conséquence d'un principe de droit public, il n'y peut être dérogé que par une disposition expresse et formelle d'un traité, tel qu'il en existe dans l'art. 13 du traité d'alliance avec la Suisse, précité, lequel, par une conséquence directe de cette même disposition, accorde (*art.* 15) force exécutoire en France aux jugemens rendus en dernier ressort par les tribunaux suisses, et réciproquement.

c) Que deux étrangers ne peuvent saisir les tribunaux français de la connaissance de leur contestation, relativement aux obligations contractées entre eux. Car s'ils jouissent du droit de juridiction à l'égard des français, c'est parceque la loi française a pour objet d'assurer l'exécution des obligations contractées par des français, ou envers eux; tandis que cette loi ne peut avoir pour objet les rapports des étrangers entre eux. (*Arrêt de la cour de cassation du 22 janvier* 1806). Une exception à ce principe ne pourrait également résulter que d'une disposition expresse d'un traité.

d) L'étranger demandeur est assujetti, par l'art. 15 du code Napoléon, à l'obligation de fournir caution pour le paiement des frais et dommages et intérêts résultant du procès, parceque le jugement rendu par un tribunal français ne serait pas exécutoire dans la patrie de l'étranger. Le montant de cette caution est arbitré par les tribunaux , si les parties ne peuvent s'accorder à cet égard. Cette obligation cesse , comme étant sans objet, lorsque les propriétés immobilières de l'étranger situées en France, offrent au défendeur un moyen d'exécution, dont il peut s'assurer à l'instant même du jugement par une inscription hypothécaire; et elle peut cesser par une stipulation expresse d'un traité , nécessairement corrélative avec celle qui accorderait aux jugemens rendus par les tribunaux français force exécutoire dans la patrie de l'étranger . ainsi que l'art. 14 du traité d'alliance précité nous en offre un exemple.

e) C'est encore par suite du même principe, que les jugemens de condamnation rendus au profit d'un français contre un étranger *non domicilié* en France, emportent la contrainte par corps (*Loi du 10 septembre* 1807), et qu'après l'échéance ou l'exigibilité de la dette, l'arrestation provisoire du débiteur étranger peut même être ordonnée avant le jugement de condamnation. Cette disposition n'est point établie *in odium peregrinitatis* , mais pour suppléer au défaut de la force exécutoire du jugement français sur les biens de l'étranger. Elle cesse en conséquence, si l'étranger possède en France un établissement de commerce, ou des immeubles reconnus suffisans pour lui constituer un domicile en France; car c'est en ce sens que le terme *domicilié*, employé dans l'art. 1.ᵉʳ de la loi précitée, doit être entendu, conformément à l'art. 3 de la même loi.

f) Enfin, c'est toujours par suite du même principe que le débiteur étranger ne peut être admis au bénéfice de la cession de biens (*art.* 905 *du code de procédure*): attendu que le défaut de force coactive de la loi française, dans la patrie de l'étranger, même domicilié en France, dans le sens de la loi du 10 septembre 1807, ôte au juge français la possibilité de vérifier s'il a loyalement abandonné à ses créanciers tous ses biens; condition sans laquelle le bénéfice de la cession ne saurait être obtenu.

Les traités abolitifs de l'aubaine sont étrangers à cette disposition, à laquelle il ne peut être dérogé que par une stipulation expresse.

N.º III. L'étranger jouit, sans égard à ces mêmes traités, du droit d'*hypothèque conventionnelle* en France, cette hypothèque n'étant qu'une obligation *accessoire* à une obligation principale, qui prend son origine dans une convention du droit des gens. La *restriction apportée à ce droit* par l'art 2128 du code Napoléon, est une conséquence des principes de notre droit public sur la force exécutoire des actes. Cette restriction ne porte pas sur le droit d'hypothèque conventionnelle, même lorsqu'il est exercé par un étranger, mais sur le mode d'exécution de ce droit, contre des biens situés en France.

Il en est de même de l'*hypothèque judiciaire*, dans le cas où l'étranger, d'après les principes établis ci-dessus, jouit du droit de juridiction ; cette hypothèque n'étant qu'un moyen d'assurer l'exécution des jugemens rendus par les tribunaux français.

Quant aux *hypothèques légales*, il faut distinguer :

a) Un mineur ou interdit étranger ne peut, en règle, avoir un tuteur français ; mais si néanmoins un français avait été nommé à cette fonction, et avait contracté, vis-à-vis un mineur étranger, les obligations attachées à la tutelle par la loi française, nous n'hésitons pas de décider que ce mineur jouirait aussi de l'hypothèque légale sur les biens de son tuteur ; hypothèque qui remplace la caution exigée par d'autres législations, et qui est en France une charge inséparable de la tutelle.

b) C'est une question plus difficile, que celle de savoir si la femme étrangère peut prétendre, autrement qu'en vertu d'une stipulation formelle d'un traité, avoir acquis, par son contrat de mariage, hypothèque légale sur les biens de son mari situés en France ; attendu que le mari ne manquera pas de lui opposer que le contrat de mariage étant une convention accessoire du mariage, il est régi comme celui-ci même par son statut personnel, tandis que la femme peut invoquer, de son côté, la disposition de l'art. 3 du code Napoléon. Mais il nous parait hors de doute qu'une femme étrangère peut valablement stipuler, par son contrat de mariage, une hypothèque sur les biens de son mari, situés en France, pourvu que le contrat soit passé en France (art. 2128 du code Napoléon), les tribunaux français étant chargés par l'art. 3 précité, de maintenir les conventions des étrangers entre eux, lorsqu'elles ont pour objet des immeubles situés en France.

c) Un étranger auquel le gouvernement français aurait confié une comptabilité, serait sans doute soumis à l'hypothèque légale dans laquelle le gouvernement trouve la garantie de la responsabilité attachée à cette gestion ; mais un gouvernement étranger ne pourrait jamais invoquer le code Napoléon, pour soutenir d'avoir acquis une hypothèque légale sur les biens d'un comptable qu'il pourrait avoir en France ; cette hypothèque étant une charge imposée aux propriétés particulières, dans le seul intérêt du gouvernement français.

N.º IV. L'étranger jouit également enfin, sans égard aux traités, de la *prescription acquisitive et extinctive* de la loi française.

a) De la *prescription acquisitive*, parceque dans le cas où un étranger acquiert la possession d'un immeuble en France, c'est la possession française qu'il en acquiert, possession à laquelle la loi française a attaché l'effet de se convertir en propriété par le laps d'un certain temps ; et parceque d'ailleurs l'usucapion est établie par un motif étranger à la personne du possesseur, savoir la stabilité des propriétés.

b) De la *prescription extinctive*, parcequ'elle appartient au droit naturel, lorsqu'elle est fondée sur une présomption de paiement, et que, lorsqu'elle est de droit civil, elle est établie par le double motif, *également étranger à la personne du débiteur*, de prévenir un grand nombre de contestations nécessairement douteuses, et de punir la négligence du créancier.

Après avoir ainsi parcouru la série des droits civils, nous obtenons ce premier résultat :

Que la condition des étrangers jouissant des droits civils en France en vertu des traités, et celle des étrangers qui ne peuvent invoquer de pareils traités, ne diffère, en règle générale :

1.º Que sous le rapport de la capacité de transmettre leurs successions, soit ab intestat, soit par des dispositions testamentaires ou entre-vifs.

2.º Sous le rapport de la capacité de recueillir des successions ouvertes en France à leur profit, et de recevoir des libéralités par acte entre-vifs, ou de dernière volonté (*).

A) De la condition des étrangers qui ne peuvent invoquer en leur faveur les stipulations d'un traité politique.

La question, à leur égard, se réduit à celle de

______

(*) Outre les donations, le contrat de mariage est encore un contrat de droit civil, la forme authentique étant exigée *solennitatis* et non *probationis gratiâ* ; mais les effets de ce contrat accessoire au mariage, suivent la loi du mariage même ; d'où il suit que, non-seulement la validité des stipulations d'un contrat de mariage passé par un étranger en France, doit être jugé suivant son statut personnel, mais que l'étranger peut même valablement faire en France des conventions matrimoniales, par acte sous seing-privé, si ce statut reconnaît, comme valables, les contrats passés en cette forme. C'est par ce motif que nous croyons, nonobstant la disposition de l'article 3, que la femme étrangère ne peut faire dériver uue hypothèque légale sur les biens de son mari, d'un contrat qui ne renfermerait aucune stipulation expresse à cet égard.

savoir : *si le défaut de ces traités leur ôte indistinc-tement et d'une manière absolue les capacités énon-cées ci-dessus, ou bien s'ils en jouissent dans les bornes fixées par le principe de réciprocité, fondé sur la législation ou la jurisprudence de leur pays à l'égard des français.*

En essayant de défendre cette dernière opinion, nous ne nous dissimulons pas la force des argumens que nous aurons à combattre, ni le poids que leur donne l'opinion de M. Merlin, professée dans diffé-rens endroits du Répertoire universel (*).

On fait dériver ces argumens :

1.º Du retranchement des mots, *et les lois,* dans l'art. 11 ; amendement que l'auteur de l'Esprit du code Napoléon (T. I, p. 310) assure avoir eu lieu, sur l'observation faite par le tribunat, que la rédaction primitive de cet article rendrait la législation française, à l'égard des étrangers, dépendante de la législa-tion particulière des étrangers, à l'égard des fran-cais.

(*) Particulièrement au mot *Etranger,* § 2, dans ses conclu-sions dans l'affaire entre deux américains, dans laquelle est intervenu l'arrêt du 22 Janvier 1806, cité plus haut.

Et au mot *Succession,* sect. 1, § 2, art. 4, *in fine ,* où il dit : « ainsi, pour le droit de succéder, comme pour tout au-»tre droit civil, il faut, aux étrangers, un traité fait entre notre »Gouvernement et leur Nation : *la seule raison de récipro-»cité ne peut pas leur servir de titre.* »

2.º Des dispositions législatives précitées, qui abolissent le droit d'aubaine à l'égard de certaines nations, et qu'on regarde comme des preuves de la nécessité d'un acte pareil, pour relever l'étranger de son incapacité absolue.

3.º De l'arrêt précité de la cour de cassation, du 22 janvier 1806 (*), par lequel cette Cour a fait droit au déclinatoire proposé par un américain, contre un autre individu de sa nation, quoique ce dernier invoquât l'usage des tribunaux américains, de connaître des différens entre français, à raison d'obligations contractées en Amérique : l'arrêt est fondé sur ce que le principe de réciprocité n'était point applicable à l'espèce, *les traités entre les deux nations n'ayant rien statué à cet égard.*

Nous commençons d'abord par opposer à l'autorité sans doute respectable de M. Merlin, celle de MM. Chabot (**) et Grenier (***). L'opinion de M. Chabot est d'un poids d'autant plus grand, que ce jurisconsulte à fait le rapport au tribunat, au nom de la section de législation, sur le titre des successions; d'où il suit que ni lui, ni la section de législation du tribunat n'ont trouvé, dans la disposition de

_____

(*) Journal du Palais, Collection de 1806, art. 49, page 311.

(**) Dans son Commentaire sur la loi des successions, sur l'art. 726.

(***) Traité des donations et testamens, vol. I, pag. 3o3.

l'art. 11, *décrété antérieurement*, le rejet du principe de la réciprocité simple, fondée sur l'usage
ou la législation étrangère. En effet, le législateur
n'ayant pas formellement exclu ce principe, il nous
est permis d'expliquer la restriction de cet article
aux traités, d'une manière qui, sans faire violence
au texte de la loi, nous paraît conforme à son
esprit.

Voici alors le motif pour lequel nous supposons
que les mots, *et les lois*, ont été retranchés et ont
dû être retranchés de l'article 11 (motif parfaitement conciliable avec l'observation du tribunat).
Cet article, inséré dans le titre 1.er du code Napoléon, établit un principe général, qui est applicable à tous les droits civils quelconques. Nous
avons vu que les rédacteurs du code n'ont pas voulu
faire l'énumération de ces droits, de crainte de la
laisser incomplète; alors la disposition relative à la
jouissance des droits civils, *en général*, par les étrangers, a dû nécessairement subordonner cette jouissance exclusivement aux stipulations des traités politiques; d'abord, pour prévenir l'abus qu'on aurait
pu faire du principe de la réciprocité simple, en
l'appliquant à des cas dans lesquels le droit public
ne permet d'admettre d'autre réciprocité que celle
fondée sur les traités, sur lesquels l'observation
du tribunat paraît avoir porté directement (par
exemple, relativement à la force exécutoire des jugemens); et en second lieu, parceque la réciprocit'

fondée sur les usages ne peut, en aucun cas, être invoquée *contre les stipulations d'un traité.* Car en supposant qu'un traité accordât aux étrangers d'une certaine nation, des droits plus ou moins étendus que la législation particulière de leur patrie n'en accorde aux français, ce serait toujours le traité qu'il faudrait suivre à leur égard.

Il y avait d'autant moins d'inconvéniens à se borner, dans l'art. 11, à la seule mention des traités, qu'il entrait dès-lors dans la pensée du législateur de régler, par des dispositions particulières, l'application de ce principe général à tous les droits civils, ou du moins aux plus importans de ces droits.

Nous avons successivement parcouru celles de ces dispositions qui sont relatives aux droits civils qui tiennent à l'état et à la capacité de la personne, au droit de juridiction, à l'hypothèque et à la prescription, et nous avons vu que, dans toutes ces matières, il faudrait, *conformément à l'article 11 du code Napoléon,* une disposition formelle et expresse d'un traité politique, pour apporter quelque changement dans la condition de l'étranger, telle qu'elle est déterminée par la loi française; mais les motifs suivans nous paraissent décisifs pour accorder à l'étranger l'exemption de l'aubaine proprement dite, et la capacité de recueillir des successions et des libéralités en France, sous la condition de la *reciprocité simple.*

a) L'aubaine proprement dite s'est trouvée abolie

à l'époque de la publication du code Napoléon par les décrets de l'assemblée constituante. Non-seulement elle ne se trouve rétablie par aucun texte du code , mais la discussion au conseil d'état prouve même à l'évidence, que ce conseil , loin de désavouer les idées libérales de l'assemblée constituante et de vouloir rétablir l'état de choses qui avait existé avant la révolution , a seulement eu l'intention d'empêcher que l'admission gratuite des étrangers à la jouissance entière des droits civils en France , ne pût tourner au préjudice de l'intérêt national, but qui se trouvera suffisamment atteint par la condition de la réciprocité simple, dont la preuve , dans tous les cas , sera toujours à la charge du demandeur étranger.

b) Le système du conseil d'état n'a point été un système d'aggression hostile contre les autres nations, mais un système de *rétorsion*. On lui imprimerait cependant ce premier caractère, s'il faisait revivre , en règle générale, le droit d'aubaine, qu'à l'exception de l'Angleterre et de la Suède pour les successions immobilières, aucune nation de l'Europe n'exerce actuellement envers la France. Car le droit de détraction a une origine tout-à-fait différente de l'aubaine, et ne se lève que comme un droit d'exportation sur cette partie de la fortune nationale, que l'héritier étranger transporte hors du pays (Abzugsrecht) ; ou bien comme le capital des contributions que l'état ne peut plus lever désormais sur cette partie des richesses nationales (Nachsteuer). Ce droit n'est donc pas établi comme l'aubaine, *in odium peregrinitatis.* Le principe de la réciprocité simple aura ce résultat, qu'on exercera l'aubaine envers les états qui l'exercent envers la France, et le droit de détraction envers ceux qui n'exercent que ce droit; tandis que, dans le système opposé, l'aubaine pourrait être exercée contre des états qui ne lèvent même aucun droit sur les successions ouvertes au profit d'un français. Tel serait même, dans le fait, l'effet nécessaire de ce système, attendu que le droit d'aubaine ayant été aboli par des traités vis-à-vis de la plupart des anciennes puissances de l'Europe, les seuls gouvernemens avec lesquels il n'existe pas de traité à cet égard, sont ceux nouvellement établis par l'Empereur des français même; par exemple, le royaume de Westphalie, le grand duché de Varsovie , le duché de Nassau, dont aucun n'exerce ni l'aubaine , ni le droit de détraction envers la France, et qui tous sont régis par ce même code Napoléon , dont on prétend faire dériver le rétablissement de ce droit.

c) Si l'on dit que la capacité de transmettre une succession est évidemment un droit civil, et que l'art. 11 n'accordant aux étrangers d'autres droits civils que ceux qui leur ont été assurés par des traités , ils ne peuvent prétendre à cette capacité, lorsqu'elle n'est point stipulée en leur faveur par un pareil traité, nous répondrons :

1.º Que d'abord il est faux de dire que l'étranger

appartenant à une nation avec laquelle la France n'a aucun traité, soit absolument privé des droits civils en France, en ce qu'il y jouit de la juridiction, de l'hypothèque conventionnelle et judiciaire, et de plusieurs autres droits relatés ci-dessus. Que l'art. 11 consacre bien le principe que toutes les fois qu'il existe un traité politique sur la capacité civile de l'étranger, ce traité détermine la mesure de cette capacité; mais qu'il ne dit nullement qu'à défaut d'un traité pareil, l'étranger se trouvera dans un état d'incapacité absolue. Au contraire, la distinction faite par le code Napoléon entre la perte des droits civils par la perte de la qualité de français, et la privation de ces mêmes droits par la mort civile, prouve qu'il n'a point pu entrer dans l'intention du législateur de placer ces deux cas sur une même ligne, et qu'il a senti qu'il existait entre eux cette différence énorme, que le condamné à la mort civile est entièrement privé de la capacité civile, tandis que le français devenu étranger retient cette capacité telle qu'elle est accordée à l'étranger, sauf ce qui a été observé dans la sixième subdivision de la section précédente.

2.º Nous avons remarqué plus haut qu'anciennement les auteurs et la jurisprudence n'étaient point uniformes pour régler les droits de préférence du fisc, des enfans et parens naturalisés, et des parens regnicoles sur la succession de l'aubain. Si l'intention du législateur avait été de rétablir, comme règle, l'incapacité de l'étranger de transmettre sa succession, il ne l'aurait pas fait implicitement par une disposition aussi susceptible de différentes interprétations que celle de l'art. 11, mais expressément, et en réglant d'une manière précise les droits des appelés.

Nous en tirons cette première conséquence, que l'étranger n'est pas incapable, d'une manière absolue, de transmettre sa succession située en France ; que seulement elle ne peut être recueillie par ses parens étrangers, qu'autant qu'un français aurait pu également recueillir cette succession ouverte dans la patrie de l'étranger ; qu'autrement elle appartient à ses parens regnicoles, et qu'elle ne peut passer au fisc qu'autant que, dans la patrie de cet étranger, la succession d'un français ouverte dans les mêmes circonstances serait également dévolue au fisc, ou bien par *droit de déshérence* à défaut de parens successibles. Cette conséquence se trouve corroborée par la rédaction de l'art. 726, le seul dans lequel il soit implicitement question de l'aubaine proprement dite, en ce qu'il parle de la succession *aux biens d'un étranger, situés en France*. Or, cet article n'a pour objet que de régler la capacité de l'héritier étranger à recueillir cette succession, sans qu'on puisse inférer de ses termes aucune incapacité du défunt de la transmettre ; au contraire, il en résulte qu'à défaut d'héritiers étrangers habiles à succéder, cette succession passe à ses héritiers regnicoles de préférence au fisc, disposition qui attribue implicitement à l'étranger la capacité de transmettre sa succession *ab intestat.*

Quant à la capacité de l'étranger *de recevoir,* l'article 726 renferme une disposition particulière sur cette capacité par rapport aux successions *ab intestat,* et l'art. 912 par rapport aux libéralités par acte entre-vifs et testamentaires.

L'un et l'autre de ces articles accordent à l'étranger cette capacité *dans les cas et de la manière* que le français en jouit dans la patrie de l'étranger qui la réclame; et un arrêt de la cour de cassation du 24 août 1808 (*) a formellement décidé que cette réciprocité est exigée non-seulement de nation à nation, mais aussi d'individu à individu; décision très-importante, puisqu'il en résulte qu'il ne suffit pas qu'il existe des traités abolitifs de l'aubaine avec la nation à laquelle l'héritier ou le donataire étranger appartient, mais que ce dernier est encore tenu de prouver que, *dans des circonstances absolument semblables, la même succession ou la même libéralité, qui fait l'objet de sa réclamation, aurai été recueillie par un héritier ou donataire français;* d'où il suit que l'application du principe de réciprocité, *lors même qu'il est consacré par un traité formel, dépend toujours,* dans les espèces particulières, jusqu'à un certain point, *de la législation particulière des étrangers à l'égard des français.*

(*) Journal du Palais, 1809, 1.er sémestre, art. 15, pag. 49.

Nous ne pensons pas qu'on puisse trouver des inconvéniens à ce principe , la preuve étant toujours à charge du demandeur étranger. — Nous en tirons cette conséquence, que les art. 726 et 912 doivent être regardés comme les règles d'application du principe général de réciprocité consacré par l'art. 11, à la capacité de l'étranger de recueillir des successions et des libéralités; et ces articles nous paraissent établir, autant par leurs termes que par des conséquences nécessaires résultant des principes développés ci-dessus, la condition de la réciprocité simple. Le renvoi à l'art. 11 qui se trouve dans l'art. 726 a seulement pour objet, dans notre système, d'indiquer que, dans le cas de l'existence d'un traité politique sur la successibilité de l'étranger, ce sont les dispositions de ce traité qui doivent être suivies, sans égard aux droits plus ou moins étendus qui peuvent être accordés aux français par la législation particulière de l'étranger. C'est par ce motif que nous ne trouvons pas le même renvoi à l'art. 912, les libéralités n'étant presque jamais l'objet d'un traité, et non pas, comme on a voulu le prétendre (*), parceque la donation entre-vifs prenant son origine dans le droit des gens, l'intention du législateur aurait été de favoriser davantage l'étranger sous le rapport de la capacité de recevoir par donation, que sous le rapport de celle de

____

(*) Schmitt, dissert. sur la jouissance des droits civils des étrangers en France. Coblentz, 1811, pag. 19.

recevoir par succession *ab intestat.* D'abord, on ne voit pas de motif plausible à cette faveur, et, en deuxième lieu, l'art. 912 est également applicable aux donations et aux *testamens*; et il y aurait une véritable antinomie dans la loi, si, en ôtant à l'étranger la capacité de recevoir une succession *ab intestat,* elle lui conservait celle de recueillir cette même succession en vertu d'un testament.

Quant aux différens décrets cités plus haut, qui ont prononcé l'abolition expresse des droits d'aubaine en faveur de certains états, et dont on veut faire dériver la nécessité d'une déclaration pareille à l'égard de chaque nation, pour relever ses membres de leur incapacité, nous observerons qu'à la vérité toutes les nations étrangères ont un intérêt puissant de fixer, par un acte authentique et exprès, la capacité de leurs membres, afin d'éviter à ceux-ci la charge de la preuve de réciprocité dans chaque hypothèse particulière; mais que cette circonstance suffit aussi pour expliquer l'existence de ces actes de l'autorité législative, sans qu'on en puisse faire dériver l'incapacité absolue des étrangers, qui ne peuvent invoquer en leur faveur des traités pareils. En effet, nous ne croyons pas qu'aucun des auteurs qui professent l'opinion contraire à la nôtre, ose prétendre que les sujets de l'Empereur, dans son royaume d'Italie, étaient frappés de cette incapacité absolue, et soumis à l'aubaine en France, avant le 19 février 1806, jour du décret portant abolition réciproque de l'aubaine entre les deux états. Certainement alors l'Empereur n'aurait pas voulu traiter ses sujets moins favorablement que les sujets de l'Empereur d'Autriche, et n'aurait pas manqué d'ordonner, comme il l'a fait en faveur de ces derniers, la restitution des successions ouvertes avant cette époque. S'il ne l'a pas fait, c'est qu'on n'a jamais songé à les soumettre à l'aubaine; d'où il suit que les décrets précités (dont aucun d'ailleurs n'est un traité, car nous avons observé que le traité de l'alliance avec la Suisse ne fait même aucune mention de l'abolition de l'aubaine qu'il présuppose) n'ont d'autre objet que de reconnaître, à l'égard des habitans d'un état *en masse*, la capacité, qu'à défaut d'un traité pareil, chacun d'eux est obligé à prouver dans l'hypothèse particulière dans laquelle il l'invoque.

Quant à l'arrêt de la cour de cassation du 22 janvier 1806, on ne saurait en tirer aucun argument contre notre opinion, puisque nous avons déjà observé plus haut, que dans l'espèce dans laquelle il a été rendu, le principe de la réciprocité simple n'était point applicable, parceque ce n'est que par les stipulations expresses d'un traité, que les tribunaux francais peuvent être investis du droit de juridiction à l'égard des étrangers, dans leurs contestations civiles personnelles.

Enfin, le principe de la réciprocité simple se trouve formellement et expressément reconnu par un avis du conseil d'état, du quatrième jour complémentaire an 13, approuvé par S. M. l'Empereur, et rendu sur la question : *si l'étranger prisonnier de guerre en France* (état qui présuppose nécessairement la suspension des traités politiques) *peut valablement y contracter mariage?* et qui décide qu'un pareil mariage doit produire les effets civils quant à l'état de la femme et des enfans ; mais que les conventions matrimoniales, en tout ce qui touche la successibilité ne produisent d'effet en faveur de ces étrangers prisonniers de guerre, qu'autant *que les lois du pays dont ils sont sujets, accorderaient les mêmes avantages aux français qui se marient en pays étranger.*

Tels sont les argumens par lesquels nous croyons avoir établi :

1.º Que ce n'est pas tant par l'art. 11, qui ne consacre qu'un principe général relatif à la jouissance des droits civils par les étrangers, que par les art. 726 et 912, que se trouve réglée la capacité des étrangers à transmettre et recueillir des successions en France, et d'y recevoir des libéralités.

2.º Que ces articles, à défaut de traités politiques, déterminent cette capacité d'après la réciprocité la plus absolue et la plus individuelle, observée dans la patrie de l'étranger à l'égard des français, et dont la preuve est toujours à la charge de l'étranger qui réclame cette capacité en France.

B) *De la condition des étrangers dont les droits civils se trouvent déterminés par un traité politique.*

D'après les développemens que nous venons de donner, la condition de ces étrangers ne peut différer de la condition de ceux dont les droits civils sont subordonnés à la réciprocité simple, que sous les rapports suivans :

1.º Les dispositions de ces traités doivent toujours être suivies sans égard à la réciprocité, de manière que lors même qu'ils accordent aux étrangers d'une certaine nation des droits plus ou moins étendus que ceux qui sont accordés par la législation particulière de cette nation aux français, cette législation ne peut être invoquée pour leur accorder des droits plus étendus, ni leur être opposée pour leur refuser l'exercice de ceux qui leur sont assurés par les traités.

2.º L'étranger qui réclame un droit civil en vertu d'un traité, est, par une conséquence directe de ce premier principe, dispensé de la preuve de la réciprocité de nation à nation ; tandis qu'il demeure toujours tenu à la preuve de la réciprocité d'individu à individu.

3.º Enfin, les traités peuvent accorder aux habitans d'un certain pays la jouissance même de ceux des droits civils, que l'on ne peut jamais réclamer en vertu du principe de la réciprocité simple, parce que le droit public s'y oppose lorsqu'il n'a point été modifié

difié par un traité politique, qui est aussi une loi de droit public; tel est, par exemple, le droit de mettre à exécution en France, les jugemens rendus par une cour de justice étrangère; droit que l'on ne peut jamais réclamer en vertu de la réciprocité simple mais qui compète aux habitans de la Confédération Suisse en vertu du traité précité.

L'état de guerre étant suspensif des traités, replace les sujets des états avec lesquels il en existe, sous la condition de la réciprocité simple, sauf les mesures particulières et extraordinaires que le gouvernement a le droit de prendre à raison de l'état de guerre.

DEUXIÈME SECTION.

Des étrangers, français originaires, naturalisés en pays étranger avec l'autorisation de l'Empereur.

Le français qui veut se faire naturaliser en pays étranger, doit exposer les motifs de sa demande au grand juge, ministre de la justice, afin d'obtenir des lettres patentes de l'Empereur, expédiées dans la forme déterminée par le décret du 9 décembre 1811, et qui doivent être enregistrées à la cour impériale de son dernier domicile, (*art.* 2 *du décret du* 26 *août* 1811). Par cette naturalisation, il acquiert la qualité d'étranger, en retenant cependant la qualité de français sous certains rapports. Il se soumet au statut personnel de sa nouvelle patrie, quant à sa

7

capacité et son état civil. Il reste soumis au statut personnel français, en ce qu'il ne peut jamais porter les armes contre la France *et ses alliés (Décret du 9 décembre* 1811), sous peine d'être traduit devant les cours françaises, et condamné aux peines portées au code pénal (*art.* 5 *du décret du* 26 *août* 1811); et il conserve la jouissance entière des droits civils en France, quant à la capacité de transmettre et de recueillir des successions et libéralités, lors même que les sujets du pays où il s'est fait naturaliser ne jouiraient pas de ces droits en France, (*art.* 3 *, ibid.*)

On ne doit pas mettre sur la même ligne le français ainsi naturalisé en pays étranger, avec le français qui aurait, avec la même autorisation, pris du service ou accepté des fonctions publiques conférées par un gouvernement étranger (1). Ce dernier, s'il *ne s'est pas fait naturaliser en même temps,* n'acquiert pas même la qualité d'étranger, ne s'étant soumis à la loi étrangère que pour ce qui est relatif à l'exercice de ces fonctions, et non pour l'état de sa personne.

En conséquence :

1.º Il ne peut prêter serment à la puissance au service de laquelle il entre, que sous la réserve de ne jamais porter les armes contre la France, ni aucun de ses alliés, et de quitter le service, même sans être rappelé, dans le cas où la guerre viendrait à éclater entre la France et cette puissance, le tout sous peine d'être traduit devant les tribunaux français, et d'être condamné aux peines portées au décret du 6 avril 1809.

2.º Il est obligé de revenir en France sur un rappel fait par disposition générale ou par un ordre direct, et hors ce cas il n'y peut entrer ni séjourner, même momentanément, qu'avec l'autorisation de l'Empereur (2).

3.º Il ne peut se montrer en France et dans les pays soumis à l'obéissance de l'Empereur, avec la cocarde étrangère ou revêtu d'un uniforme étranger (3), ni servir comme ministre dans un traité où les intérêts de la France peuvent être débattus, ni être accrédité auprès de l'Empereur comme ambassadeur, ministre ou envoyé auprès de sa personne, ni reçu comme chargé d'une mission d'apparat, qui le mettrait dans le cas de paraître devant lui avec son costume étranger. (*Titre 4 du décret du 26 août* 1811).

(1) Dans cette même classe, il faut ranger ceux qui travaillent comme simples employés dans une administration publique étrangère. *Avis du conseil d'état du* 21 *janvier* 1812.

(2) *Avis du conseil d'état du* 21 *janvier* 1812. Cette autorisation est même nécessaire à ceux qui ont abdiqué les fonctions qu'ils exerçaient dans un pays étranger.

(3) Lors même qu'il serait attaché au service personnel d'un Prince étranger, et que ce Prince se trouverait en France ; il peut néanmoins, si le corps

dans lequel il sert est appelé par l'Empereur à traverser la France ou à y séjourner, conserver son uniforme tant qu'il y est en activité de service.
Avis du Conseil d'Etat, du 21 Janvier 1812.

TROISIÈME SECTION.

Étrangers, enfans de français, naturalisés à l'étranger avec l'autorisation de l'Empereur.

Les enfans d'un français naturalisé dans un pays étranger, nés dans ce pays, sont étrangers. S'ils sont nés en France, il faut distinguer : nés avant la naturalisation de leur père, ils sont français ; nés après la naturalisation de leur père, ils ne le sont que sous la condition de l'art. 9 du code Napoléon ; mais ceux-mêmes qui sont nés à l'étranger peuvent également recouvrer la qualité de français, en remplissant les formalités voulues par ledit art. 9 (*art.* 4 *du décret du 26 août* 1811). Il n'y a donc, entre eux et ceux nés en France, d'autre différence, sinon que ces derniers doivent être considérés comme français nés , ainsi que nous l'avons établi dans la première section du chapitre précédent ; tandis que les autres ne seront considérés comme français, que du moment où ils auront rempli les formalités prescrites par l'art. 9. Mais cette différence même est irrélévante sous le rapport de leur capacité de recueillir des successions et libéralités, attendu que, par la faveur de l'origine française, la loi leur accorde cette capacité d'une manière absolue et sans égard à la réciprocité, non-seulement pendant la minorité, mais aussi pendant les dix ans qui suivent leur majorité accomplie. Par une autre faveur de leur origine, ils sont admis à recouvrer la qualité de français en tout temps, et non pas seulement dans le délai déterminé par l'art. 9 du code Napoléon.

TITRE TROISIÈME.

Du système du Code Napoléon.

PREMIÈRE SECTION.

Exposition de ce Système.

C'est une opinion assez généralement accréditée, que l'ordre, dans lequel les matières se trouvent classées dans le code , n'est point systématique. Ce qui paraît y avoir principalement donné lieu, c'est que les trente-six lois dont la collection compose le code Napoléon, ont été décrétées et promulguées séparément. Il n'est cependant pas difficile de reconnaître que ces lois n'ont point été réunies au hasard et dans un ordre arbitraire, mais qu'elles forment un ensemble qui embrasse, d'une manière plus complète qu'on ne le croirait au premier abord, toutes les matières du droit privé.

Quoique le mode de discussion prescrit par les constitutions de l'empire, ait obligé de discuter et de présenter séparément les titres différens du code à la sanction du corps législatif, chaque titre n'a cependant été présenté que comme partie d'une loi générale, dont le projet existait entre les mains du public. La loi du 3o ventose an 12 a même remis à leur place et dans l'ordre qui leur est assigné par le système,

les deux premiers titres du livre III (*), que des circonstances particulières avaient déterminé à présenter
avant les titres du livre II (**).

Aussi l'ordre suivi dans une loi d'une aussi grande
étendue n'est rien moins qu'arbitraire; et ceux-là ont
faiblement défendu le code d'un reproche grave,
qui ont prétendu que les systèmes sont du ressort
exclusif de l'école, et ne doivent pas être transportés
dans le domaine de la législation. Si, d'un côté, il
est vrai que le législateur doive abandonner à l'en-

(*) **Le titre des successions a été décrété le 19 avril 1803,
et celui des donations entre-vifs et des testamens, le 3 mai
de la même année; tandis que le titre de la distinction des
biens, I.er du liv. II, n'a été décrété que le 25 janvier 1804.**

(**) *Exposé des motifs de la loi du 30 ventose an 12, par
le conseiller d'état Portalis.* « Dans ce projet on s'est proposé de classer les différentes matières dont la législation
civile se compose, et de les réunir dans un seul corps de
lois, sous le titre de code civil des français. Chaque partie
de ce code vous a été successivement soumise. Chaque projet est devenu loi dès qu'il a été consacré par vos suffrages.
*Dans la présentation des divers projets, on a été forcé de
se conformer à l'ordre du travail. Dans leur réunion actuelle,
on établit l'ordre des matières et des choses; on indique la
place naturelle de toutes les lois destinées à former un
même tout,* quelle qu'ait été l'époque de leur promulgation.

Il n'y aura qu'une seule série de numéros pour tous les
articles du code. On a pensé que cette mesure ne devait point
être négligée; elle rend plus apparent le caractère réel d'u-
nité qui convient à l'ouvrage. »

seignement les définitions qui ne renferment pas en même temps des préceptes législatifs, les divisions et les subdivions de ces préceptes, et l'explication des liaisons qui existent entr'elles (comme la liaison des conséquences et de leurs causes, des exceptions et de leur règle); d'un autre côté, rien ne peut le dispenser de présenter ces préceptes dans un ordre naturel, et qui permette d'en saisir facilement la liaison : de là il suit que la loi, sans énoncer les divisions de l'école, doit cependant s'en rapprocher; qu'en conséquence, dans le développement des mêmes principes fondamentaux auxquels la doctrine remonte dans ses recherches, ses dispositions doivent se classer naturellement et d'elles-mêmes dans un ordre systématique, quoiqu'il soit réservé à la théorie de remplir le cadre dans lequel elles paraissent comme les premiers traits du tableau, en y ajoutant les couleurs et les nuances. C'est précisément parceque la théorie ne peut pas modifier le précepte, mais seulement l'expliquer, que le législateur a beaucoup fait pour faciliter cette tâche, et conséquemment pour mettre la loi à la portée d'un plus grand nombre de personnes, lorsqu'il la présente dans un ordre que la théorie peut adopter (*) pour ses explications.

(*) Nous supposons qu'il est inutile d'ajouter que cette observation ne peut s'appliquer qu'à la distribution générale des matières, et qu'il doit toujours être permis à la doctrine de réunir, sur la même ligne, toutes les conséquences d'un

D'après ces principes , toute loi bien rédigée sera nécessairement systématique, c'est-à-dire, que même en établissant des règles isolées, elle s'écartera le moins possible de l'ordre dans lequel elles devraient être exposées , s'il s'agissait de les faire dériver , comme conséquences nécessaires , de certains principes généraux.

Appliquons cette observation au code Napoléon , et examinons si les lois dont il se compose ont été classées dans un ordre systématique.

Le législateur , après avoir posé quelques principes généraux sur la manière dont la loi se forme en France et sur sa force exécutoire (*) , commence par établir la division des hommes, par rapport à la jouissance des droits qui sont la matière du code (*tit. I , liv. I*). Nous venons de développer, dans le titre précédent, la division qu'il établit à cet égard.

---

même principe général , et toutes les exceptions d'une même règle ; ce qui est rarement possible au législateur.

(*) Nous avouons cependant que nous aurions desiré voir réunies, dans un livre préliminaire, les règles générales communes aux droits qui naissent des rapports purement personnels, et aux droits qui naissent des rapports avec les choses, tandis que le livre préliminaire (dont le projet avait été rédigé par feu le Conseiller d'Etat Portalis), ne renfermait que des principes métaphysiques, entièrement du domaine de la doctrine, et que les articles 1 , 4 , 5 du titre préliminaire du Code, renferment des dispositions de droit public.

Le code détermine ensuite la manière de constater les différens états auxquels l'exercice des droits civils est attaché (*tit. II*), ainsi que le lieu de leur exercice (*tit. III*).

Après avoir établi :

Quelles sont les personnes auxquelles compète l'exercice des droits civils ;

De quelle manière on peut constater et reconnaître l'état ou la qualité en laquelle ces droits compètent à ces mêmes personnes ;

Et quel est le lieu où elles peuvent ou doivent les exercer,

Il passe à la division de ces droits, dont il abandonne la définition et l'énumération à la doctrine. Il les divise en :

1.º Droits résultans des rapports privés entre les personnes, abstraction faite des choses ;

2.º Et droits résultans des relations entre les personnes, par rapport aux choses qui sont dans le commerce.

Le livre premier (*tit. V à XI*) est consacré aux droits de la première espèce. On peut les subdiviser en :

Droits résultans du *mariage* (*tit. V et VI*).

Droits résultans de la *filiation et de la paternité* (*tit. VII et IX*).

Ce livre devait nécessairement se terminer par les dispositions relatives à la tutelle, qui n'est qu'un *supplément de la puissance paternelle.*

Passant ensuite aux droits de la seconde espèce, le législateur commence par établir une division générale des choses, tirée de leur nature et d'une influence nécessaire sur les droits que l'on peut avoir sur elles (*meubles et immeubles*), *liv. II , tit. I.*

Il détermine ensuite quels sont ces droits, qui se confondent tous dans un seul, savoir :

La *propriété*, ou le droit de jouir d'une chose et d'en disposer (*liv. II , tit. II*); droit qui peut être modifié :

1.° Par la séparation de tous ou de certains *droits de jouissance (usufruit, usage et habitation)*, *liv. II , tit. III.*

2.° Par des restrictions du *droit de disposition*, opérées par les services fonciers dûs à une autre propriété (*servitudes*), *liv. II , tit. IV* (*).

(*) *Exposé des motifs du titre de la Distinction des biens, par le conseiller d'état Treilhard.* « Voilà, en effet, les seules modifications dont les propriétés soient susceptibles dans notre organisation *politique* et sociale; il ne peut exister sur les biens aucune autre espèce de droits : ou l'on a une propriété pleine et entière qui renferme également et le droit de jouir et le droit de disposer; ou l'on n'a qu'un simple droit de jouissance , sans pouvoir disposer du fonds; ou enfin , on n'a que des services fonciers à prétendre sur la propriété d'un tiers; services qui ne peuvent être établis que pour l'usage et l'utilité d'un héritage; services qui n'entraînent aucun assujétissement de la personne; services, enfin, qui n'ont rien de commun avec les dépendances féodales brisées pour toujours. »

Après avoir considéré les choses, dans le liv. II, dans un *état de repos*, et après avoir déterminé l'étendue des droits dont elles sont susceptibles, abstraction faite des personnes investies de ces droits, le législateur les suit dans l'*état de mouvement et de circulation*, qui est le résultat des différentes *manières d'acquérir la propriété* (*).

Parmi les modes d'acquisition,

1.º La *succession*,

    a) *Ab intestat* (*liv. III*, *tit. I*),

    b) *Testamentaire* (*liv. III, tit. II*),

Occupe le premier rang. Le Code passe ensuite :

2.º *Aux transmissions à titre gratuit* (*liv. III, tit. II*).

3.º *Aux acquisitions par convention* (*liv. III, tit. III*).

4.º *Aux obligations qui se forment sans convention* (*liv. III, tit. IV*).

Après avoir parcouru les différentes espèces par-

(*) L'*occupation* n'étant admise, à quelques exceptions près, comme mode d'acquisition, qu'au profit de l'état (art. 713), on en a traité transitoirement dans l'introduction au premier titre du troisième livre, de même que de l'*invention du trésor* (art. 716). La matière de l'*accession* a trouvé sa place naturellement au titre de la propriété, parceque son résultat produit une copropriété, ou bien accède au droit du propriétaire de la chose principale, d'après le principe : *accessorium sequitur principale*.

ticulières de contrats, et avoir établi, à leur égard, des modifications aux règles d'application des principes généraux renfermés dans le III.ᵉ tit. du liv. III, il termine :

5.º *Par l'usucapion* (*tit. XX*).

Et déclare finalement par quel laps de temps s'éteignent les différentes actions auxquelles l'exercice des droits sur les choses peut donner lieu (*prescription, même titre*).

Telle est la distribution générale des matières du code Napoléon. Nous croyons avoir suffisamment justifié, par cet aperçu, notre proposition, que cette distribution est faite d'après un plan très-systématique.

La section suivante sera consacrée à justifier ce plan des principaux reproches qui lui ont été faits, tandis que, dans la troisième, nous ferons remarquer, avec franchise et impartialité, les défectuosités que nous avons cru reconnaître dans son exécution, et qu'il appartient à la doctrine de rectifier.

DEUXIÈME SECTION.

Réfutation des principales objections qui ont été faites contre la distribution des matières adoptée dans le Code Napoléon.

PREMIÈRE OBJECTION.

Disproportion du troisième livre avec les deux premiers.

Cette objection faite d'abord par M. de Malleville (*), dans son *analyse*, a été adoptée par la plupart des auteurs qui ont écrit sur le code Napoléon. M. de Malleville nous fournit cependant lui-même une réponse péremptoire à cette objection, en disant : « si cette disproportion résulte né
» cessairement de la nature des choses, elle ne de
» vait pas empêcher de suivre la division adoptée. »
Or, il nous semble prouvé par le plan tracé dans la section précédente, que la disproportion qui existe entre les trois livres est le résultat nécessaire :

____

(*) Tom. 1, pag. 2. « Il faut cependant avouer que cette
» division pouvait bien souffrir quelque doute, ne fût-ce qu'à
» cause de l'énorme disproportion du troisième livre avec les
» deux autres : le premier livre ne contient que 509 art. ; le
» second, que 195 ; et le troisième en renferme seul 1571. »

a) De ce que les droits résultans des rapports purement personnels, que l'on peut réduire à ceux du mariage et de paternité, ne sont ni aussi nombreux, ni aussi compliqués que les droits résultans des rapports entre les personnes, relativement aux biens qui sont dans le commerce.

b) De ce qu'il ne faut que peu de règles pour déterminer les droits que l'on peut avoir sur les choses en état de repos, tandis qu'il en faut un grand nombre pour régler les différens rapports que le mouvement et la circulation des choses fait naître.

Observons encore :

1.º Que cette disproportion entre le volume des trois livres est sans aucun inconvénient, attendu que leur division en titres facilite l'aperçu général des matières, et empêche toute confusion à l'égard des nombreux sujets traités dans le troisième livre.

2.º Que la *succession* (légitime et testamentaire) se sépare naturellement des autres matières traitées dans le livre III; qu'il en est de même du titre de la *prescription*; qu'enfin, aucune des autres matières de ce livre ne pouvait être tirée de la place qu'elle occupe.

DEUXIÈME OBJECTION.

La propriété ou les moyens de l'acquérir sont l'objet unique du Code ; il se trouve dans les premiers livres beaucoup de matières qui devaient être rapportées au dernier.

Cette objection est encore développée par **M. de** Malleville : « Le premier livre traite des personnes ;
» le second, des choses ; le troisième, des moyens
» d'acquérir. On dit *que cette dernière division est*
» *l'objet entier du code et de toutes les lois civiles,*
» *et que le traité des personnes et des choses n'en*
» *est que le préliminaire ;* que cela est tellement
» vrai, qu'on n'a donné quelque consistance aux
» deux premiers livres, qu'en y mêlant beaucoup
» de choses qui pouvaient être rapportées au der-
» nier, comme étant aussi des moyens d'acquérir.
» Telles sont, dans le premier livre, l'absence re-
» lativement aux parens qui en profitent, le mariage,
» le divorce, la filiation, l'adoption, la puissance
» paternelle ; et dans le second livre, l'accession,
» l'usufruit, l'usage, l'habitation et les servitudes.
» Aussi le judicieux Domat, en mettant dans un
» livre préliminaire les notions nécessaires sur les
» personnes et les choses, n'a-t-il ensuite divisé
» son ouvrage qu'en deux parties, *les contrats et*
» *les successions.* Despeisses, qui a traité toutes les
» matières du droit civil avec beaucoup de méthode

et

» et de clarté, a suivi la même division ; et ces deux
» autorités étaient capables d'entraîner. »

Il se trouve dans l'excellent ouvrage de M. Locré (*)
un passage remarquable, dans lequel l'auteur, sans
traiter précisément la question qui nous occupe, dé-
veloppe avec beaucoup d'étendue l'idée principale qui
sert de base à cette objection ; savoir : *que les lois
civiles n'ont à établir que les règles de la propriété.*
« La propriété, y est-il dit, est le sujet immédiat de
» leurs dispositions, et par conséquent leur matière.

» Cette vérité est justifiée par le code civil ; ses
» dispositions sont *toutes* consacrées à établir les
» règles de la propriété : ou elles décident à qui les
» choses appartiennent, comment on les acquiert,
» comment on en jouit, comment on en peut dis-
» poser ; ou elles règlent les droits que les engage-
» mens donnent relativement aux choses, en expli-
» quant comment ces engagemens se forment et
» s'éteignent, quels en sont les accessoires, quelles
» en sont les suites.

» On reconnaît facilement à l'inspection du 2.me
» et du 3.me livres, qu'ils n'ont point d'autre ma-
» tière ; *mais il est également vrai du livre premier,*
» *qu'il n'est relatif qu'à la propriété,* quoiqu'il porte
» pour rubrique *des personnes.* En effet, le mot *per-*

(*) Esprit du Code Napoléon, vol. I, p. 54 de l'édition
in-4.°, et p. 66 de l'édition in-8.°

» *sonne* n'est pas employé là dans le même sens que
» dans ce chapitre. Dans le code, il est le synonyme
» *d'état civil ; or, l'état civil se compose des diverses*
» *capacités et incapacités des individus par rapport*
» *à la propriété.* Aussi le livre premier du code
» civil ne concerne-t-il que ces sortes de capacités
» et d'incapacités ; s'il distingue l'étranger du français,
» c'est parcequ'il faut déterminer les qualités qui
» donnent la successibilité et divers autres droits ;
» s'il règle la forme du mariage, c'est parceque cette
» union attribue des droits à chacun des époux *sur*
» *la personne et sur les biens* de l'autre ; s'il fixe les
» caractères et les preuves de la paternité et de la
» filiation, c'est *parceque l'ordre des successions en*
» *dépend,* même dans la ligne collatérale, parceque
» cette liaison étroite influe sur la faculté de dispo-
» ser, *parcequ'elle impose des devoirs mutuels à*
» *ceux qu'elle unit ;* s'il institue les tutelles, c'est à
» cause du droit que les liens de la parenté , de
» l'amitié et même de la seule conformité de nature,
» donnent au faible de réclamer les services et la
» protection du plus fort.

 » Voilà donc ce qu'est le droit civil ou privé : son
» objet est de régler les rapports individuels, tels
» qu'ils existent dans l'état de société ; *sa matière ,*
» *la propriété ;* son principe est dans la nature ; sa
» forme dans le droit positif. »

 . S'il était vrai que la propriété (ou plutôt les moyens
de l'acquérir) fût l'*unique* matière de toutes les lois

civiles, point de doute que la classification des matières, adoptée dans le code, ne fût évidemment
défectueuse ; alors il aurait fallu réunir, dans un titre
préliminaire, comme M. de Malleville le remarque
judicieusement, les notions générales sur les personnes auxquelles se réfèrent en dernier lieu tous les
droits de propriété, et sur les choses qui en sont
l'objet ; on aurait dû traiter ensuite de l'exercice de
ces droits mêmes, soit dans l'ordre adopté par Domat
et Despeisses, soit dans tout autre ordre qui eût été
arbitraire jusqu'à un certain point, mais qui n'aurait
jamais pu être celui qu'on a adopté pour le code
Napoléon. Dans ce cas, en effet, il aurait été difficile
de justifier ce dernier du reproche qui lui a été fait
par un jurisconsulte allemand très-estimé (*) ; « savoir,
» que ce système assigne une place trop subalterne
» aux droits des personnes, en ce que les matières
» du mariage, de la paternité, de la puissance pater-
» nelle n'auraient qu'une importance relative et se-
» condaire, toutes les lois personnelles ayant l'unique
» but de déterminer les personnes susceptibles d'ac-
» quérir la propriété (**). »

Mais il me semble que des deux auteurs dont nous

(*) D. Anton Bauer, Beitraege zur Charakteristick und
Critick des Code Napoleon. Erste Abtheilung, p. 221.

(**) M. Bauer suppose avec M. Locré, et d'après son autorité, que l'état civil, matière du livre I.er, se compose
des diverses capacités et incapacités des individus.

venons de retracer les opinions, le premier (M. *de Malleville*) n'a fait aucune attention à la division des droits :

En droits résultans des rapports des personnes entre elles, abstraction faite des choses ;

Et droits résultans des rapports entre les personnes, qui ont pour objet les choses qui sont dans le commerce.

Tandis que le second (M. *Locré*) paraît même vouloir effacer cette division, par l'acception très-étendue qu'il attache au terme de *propriété* ; acception d'après laquelle ce mot embrasse tous les droits qui sont l'objet de la législation civile.

En effet, en regardant cette division comme la base fondamentale du système, il n'est pas exact de dire qu'on a mêlé aux deux premiers livres beaucoup de choses qui auraient dû être rapportées au dernier, comme étant aussi des moyens d'acquérir. M. *de Malleville* cité pour exemple, entre les matières du liv. Ier, le mariage (*), le divorce, la filiation, l'adoption et la puissance paternelle ; et entre celles du IIe livre l'accession, l'usufruit, l'usage, l'habitation et les servitudes.

Mais si le mariage produit certains effets relativement aux biens des époux, et s'il est, sous ce rap-

---

(*) Nous omettons à dessein la matière de l'absence, qui effectivement ne nous paraît pas à sa place, comme nous le dirons dans la section suivante.

port, un moyen d'acquérir, il produit aussi des effets purement personnels, abstraction faite des biens; par exemple, le devoir de la cohabitation commune, celui de la fidélité, etc., etc. : ces effets sont même les principaux, tandis que les effets du mariage, par rapport aux biens, sont purement accidentels.

Il s'ensuit que l'on avait à traiter dans le livre I.er du code, des rapports *purement personnels* qui naissent du mariage, et dans le liv. III.e, *des rapports qu'il produit relativement aux biens*. Ce qui vient d'être dit du mariage, s'applique au divorce; il en est de même de la filiation et de la puissance paternelle. A la vérité, on ne peut nier que l'usufruit légal, accordé aux pères et mères en vertu de cette puissance, ne soit un moyen d'acquisition (*); mais

---

(*) On ne doit jamais perdre de vue l'observation que nous avons faite plus haut. Le législateur ne peut pas s'asservir scrupuleusement à son système : forcé de réunir toutes les dispositions relatives à la même matière, il est souvent obligé de traiter cumulativement, et des rapports purement personnels, et des rapports avec les choses, qui naissent d'un état ou d'une qualité juridique. Ce n'est point un défaut de la loi, mais la conséquence nécessaire de la ligne de démarcation qui existe entre la législation et la doctrine. La première a fait assez pour faciliter la tâche de la dernière, lorsqu'elle adopte son système dans la distribution générale des matières, et lorsqu'elle s'y conforme en renvoyant à la division qui leur est assignée les rapports de chaque espèce, toutes les fois que les règles y relatives forment encore, pour

cet usufruit n'est qu'un effet purement accidentel de

chaque espèce de rapports , une masse de préceptes assez volumineuse pour mériter une place séparée dans l'économie de la loi. Lorsqu'au contraire , une institution, outre ses effets principaux purement personnels, produit encore accidentellement quelques effets secondaires par rapport aux biens, mais qui ne fournissent matière qu'à très-peu de dispositions , le législateur , au lieu de les isoler , les réunit aux règles sur les effets principaux de la même institution. C'est en partant de ce principe que la loi traite , en deux titres distincts, des effets purement personnels du mariage et de ses effets par rapport aux biens ; tandis que les dispositions sur les effets que produisent , par rapport aux biens, la puissance paternelle et l'adoption , ont été réunies aux règles sur les effets personnels de ces institutions.

On nous objectera peut-être que l'adoption étant, dans notre droit , plutôt un pacte successif, qu'une imitation de la paternité, les effets qu'elle produit relativement aux biens, sont ses effets principaux , et que , conséquemment, elle aurait dû être renvoyée au liv. III. Nous répondrons que dès que l'adoption produit quelques effets purement personnels, par exemple , un empêchement au mariage , il devait en être question dans le livre I.er , parcequ'autrement l'énumération des droits résultans des rapports purement personnels, aurait été incomplète ; que dès lors on a dû réunir , dans un seul titre, les dispositions peu nombreuses relatives à l'adoption ; que d'ailleurs les rapports purement personnels doivent toujours être considérés comme rapports principaux, et qu'enfin, malgré le changement de législation, l'adoption française conserve encore quelques couleurs d'une imitation de la paternité, quoique cette imitation soit moins parfaite que chez les romains.

la puissance paternelle, dont l'effet principal, suffisamment énoncé par les termes mêmes de *puissance paternelle*, est entièrement personnel, et existe lors même que le père et l'enfant ne possèdent aucune espèce de propriété. Pour prouver que les règles sur l'accession, l'usufruit, l'usage, l'habitation et les servitudes se trouvent également exposées à leur véritable place, il suffira de rappeler que le code considère d'abord les choses en état de repos, avant de s'occuper de leur circulation. Il commence par fixer l'étendue des droits de propriété, et par déterminer les modifications que des droits acquis par des tiers peuvent y apporter, avant de parcourir les différentes manières d'acquérir ces mêmes droits. D'après ce plan, il était nécessaire de régler les effets de la propriété pleine, et ceux de la propriété modifiée, avant de s'occuper des règles sur les rapports multipliés qui font passer cette propriété d'une main dans l'autre, ou qui en restreignent, en affranchissent l'exercice entre les mains du propriétaire. Il n'y a donc que quelques articles relatifs à la manière d'acquérir un usufruit ou une servitude, que la doctrine puisse renvoyer à l'exposition des différentes manières d'acquérir la propriété, mais que le législateur, pour ne pas démembrer les matières, a préféré joindre aux autres dispositions sur le même sujet.

L'acception que M. *Locré* attache au terme de propriété, n'est pas inconciliable avec le système que nous établissons ; mais en admettant que le droit civil n'ait qu'un objet *unique*, savoir, la propriété dans cette acception étendue, on ne saurait disconvenir, du moins, que cette propriété ne confère un droit sur la personne, dans les matières du liv. I.er, et un droit sur les choses, dans les matières du III.e livre; ce qui nous ramène d'une manière moins claire à notre système : nous disons *d'une manière moins claire*, parcequ'il répugnera toujours de confondre, sous la même dénomination, un droit que l'on réclame sur une personne douée d'intelligence et qui ne peut ni aliéner son indépendance, ni perdre le droit de disposer de soi-même, avec les droits que nous pouvons avoir sur un objet inanimé, susceptible de passer tellement dans notre possession, que nous ayons jusqu'au droit d'en abuser.

TROISIÈME OBJECTION.

La division du Code s'écarte de celle du droit romain et de celle adoptée par DOMAT.

Plusieurs jurisconsultes auraient desiré que l'on eût suivi dans la distribution des matières réglées par le code Napoléon, le même système qui passe communément pour être celui du droit romain. Si M. *de Malleville* regarde la division du code comme meilleure que celle des Institutes, cet avis n'est pas celui de tout le monde, et il est beaucoup de personnes qui donnent la préférence à l'ordre suivi dans la loi romaine. Enfin, nous avons déjà vu plus haut que la

division suivie par *Domat* et par *Despeisses* est regardée par M. *de Malleville* même, comme préférable, en raison de sa simplicité, à celle suivie par
le code.

Nous allons examiner s'il y a lieu de regretter, qu'au
lieu d'adopter l'une ou l'autre de ces divisions déja
consacrées par l'usage, on leur en ait préféré une
nouvelle.

Observons d'abord que la division du droit civil en
trois grandes parties,—*les personnes*,—*les choses*,
—*les obligations*, n'est pas établie par le texte même
des Institutes, mais qu'elle est l'ouvrage des jurisconsultes.

Les Institutes traitent dans le liv. Ier, *des personnes*;

Dans le IIe, *de rerum divisione et adquirendo
earum dominio*. Ce livre se termine par la succession
testamentaire.

Le liv. IIIe, par continuation, commence : *de
hereditatibus quæ ab intestato deferuntur*. Les tit. I
— XIII de ce même livre, sont consacrés à cette
matière.

Au tit. XIV du liv. III, commence la matière *des
obligations*, qui se termine au liv. IV, avec les obligations qui se *forment sans convention*.

Enfin, le reste du liv. IV (depuis le tit. VI jusqu'à
la fin) traite *des actions, des exceptions, des
replications, de interdictis, de officio judicis, de
publicis judiciis*.

Si nous comparons l'ordre du code Napoléon avec l'ordre suivi dans le texte des Institutes, nous verrons que la principale différence consiste en ce que le code, en distinguant les actions correspondantes aux droits de toute espèce, des règles relatives à l'exercice de ces actions, a renvoyé ces dernières au *code de procédure* (*).

Or, c'est une séparation si naturelle, que l'on ne saurait en méconnaître les avantages, et il est même à regretter qu'on ne l'ait point exécutée avec plus de rigueur, en élaguant, lors de la nouvelle rédaction du code, les règles de procédure qu'il renferme encore en trop grand nombre dans les titres *du divorce, des successions, de la contrainte par corps*, et de *l'expropriation forcée*.

On ne saurait non plus s'empêcher de reconnaître que la *distribution partielle* des matières ne soit faite dans le code avec bien plus de méthode que dans les Institutes, où des matières tout-à-fait hétérogènes se suivent souvent immédiatement ; par exemple, —

______

(*) *Rapport du tribun Goupil-Préfeln sur le titre* I *du liv.* II *du code* : « Le peuple romain, ce premier législateur de l'antiquité, avait établi trois divisions principales de ses lois, *les personnes, les choses* et *les actions*. Notre code civil ne traitera point de la troisième division qui formera un code spécial, le code judiciaire. Après avoir réglé ce qui est relatif *aux personnes*, il contiendra les dispositions relatives *aux biens*. »

l'usufruit,—l'usucapion,—les donations,—les titres, *quibus alienare licet et per quas personas cuique acquiritur*,—les testamens,—la succession *ab inte-tat*,—les obligations.

Il nous semble bien difficile de reconnaître dans cet ordre le système des jurisconsultes, bâsé sur la division des droits que l'on peut avoir sur les choses en *jura in re*, et *jura ad rem*. La matière des obligations commence au milieu du liv. III, et la transition qui y est employée, *nunc transeamus ad obligationes*, n'annonce point le commencement d'une division principale; c'est par la même transition que commence le tit. XXIII du liv. II : *nunc transeamus ad fideicommissa*. Examinons donc si le système de l'école, que nous ne reconnaissons pas pour être celui des Institutes, est préférable, en lui-même, à celui du code Napoléon (*).

Ce système, en admettant la division principale du code *en rapports entre les personnes, abstrac-*

(*) Il ne serait pas difficile de prouver que les romains appelaient *jus in re*, tout droit quelconque exercé sur une chose *après sa tradition*, conséquemment, même le droit du fermier sur la chose louée ; et *jus ad rem*, toute relation juridique qui donnait droit à un fait quelconque de la part d'une personne. (L. 2, § 22, de vi bon. rapt. ; L, 19, ff. de dampo infect. ; L. 3o, ff. de noxal. act. ; L. 71, § 5, de legat. 1 ; L. 3, pr, ff. de ob. et act.) On ne trouve dans le corps de droit, aucune trace de l'idée que l'école a attachée depuis aux termes de *jus in re* et *jus ad rem*.

tion faite des choses, et rapports entre les personnes relativement aux choses, subdivise les droits résultans de cette dernière espèce de rapports, en droits que l'on peut poursuivre contre tout possesseur de la chose (*jura in re*), et droits que l'on ne peut poursuivre que contre certaines personnes déterminées (*jura ad rem*). On doit bien remarquer que, bien que cette division ait été généralement adoptée, les jurisconsultes n'ont jamais pu s'accorder ni sur une définition suffisante des droits réels et personnels, ni sur la classification de ces droits, ni enfin sur le nombre des *jura in re,* que quelques-uns portent à sept (en y comprenant l'emphythéose, la dot et la possession), tandis que la plupart n'en admettent que quatre.

Un auteur allemand, justement célèbre (*), a prouvé sans réplique, que la *liberté,* la *puissance paternelle,* etc., etc., sont également des *jura in re;* qu'en conséquence le *jus in re* n'est pas toujours un droit sur une chose, de même que le *jus in personam* n'est pas toujours un droit contre une personne déterminée; qu'enfin les termes, *obligatio et jus in personam,* ne sont aucunement synonymes, mais que l'obligation n'est qu'une espèce des droits personnels.

(*) Thibaut, Versuche über einige Theile der Theorie des Rechtes, vol. 2. pag. 25 et suivantes.

(125)

Il nous semble que l'on ne saurait faire un reproche au législateur de n'avoir pas adopté pour base
une division aussi contestée, généralement mal exposée (*), et sur laquelle on n'aurait pu construire
l'édifice de la loi, sans entrer préalablement dans la
discussion des controverses théoriques.

Passons à l'examen du système de *Domat* et de
Despeisses.—Ces deux auteurs, après avoir mis dans
un livre préliminaire les notions nécessaires sur les
personnes et sur les choses, ont divisé toutes les lois
civiles en deux parties, *les contrats* et *les successions* (**). Le système du code nous paraît avoir trois
avantages évidens sur cette division :

(*) Un auteur allemand très-connu (*Hœpfner, Commen-
tar*, §§ 1097 et 1098) nous apprend entr'autres que les actions personnelles sont celles « qui ne peuvent être inten-
» tées contre tout possesseur ; mais qu'il est quelques ac-
« tions personnelles qui ont cela de particulier, qu'elles peu-
» vent être intentées contre tout possesseur » ; c'est-à-dire,
qu'il y a des actions qui ne sont accordées que contre
certaines personnes déterminées, mais qui ont cela de particulier, qu'elles peuvent être intentées contre tout possesseur indistinctement.

(**) Comme la succession transfère à l'héritier, non-seulement les *droits de propriété* du défunt, mais aussi *ses obligations actives et passives*, nous sommes loin de faire un
reproche au système de Domat, de ce qu'il traite des successions après les contrats ; mais nous regardons comme le
principal défaut de ce système, d'assigner aux rapports de
famille une place trop subalterne.

1.º En ce qu'il traite, dans leur place naturelle et avec l'étendue convenable, des rapports *purement personnels*, les plus importans de tous ceux qui sont l'objet de la législation civile ;

2.º En ce qu'il considère les choses en *état de repos*, et détermine l'étendue des droits que l'on peut avoir sur elles, avant de s'occuper des contrats et des successions, qui ne sont que des manières différentes d'acquérir ces mêmes droits ;

3.º En ce qu'il ne met pas le législateur dans la nécessité d'assigner à tous les moyens d'acquérir, quels qu'ils soient, une place dans l'une de ces divisions principales. C'est ainsi que *Domat*, ne sachant dans quel lieu exposer les règles relatives à la possession et à l'usucapion, en traite dans le liv. III, *des suites qui ajoutent aux engagemens, ou les affermissent.* (Sect. 7, pag. 258—276 de l'édition de 1713).

TROISIÈME SECTION.

Remarques sur la place qui a été assignée à quelques matières et à quelques dispositions particulières du Code.

Après avoir défendu le système du code contre les principales objections par lesquelles nous l'avons entendu combattre, l'impartialité nous oblige à dire que la belle idée qui sert de base à ce système, a été quelquefois perdue de vue dans l'exécution, et, qu'à notre avis, on s'est écarté plus d'une fois, sans aucun motif plausible, de l'ordre qu'elle assignait à chaque matière de la législation civile. Quelques-unes des observations suivantes pourront paraître minutieuses ; mais nous prions nos lecteurs de remarquer, qu'en matière de législation, rien n'est sans importance.

Nous avons déjà exprimé plus haut le desir, que le code eût été précédé d'un *livre préliminaire*, ou *d'une partie générale*, contenant, non des maximes de morale et de doctrine, comme celui qui se trouve à la tête du projet de code publié par la commission, mais des notions générales sur les personnes et leurs différens états, sur les choses et leur division, sur les rapports qui peuvent exister entre les hommes en société, et sur les droits qui naissent de ces rapports relativement aux choses. Ce livre préliminaire aurait offert une place convenable pour énoncer différens principes généraux, que l'on cherche en vain dans le code, ou qu'on y trouve inopinément à une place où l'on ne pouvait pas les chercher. On n'aurait pas été obligé alors de traiter *du conseil de famille* dans le titre *de la tutelle*, tandis que le titre du mariage en suppose déjà l'existence (*) ; on n'aurait

---

(*) Dans tous les cas, il nous paraît que c'est mal à propos que les dispositions relatives à la *composition de ce conseil*, se trouvent intercalées dans la section *de la tutelle*

certainement pas renvoyé la définition de *la posses-sion* au titre *de la prescription*, tandis que le titre *de la propriété* règle déjà (*) l'un des effets principaux *de la possession* ; on n'aurait pas traité pour la première fois *de la parenté* dans le titre des *successions*, tandis que le titre du mariage en établit déjà des effets (**) ; on aurait probablement réuni dans ce livre la plupart des *dispositions générales* intercalées entre le II.ᵉ et le III.ᵉ livres, ainsi que celles qui sont dispersées dans d'autres titres, comme les art. 543, 530 ; on y trouverait sans doute aussi une disposition sur la nature des droits accordés aux enfans naturels, que l'on ne peut classer ni parmi les *droits de succession*, ni parmi les *créances* ; enfin, on n'aurait certainement pas renvoyé à la fin du code la règle, qu'à *l'égard des choses mobilières, possession vaut titre* (***).

Mais en abandonnant même cette idée d'un livre préliminaire ou d'une partie générale, il nous semble encore que plusieurs matières auraient dû obtenir une autre place dans la distribution adoptée par le code. C'est ainsi que dans le *titre de l'absence*, nous distinguons trois espèces de dispositions :

---

dative, tandis que les attributions de ce conseil s'étendent sur toutes les fonctions du tuteur.

(*) Art. 549 et 550.
(**) Art. 205.
(***) Art. 2279.

I.^o

1.º Celles qui ont pour objet les mesures à prendre pour la conservation des biens de l'absent, jusqu'au moment de l'envoi en possession ;

2.º Celles relatives à l'envoi en possession provisoire et définitif ;

3.º Celles relatives à la tutelle des enfans de l'absent.

Il nous semble que les dispositions relatives à *l'envoi en possession*, qui n'est qu'une *succession anticipée et conditionnelle*, auraient trouvé plus naturellement leur place au *titre des successions ;* que celles relatives aux mesures à prendre *pour la conservation des biens de l'absent*, auraient pu être mises à la suite de la section du titre de l'interdiction qui traite du *conseil judiciaire* du prodigue; qu'enfin celles relatives à la *tutelle* des enfans de l'absent, auraient dû être insérées au titre de la *tutelle*, surtout si la définition légale de l'absence, *qui renferme un véritable précepte législatif*, avait trouvé sa place dans le livre préliminaire (*).

Nous avouons cependant que si l'on voulait régler, dans *un même titre*, toutes les suites de l'absence, ce titre devait nécessairement trouver sa place dans le liv. I.er, l'absence étant un état purement personnel.

Il serait bien plus difficile de justifier le mélange

______

(*) Probablement qu'alors l'article 142 n'aurait ordonné la nomination d'un tuteur provisoire, qu'à défaut d'un ascendant, tuteur légal.

des règles relatives à l'*usucapion* (ou la *prescription acquisitive*), avec les règles relatives à la *prescription* (*extinctive*); et celui des règles relatives à la *prescription régulière*, avec celles concernant les *prescriptions irrégulières*, établies par les art. 2272 et suivans. C'est ainsi que le seul ordre numérique des articles nous indique que le serment ne peut pas être déféré dans le cas des prescriptions établies par les art. 2276 et 2277, tandis qu'il peut l'être dans le cas de celles établies par les articles immédiatement précédens.

Parmi les dispositions renfermées dans le chapitre VI *du titre du mariage*, il en est plusieurs qui auraient dû être renvoyées, à notre avis, au titre du *contrat de mariage.*

Il n'est question des *droits des enfans naturels légalement reconnus*, qu'au *titre des successions*. Le code ne consacre donc ni le droit de ces enfans à une éducation convenable, ni leur droit *à des alimens* du vivant de leurs père et mère; droit qui leur compète cependant si incontestablement, qu'il leur est accordé par la jurisprudence, nonobstant le silence de la loi.

L'art. 815 qui établit la règle générale et applicable à toute copropriété, *que nul ne peut être contraint à rester dans l'indivision*, ne paraît pas convenablement placé au commencement du chapitre du *partage des successions*. La disposition importante et si féconde en conséquences, qui déclare *rachetables toutes les rentes perpétuelles*, se perd de vue entre les dispositions réglementaires sur la *distinction des biens*. Les principes *généraux* sur *les legs* se trouvent dans la sixième section, intitulée *des legs particuliers* (art. 1018, 1019, 1022 et suiv). Il n'est question des *dommages-intéréts*, que par rapport à la *non-exécution d'une obligation conventionnelle* (art. 1146 à 1155); et les règles sur les différens *genres de preuves*, ne sont également établies que par rapport à la *preuve des conventions*. On ne peut guère penser à chercher, dans la section du *legs universel*, les dispositions sur l'*ouverture des testamens*; ni dans la section *de la garantie des défauts de la chose vendue*, la disposition de l'article 1647 qui met le *cas fortuit* à la charge de l'acheteur; ni dans le chapitre *des servitudes légales*, l'art. 681 qui n'énonce qu'une conséquence de l'article 640; ni enfin dans le titre *des servitudes qui dérivent de la situation des lieux*, l'art. 646 qui n'énonce qu'une suite du *droit de propriété*.

On a aussi critiqué la place assignée à l'art. 636, relatif *aux droits d'usage dans les bois et foréts*; et nous avions partagé cette opinion, parcequ'il nous avait paru que les restrictions apportées par les lois administratives à la jouissance du propriétaire, ne pouvaient être considérées que comme *des servitudes légales*, et que les droits d'usage d'un tiers dans les forêts d'autrui ne pouvaient avoir lieu que sous le titre de *servitude conventionnelle*: mais la définition des servitudes, contenue dans l'art. 637, nous a fait abandonner cette opinion, du moins par rapport aux droits des usagers ; car ces droits étant accordés à la personne et non au profit des héritages de l'usager, ils ne constituent pas une servitude proprement dite, mais une jouissance qui s'approche de l'usufruit, et qui tient le milieu entre les droits de jouissance séparés de la propriété, et les servitudes : elle tient aux premiers, en ce qu'elle est accordée à la personne, et aux secondes, en ce qu'elle ne s'éteint pas avec la mort de l'usager. Il faut donc convenir qu'on aurait pu difficilement assigner une place plus convenable à l'art. 636.

TITRE IV.

Précis historique du Droit français.

N.º I.er

On appelle *histoire du droit*, l'histoire de l'origine des lois positives, et des modifications que ces lois ont éprouvées par la suite des temps.

L'histoire du droit est *universelle*, lorsqu'elle embrasse toutes les législations positives qui sont venues à notre connaissance ; *particulière*, lorsqu'elle se borne à la législation d'un seul peuple : elle est *générale*, lorsqu'elle embrasse toutes les parties de la législation ; et *spéciale*, lorsqu'elle se borne à une seule ou à quelques branches du droit. On l'appelle *extérieure*, lorsqu'elle se borne à nous indiquer la suite chronologique des lois positives ; *intérieure*, lorsqu'elle nous apprend comment les institutions du droit dérivent les unes des autres, en indiquant les causes et les suites des modifications qu'elles ont successivement éprouvées.

Enfin, il ne faut pas confondre *l'histoire du droit* en général, ni avec la partie de cette histoire qui a pour objet particulier *l'histoire de la science du droit*, ni avec *l'histoire littéraire du droit* qui comprend encore, outre *l'histoire de la science*, celle des *jurisconsultes les plus célèbres*, et la *bibliographie juridique* (1).

(1) Nous diviserons le précis de l'histoire du droit français en huit chapitres, dont le premier traitera du droit primitif des gaulois; le deuxième, du droit romain en Gaule; le troisième, du droit des barbares, ou des francs; le quatrième, du droit français sous les rois des deux premières races; le cinquième, du droit français depuis la renaissauce du droit romain et la rédaction des coutumes, jusqu'à la législation de Louis XIV; le sixième, du droit français depuis Louis XIV, jusqu'à la révolution; le septième, de la législation intermédiaire depuis 1789, jusqu'à la publication du code Napoléon; le huitième, du code Napoléon.

CHAPITRE PREMIER.

Du Droit des Gaulois.

N.º II.

Il ne nous reste que très-peu de notions sur le droit qui était en vigueur chez les anciens gaulois, avant l'occupation de la Gaule par les romains. César et Tacite sont presque les seuls historiens auxquels nous sommes redevables de quelques notions à cet égard. Il paraît que ces peuples n'avaient aucune législation écrite, mais seulement des coutumes. Toute la Gaule était divisée en plusieurs peuplades indépendantes les unes des autres; mais qui ne se distinguaient ni par les mœurs ni par les usages. Il y avait quatre classes de personnes : les chevaliers, les druides, le peuple et les esclaves ; car quoique le peuple entier vécût dans une espèce d'assujétissement, César distingue cependant la masse des habitans, des esclaves proprement dits (1). Les chevaliers faisaient la guerre, qui était continuelle entre les différentes peuplades, et tenaient le peuple sous leur puissance (2). Les druides étaient en même-temps les ministres de la religion et de la justice, tant en matière civile qu'en matière criminelle. Ils rendaient leurs arrêts dans des assemblées publiques et périodiques, et l'interdiction, dont ils punissaient la désobéissance à leurs sentences, avait presque tous les effets de la mort civile admise dans le droit nouveau (3). Les hommes avaient le droit de vie et de mort, non-seulement sur leurs enfans, mais aussi sur leurs femmes. La communauté des biens régissait l'association conjugale (4). Les actions étaient pour la plupart personnelles. L'on n'a que des notions très-imparfaites sur l'ordre de succession, et l'on ne trouve aucune trace de testamens.

(1)   Comment. de bello gallico, lib. VI, §. 13. Plerique, quum aut ære alieno, aut multitudine tributorum, aut injuriâ potentiorum premuntur, sese in *servitutem* dicant nobilibus : in hos eadem omnia sunt jura, quæ dominis in servos.

(2)   c. N.º 15. Atque eorum, ut quisque est genere copiisque amplissimus, ita plurimos circum se ambactos clientesque habet.

(3)   *l. c.* N.º 13. Quibus ita est interdictum, ii numero impiorum ac sceleratorum habentur, neque iis petentibus jus redditur, neque honos ullus communicatur.

(4)   *l. c.* N.º 19. Viri, quantas pecunias ab uxoribus dotis nomine acceperunt, tantas ex suis bonis, æstimatione factâ, *cum dotibus communicant.* Hujus omnis pecuniæ *conjunctim* ratio habetur, fructusque servantur. Uter eorum vita superarit ad eum pars utriusque cum fructibus superiorum temporum pervenit. Viri in uxores, sicut in liberos, vitæ necisque habent potestatem.

CHAPITRE II.

De l'introduction du Droit romain en Gaule.

N.º III.

Nous examinerons dans le présent chapitre qui embrasse la deuxième période de l'histoire du droit français, depuis la conquête de la Gaule par les romains (100—50 ans avant la naissance de J. C.), jusqu'à l'époque où ils en furent chassés par les barbares (406—486 depuis la naissance de J. C.)

1.º Quel était le droit qui régissait les romains à cette époque, et qu'ils ont apporté en Gaule ?

2.º Quelle influence ce droit exerça sur le droit national des gaulois ?

PREMIÈRE SECTION.

Quel était le Droit qui régissait les Romains lors de la conquête de la Gaule.

N.º IV.

Le droit que les romains apportèrent dans la Gaule, lors de la conquête de ce pays par César, et celui qu'ils y établirent pendant leur séjour, ne fut évidemment pas celui renfermé dans les compilations de Justinien, qui ne parurent que long-temps après les invasions des barbares. Il est même probable que le code de Théodose n'y a pas même été reçu, du moins généralement, avec force obligatoire, parceque les provinces septentrionales furent déjà ravagées par les barbares avant la publication de ce code [an 438 de l'ère chrétienne] (1). Ce droit était donc composé de la loi des XII tables, des lois, plébiscites, et sénatus-consultes en vigueur à cette époque, des constitutions des empereurs renfermées dans les recueils de Grégorien et d'Hermogénien, du droit prétorien renfermé dans les édits des préteurs, et du droit coutumier ou civil, contenu dans les livres des jurisconsultes (2).

(1) En l'an 407 déjà, les vandales, les alains et les suèves entrèrent dans la Gaule et y commirent les plus grands dégâts. Quoique leur séjour ne fut pas de longue durée alors, les visigoths les suivirent bientôt .(412) et prirent possession d'une partie du pays situé entre la Loire, le Rhône, la Durance, la Méditer-

ranée et les Alpes, et déjà en 430 les francs, sous *Clodion*, se rendirent maîtres de la meilleure partie de la Gaule belgique.

(2) Les auteurs qui ont écrit sur l'histoire du droit romain, ont admis différentes périodes dans l'histoire de ce droit. Mais comme les changemens des institutions du droit romain ont été souvent indépendants des révolutions politiques, et que du moins ces institutions n'ont été modifiées que successivement les unes après les autres, cette division est sujette à de grands inconvéniens; et peut-être le meilleur plan d'une histoire du droit romain serait celui qui, après un précis de l'histoire extérieure de la législation, traiterait l'histoire de chaque institution en particulier.

Ce précis pourrait commodément être divisé en trois périodes, dont

La *première*, depuis la fondation de la ville, jusqu'à la publication de la loi des XII tables (de l'an 1—305 de la ville, 750—455 avant J.-C.)

La *seconde*, depuis les XII tables, jusqu'au code Théodosien (depuis 300—1188, ou de 453 avant — 438 après J.-C.)

La *troisième*, depuis Théodose II, jusqu'à Justinien (1188—1300, de 438—550.)

Nous n'avons à nous occuper, dans le présent chapitre, que des deux premières de ces périodes.

PREMIÈRE PÉRIODE.

Depuis la fondation de la ville, jusqu'à la loi des XII tables (1—305, u. c. 750—455 avant J.-C.)

PREMIÈRE SECTION.

Depuis l'origine de la ville, jusqu'à l'établissement du gouvernement consulaire. (1 — 247, u. c.)

I. Rome, sous les rois, fut un état agraire militaire de peu d'étendue, moins civilisé, mais plus guerrier que ses voisins. Le peuple était divisé, dans le principe, 1.° en trente *curies*, pour les assemblées religieuses et politiques, (*Curiones*, *curio maximus.*) 2.° En trois *tribus*, pour la guerre. Chaque tribu fournissait cent hommes à cheval (*equites*), d'où se forma, par la suite, l'ordre des chevaliers (*tribunus celerum*), et mille hommes à pied. La loi (*lex*) était rendue par les *cives*, ou le *populus* assemblé par *curies*; mais on ignore si elle fut déjà rédigée par écrit sous les premiers rois. (*Comitia curiata*, *lex curiata*, *ferre*, *jubere*, *sciscere*, *antiquare legem.*) Chaque loi était dénommée, dans le principe, d'après les fonctions occupées par celui qui l'avait proposée; dans la suite, d'après ses noms. Les membres de familles, descendans d'une tige commune (*gens*), et dont les esclaves affranchis (*liberti*) faisaient également partie, avaient un chef commun, et s'appelaient *gentiles*; origine de la division des *cives* en *patriciens* et plébéïens (*patres majorum et minorum gentium. Plebs*, *servi*, *peregrini.*) Il y avait un sénat, pouvoir intermédiaire entre le roi et le peuple, composé d'abord de cent membres, nombre qui fut porté à trois cents par les derniers rois, et présidé par le roi, qui était en même-temps grand-prêtre et réunissait les pouvoirs exécutif, judiciaire et militaire (*judicia, publica et privata, præfectus urbis.*)

Un événement majeur dans l'histoire du droit, est la division du peuple en *classes*, d'après le *census* ou les rôles des impositions, et l'introduction des assemblées populaires, d'après la même division, qui eut lieu sous *Tarquinius priscus* (*comitia centuriata, leges centuriatæ.*) Comme alors la fortune seule décida à laquelle des cinq classes plus ou moins nombreuses, mais dont chacune n'avait qu'une voix, un individu devait appartenir, ce privilége de la richesse a dû, comme le remarque très-judicieusement M. *Hugo*, l'un des plus célèbres jurisconsultes allemands, contribuer efficacement à affaiblir l'aristocratie des patriciens, quoique cette nouvelle division fût originairement leur ouvrage.

II. Les sources du droit, pendant cette période, sont:
    (*a*) Les lois.
      1.º *Leges curiatæ*,
      2.º *Leges centuriatæ*,
Selon qu'elles étaient rendues dans les assemblées par *curies* ou par *classes;* ces dernières devinrent plus fréquentes vers la fin de cette période.

On appelle *leges regiæ*, toutes les lois rendues sous les rois : les historiens remarquent particulièrement celles rendues sous *Numa Pompilius*, ayant pour objet principal les institutions religieuses et la civilisation du peuple, et les lois politiques et de police rendues sous *Tarquinius priscus*, et *Servius Tullius* (*).

b) *Les édits des rois*, qui furent gravés sur des tables de chêne.

DEUXIÈME SECTION.

Depuis l'institution du Gouvernement consulaire, jusqu'à la publication de la loi des XII tables. (247—315. a. u. c.)

La puissance royale fut transportée par la *lex tribunicia* (appelée ainsi du *tribunus celerum Junius Brutus*), sur deux consuls nommés annuellement par le peuple, d'entre les sénateurs. *Brutus*

(*) *Pomponius* assure qu'un certain *Papirius* avait été chargé, sous le dernier *Tarquin*, par le peuple et le sénat, de recueillir toutes les lois royales, et que cette collection fut intitulée : *jus papirianum* ; mais la mission de *Papirius* est contestée, de même que l'époque de la publication de son recueil, ainsi que ses prénoms, sur lesquels *Pomponius* n'est pas d'accord avec *Denys d'Halicarnasse*.

Plusieurs auteurs sont d'avis que la collection de *Papirius* n'avait contenu que les lois relatives aux choses sacrées ; et ils appuient leur opinion sur le commentaire publié par *Granius Flaccus* du temps de César sur ce recueil et sur la qualité de grand-prêtre qu'ils attribuent à *Papirius* ; d'autres prétendent, au contraire, que le recueil commenté par *Granius Flaccus* est une autre collection faite par un autre *Papirius*. La table (*tabula marliana*) qu'on a prétendu contenir les lois de Romulus, est certainement supposée ; mais il paraît certain, que du temps de *Cicéron*, il existait encore des commentaires sur les lois royales.

completta le sénat au moyen des *equites*. Introduction des *tabulæ censuales*. La défense des mariages entre les patriciens et les plébéïens ayant rendu plus marquante la distinction entre ces deux
états, les prérogatives et priviléges des patriciens,
leur dureté envers leurs débiteurs, et leur influence
dans les *comitiis centuriatis*, occasionnèrent des
séditions intérieures, et amenèrent la création de
tribuns du peuple, l'institution de la *dictature*, et
des *plébiscites* rendues dans des assemblées par *tribus*, dont le nombre avait été successivement porté
jusqu'à trente-neuf.

Les auteurs ne sont pas d'accord sur la question si les lois royales en général cessèrent d'être
exécutées du moment de l'abolition de la royauté,
ou seulement celles d'entr'elles qui avaient pour
objet l'autorité et la puissance royale (*).

Les sources du droit de cette période sont :

   a) Les lois, *leges*, *plebiscita* ;

   1.º *Leges curiatæ*, plus rares à mesure que
      les assemblées par *curies* tombèrent en dé-
      suétude;

   2.º *Leges centuriatæ* (**), ou lois rendues dans

(*) La circonstance que quelques-unes de ces lois ont
été remises en vigueur du temps de la république, est
citée à l'appui de l'une et de l'autre de ces opinions.

(**) La plus remarquable d'entr'elles est la loi des X
tables (303), rédigée par des décemvirs patriciens, chargés par la *lex terentilla de legibus scribendis*, de la rédaction d'un code civil, au moyen des matériaux apportés de la Grèce par des envoyés revêtus d'une mission
authentique du sénat et du peuple. Il nous reste des fragmens de cette loi célèbre, augmentée en 305 (*vide in-
frà*) de deux tables supplémentaires, commentée entre
autres par *Sex. Ælius, L. Aulius, L. Ælius, M. Teren-*

les assemblées par *census*, sur la proposition du sénat, après avoir consulté les auspices ;

3.º *Plébiscites*, ou *leges*, rendues, *inconsulto senatu*, et sans auspices préalables, sur la proposition des tribuns, dans les assemblées du peuple par *tribus*, *comitia tributa*. Les plus remarquables d'entr'elles sont les *leges valeriæ*, qui étaient aussi des *leges sacratæ*, et celle par laquelle le peuple conserva leur force, non-seulement aux X tables qui avaient été rédigées premièrement par les décemvirs et décrétées dans une assemblée *centuriata*, mais décréta aussi les deux autres tables, servant de supplément aux cinq premières, et rédigées depuis leur publication, en même-temps qu'il mit un terme à la puissance des décemvirs.

b) Des *sénatus-consultes*, dont l'effet était cependant souvent paralysé par le *veto* des tribuns (*appellatio tribunorum.*)

c) Des édits des magistrats.

---

tius Varro, *Antistius Labeo*, *Cajus*, et en dernier lieu, par *Bouchaud*, commentaire sur la loi des XII tables ; Paris 1787, in-4.º. On trouve dans ce commentaire, ainsi que chez presque tous les auteurs qui ont écrit sur l'histoire du droit romain, ces fragmens recueillis et mis en ordre par *Jacques Godefroi* (1658).

DEUXIÈME PÉRIODE.

Depuis la loi des XII tables, jusqu'à la publication du Code Théodosien. (3o5—1188, u. c. 455 avant—438 après J.-C.)

PREMIÈRE SECTION.

Depuis les Décemvirs, jusqu'à la destruction des priviléges et prérogatives des Patriciens. (3o5—467, u. c. 453—279 avant J. C.)

Durant cette période, l'histoire politique de Rome offre un combat non interrompu entre les partis des patriciens et des plébéiens, dont les attaques constamment réitérées obtinrent enfin un succès complet. Cette révolution politique en causa une dans la législation. Les patriciens furent obligés de partager presque toutes les fonctions publiques avec les plébéiens : en vain ils cherchèrent à conserver exclusivement le titre des fonctions consulaires, en consentant au partage de la puissance attachée à cette dignité, par la création de *tribuns militaires*, avec puissance consulaire ; ils ne purent obtenir que l'établissement d'un préteur patricien, *collega consulum* (387), chargé de l'administration de la justice (*).

La défense des mariages entre les patriciens et les plébéiens fut abolie ; les *socii* furent admis au droit de cité ; les lois agraires privèrent les patriciens de l'influence que leur avaient assuré leurs richesses ; et malgré leur opposition, les plébiscites furent déclarées obligatoires pour le populus et le sénat.

(*) En 418 déjà cette dernière prérogative leur fut également enlevée.

Les

Les sources du droit, durant cette période, sont :

a) Les lois :

1.º Les *leges centuriatæ* devinrent plus rares et le sénat perdit son influence dans les *comitiis centuriatis* par les lois *publilia, lætoria* et *mænia* ;

2.º Les lois ou *plébiscites*, rendues dans les *comitiis tributis,* sont les plus importantes de cette période (*).

b) Du droit coutumier, *consuetudo , mores majorum.*

c) Des édits des préteurs sur le mode d'administration de la justice.

DEUXIÈME SECTION.

*Depuis l'abolition du Gouvernement aristocratique , jusqu'à César, (*467—706, u. c. 479—47 *avant J.-C.) .*

Durant cette période, les légions de Rome portèrent dans les contrées lointaines la gloire de ses armes et le règne de ses lois.

Les provinces deviennent une source feconde pour l'étude du droit. *Proconsuls , prépréteurs,* établissement d'un *prætor peregrinus* (vraisemblablement déjà avant 510) à Rome même, pour connaitre des différends des étrangers entr'eux et avec des romains; admission de tous les habitans de l'Italie au droit de cité (636). Vers la fin de cette période, les guerres civiles et la puissance des chefs de parti , et en dernier lieu celle de César , mirent un terme à l'autorité

(*) Leges *Valeriæ ,Horatiæ* (305), *Canuleja* (310), *Sextiæ Liciniæ* (385 — 387), *Publiliæ* (414 —415), *Petilia Papiria* (428), *Ogulnia* (454), *Hortensia* (465), *Mænia* (467).

des tribuns et au gouvernement populaire.

Parmi les jurisconsultes célèbres de cette période, on distingue *Cnejus Flavius, Tiberius Coruncanius, Ælius, M. P. Cato, Manilius, Cicero, M. Scævola, Hostilius, Aquilius Gallus, Servius Sulpicius, Rufus.*

Le droit se composa, durant cette même période :

a) Des *leges perfectæ, minus quam perfectæ.* La plupart des nombreuses lois qui appartiennent à cette époque ont un objet politique et transitoire (*).

b) Des *sénatus-consultes.* Les délibérations du sénat presqu'entièrement nulles du temps du gouvernement populaire, commencent à devenir de quelque importance vers la fin de la présente période.

c) Du droit *prétorien*, composé des édits des préteurs (*edicta ordinaria et perpetua*) sur l'administration de la justice.

d) Du droit coutumier ou droit civil :

1.° *Juris peritorum auctoritas.*

2.° *Æquitas.*

3.° *Mores majorum.*

(*) Parmi celles dont la date nous est connue, on distingue la *lex Aquilia*, *lex Plœtoria*, qui appartiennent au commencement de cette période, *lex Cincia* (556), *lex Fulvia*, *lex Voconia* (585), *leges Semproniæ* (631—632), *leges Liviæ* (632), *Apulejæ* (652), *lex Licinia Mucia* (663), *leges Corneliæ* (673), *leges Juliæ* (695), *Clodiæ* (696). Parmi celles dont la date est incertaine, *lex Atilia*, *Atinia*, *Hostilia*, *Manilia*, *Scribonia*, *Titia*, *Publicia* et *Cornelia.*

TROISIÈME SECTION.

Depuis César, jusqu'à Alexandre-Sévère. (706—1000, a. u. c. 47 *avan*, jusqu'à 222 *après J.-C.*)

Il paraît que César s'occupa sérieusement du projet d'une réforme générale de la législation, au moyen de la rédaction d'un Code, renfermant toutes celles des lois innombrables rendues du temps de la république qu'il aurait jugé utile de conserver, et que sa mort prématurée a seule empêché l'exécution de cette grande entreprise. Les troubles qui précédèrent l'avènement d'Auguste firent éclore de nouvelles lois révolutionnaires presqu'aussitôt oubliées que décrétées ; mais lorsque la bataille d'Actium (727) eut décidé du sort de l'Empire, la législation se ressentit bientôt de l'influence du nouveau Gouvernement. Les plus grandes dignités et les pouvoirs y attachés furent réunis sur la tête de l'empereur, quoiqu'il soit incertain si une loi particulière (*lex regia*) a rétabli le gouvernement monarchique (*princeps senatus, imperator perpetuus, pontifex maximus, præfectus morum, potestas tribunicia*) ; on créa un grand nombre de nouvelles magistratures (*præfectus urbi, præfectus prætorio, præfectus annonæ, præfectus vigilium, prætores ærarii, quæstores, candidati principis, magistratus operarum publicarum*) ; les gouverneurs des provinces (*) prirent le titre : *legati Augusti*, ou *procuratores Cæsaris* ; les consuls dont les fonctions furent bornées à l'administration de la justice étaient nommés par l'empereur. Le nombre des préteurs fut porté à 18 ; les magistrats ne furent plus nommés par le peuple, mais par le sénat ; les tribuns ne conservèrent plus

---

(*) Qui furent partagées entre l'Empereur et le Sénat (725)

de leur autorité que le titre, et les *sénatus-consultes* remplacèrent peu-à-peu les lois.

Après Auguste, une suite de monarques faibles et cruels, à quelques exceptions près, se succédèrent sur le trône du plus vaste empire du monde, et ne s'y soutinrent que par leurs libéralités envers les soldats prétoriens.

Sous Tibère, le gouvernement eut encore la forme d'une aristocratie, dans laquelle l'empereur représentait le chef militaire, les consuls les chefs de l'administration civile et le sénat le corps de l'état ; mais sous les empereurs suivans il n'y eut presque d'autres lois que la volonté du prince.

Vespasien chercha à préserver l'ancienne constitution d'une ruine totale. Adrien et **Marc-Aurele** firent également des efforts pour rétablir l'ordre dans l'administration de la justice et améliorer la législation; mais tous ces efforts furent impuissants contre la corruption des règnes suivans, jusqu'à l'époque où Alexandre Sevère devint le **créateur** d'un **nouvel** ordre de choses, par la réunion en conseil d'état des principaux membres du sénat et l'introduction d'un régime presqu'entièrement **militaire.** Grande puissance du *præfectus prœtorio.*

Ce fut cependant durant la même époque que la jurisprudence fut cultivée avec les plus grands succès. Les nombreux fragments qui sont parvenus jusqu'à nous, attestent encore la sagacité et les connaissances des célèbres jurisconsultes qui illustrèrent de leurs lumières ces siècles classiques du droit romain, et parmi lesquels nous nous bornerons à citer *Antistius Labeo, Atejus Capito, Nerva, Sabinus, Proculus, Cassius, Pomponius, Papinianus, Paulus, Ulpianus, Modestinus* et *Cajus.*

Les sources du droit, durant cette période, sont :

1.º Les *lois*, parmi lesquelles celles rendues

sous Auguste sont les plus remarquables. Comme, depuis ce monarque, la loi n'était plus rendue que sur la proposition du sénat, dans des assemblées peu nombreuses, les lois n'étaient distinguées des sénatus - consultes que par le nom. Il paraît même que la cérémonie de la présentation au peuple, tomba absolument en désuétude vers la fin de cette période, quoique Ulpien parle encore de la *legislatio* de la même manière que ses prédécesseurs.

2.º Les *sénatus-consultes* qui devenaient plus importans à mesure que les lois le furent moins et remplacèrent enfin celles - ci entièrement. On commença à les appeler du nom du consul qui les avait proposés. Souvent aussi ils étaient rendus sur la proposition (*ad orationem*) de l'empereur même.

3.º *Les constitutions du Prince.*

On remarque celles d'*Auguste*, de *Claudius*, d'*Adrien*, d'*Antonius pius*, de *Titus*, de *Caracalla*. Sous cette dénomination, on comprend :

1.º Les édits.

2.º Les mandats.

3.º Les rescrits.

4.º Les privilèges.

C'est à tort qu'on fixe l'époque des premières constitutions au règne d'Adrien; non-seulement elles remontent au premier temps des empereurs ; mais les consuls mêmes rendaient des édits, des mandats, moins importants cependant que ceux émanés des empereurs auxquels la puissance impériale imprima un caractère plus durable.

4.º Les édits des préteurs.

Collection de ces édits sous le titre : *edictum perpetuum per Salvius Julianus*, par ordre d'Adrien.

5.º Le droit coutumier.
Responsa prudentum.

QUATRIÈME SECTION.

Depuis Alexandre Sévère, jusqu'à Théodose II (222—438 après J.-C.).

Durant cette période, les empereurs se succèdent rapidement; les soldats gouvernent et dévastent l'empire; les perses et les goths le démembrent, et le centre du gouvernement s'éloigne de plus en plus de Rome. Dioclétien et ses collègues partagent l'empire, et cherchent en vain à y établir un ordre de choses plus stable.

Avec Constantin I.er commence la collection des *leges edictales;* nouvelle capitale de l'empire ; préfectures territoriales; augmentation des troupes étrangères au service des empereurs; la force du gouvernement décline de jour en jour ; *Code théodosien.*

Les sources du droit de cette époque se réduisent aux constitutions des empereurs et au droit civil et prétorien.

Il y a trois collections des premières :
1.º Celle de *Gregorianus,* ou *Gregorius.*
2.º Celle de *Hermogenianus.*

Il ne nous reste que des fragmens de ces deux collections et des présomptions sur leurs auteurs. On croit que le premier a existé sous Dioclétien et Maximilien, parceque la collection se termine par les constitutions de ces empereurs. On fixe l'époque de l'existence de Hermogénien, sous le règne de Constantin et de ses enfans. Il est douteux si l'un ou l'autre de ces recueils a reçu une force obligatoire par la sanction des empereurs.

3.º Le *Code théodosien*, rédigé, par ordre de Théodose II, par huit jurisconsultes : *Maximin, Sperantius, Apollodore, Martirius, Theodorus, Antiochus, Eugenius* et *Procopius*. Il comprend, en seize livres, les constitutions des empereurs, depuis Adrien, jusqu'à Théodose, et fut publié en 438. Ce code est parvenu, quoiqu'incomplètement, jusqu'à nous, et a été rétabli et publié avec des observations critiques, par *Du Tillet* (1550), *Cujas* (1566), *Pithou* (1571), *Amaduzzy* (1766), et *Jacques Godefroi*. Malheureusement les cinq premiers livres, contenant le droit privé en plus de 320 constitutions, manquent.

DEUXIÈME SECTION.

De l'influence du Droit romain, sur le Droit de l'ancienne Gaule.

N.º V.

Il n'y a aucun doute que le droit romain devint le droit commun d'une grande partie de la Gaule, et qu'à l'exception des provinces septentrionales, voisines de la Germanie, dont la conquête fut seulement achevée par César, l'ancien droit national lui céda même entièrement ; de manière qu'à l'époque de l'invasion des barbares, le droit commun de tout le midi de la Gaule, n'était autre que le droit romain tel qu'il a été retracé dans la section précédente. Mais il paraît que les provinces du nord ont conservé, du moins en partie, leur ancien droit national, avec des modifications plus ou moins grandes, introduites par le vainqueur, ou amenées par les progrès du peuple dans la civilisation.

De même que les romains, en méprisant comme barbares tous les autres peuples, respectaient les grecs, quoique soumis à leur domination, comme leurs maîtres dans les arts et sciences, les habitans des pays conquis par les romains admiraient les mœurs, les lois et les usages de ces derniers à raison de leur supériorité; et si, en thèse générale, le vaincu adopte ordinairement les mœurs et la langue du vainqueur, lorsque tous les deux se trouvent à un degré égal de civilisation, à plus forte raison ce résultat dut avoir lieu en Gaule, où la supériorité du vainqueur fut encore soutenue par l'esprit de réforme qui dirigea le gouvernement de Rome dans ses entreprises.

Cinq siècles sont plus que suffisans pour changer les mœurs et la législation d'un peuple. Un grand nombre de romains s'établit d'ailleurs dans la Gaule, et les communications de cette province, voisine de l'Italie, avec la métropole, étaient très-fréquentes. Les empereurs mêmes y faisaient, surtout dans le quatrième siècle, des séjours plus ou moins longs; (*Maximilien, Constance, Julien.*) Nous citerons encore les écrits latins de plusieurs auteurs gaulois; (*Ausonius, Salvien, Sidonius*); un grand nombre de noms gaulois, particulièrement ceux des évêques; les noms de plusieurs bourgs et villages dérivés du latin (*Lagny* de *latiniacus ager*, le *Percy* de *Ptri-*

ciacus, Savigny de Sabiniacus ager); enfin le grand nombre de mots dérivés du latin, qui ont passé dans la langue française.

On a aussi des preuves historiques et positives, que le droit romain devint le droit commun d'une grande partie de la Gaule. Un des quatre préteurs du prétoire y faisait sa résidence, et les inscriptions de plusieurs lois contenues dans le code de Justinien, prouvent qu'elles ont été faites pour les gaulois. (*L.* 5, 6 *ad Jul. de adulteriis. L.* 3, *C. de Munic.*)

D'après ces faits, on aurait plutôt lieu de s'étonner que quelques provinces du nord eussent conservé, du moins en partie, leur ancien droit national, si l'histoire ne fournissait pas l'explication de ce problème. Les provinces du midi, plutôt soumises à la domination romaine, plus voisines de la métropole avec laquelle elles avaient des relations plus suivies, avaient adopté sans difficulté le droit romain, qui y devint bientôt familier par l'établissement d'un grand nombre de familles romaines dans le pays, pour y faire le commerce ou remplir des fonctions publiques. Il en fut autrement des provinces du nord, qui, selon toute vraisemblance, n'ont jamais adopté, ni le système du régime dotal, ni les principes du droit romain sur la puissance paternelle. Nous savons par les commentaires de César, qu'avant la conquête entière des Gaules par ce grand capitaine, elles suivaient le régime de la communauté. Le même auteur nous apprend, à la vérité,

que les pères jouissaient du droit de vie et de mort
sur leurs enfans; mais ce n'est pas ce droit que l'on
trouve établi chez tous les peuples barbares, et qui
n'a jamais résisté aux progrès de la civilisation, qui
forme le caractère distinctif du droit romain sur
la puissance paternelle. Ce caractère consiste dans
la fiction qui confond, dans une même personne
juridique, le père et les enfans, et prolonge de cette
manière la puissance paternelle jusqu'au terme de
la vie du père. Il paraît que cette fiction était également inconnue aux germains et aux gaulois, et que,
chez les uns et chez les autres, la puissance paternelle cessait du moment où le fils, en état de porter
les armes, occupait sa place dans la cité. La circonstance que la conquête des provinces du nord ne fut
achevée que par César, qui fut même obligé d'en
retirer son armée peu après, et de n'y laisser que des
garnisons peu nombreuses, jointe au faible intérêt des
romains de changer la législation de ces provinces par
rapport aux droits de famille, et à la crainte d'exaspé-
rer les vaincus par des changemens qui auraient porté
sur des intérêts chers à chaque citoyen, nous auto-
risent à supposer que l'ancien droit national fut maintenu par la force de l'habitude dans les rapports de
famille, quoique les progrès de la civilisation aient
fait adopter par la suite les lois réelles romaines. Cette
supposition acquiert plus de vraisemblance encore,
quand on considère que les provinces du nord furent
envahies les premières par les barbares; que lors
de la renaissance du droit romain, elles repoussè-

rent la législation de Justinien, comme contraire à leurs habitudes ; tandis que les provinces du midi, où le droit romain avait jeté des racines plus profondes à raison du voisinage de l'Italie, s'empressèrent de l'adopter spontanément, le trouvant plus conforme à leurs mœurs. Uu résultat aussi opposé ne peut être attribué qu'à la circonstance que les provinces du nord ayant conservé une partie de leur ancien droit national sous la domination des romains, le conservèrent encore par la seule force de l'usage après la destruction de toute législation écrite, pendant les siècles d'ignorance et de barbarie qui suivirent le règne de Charlemagne ; et que les provinces du midi, dans lesquelles toutes les traces de l'ancien droit national avaient disparu pendant la domination romaine, retinrent, comme usages, les dispositions du droit romain, qui avaient même passé dans la législation des visigoths, et adoptèrent, en conséquence, avec empressement, les compilations de Justinien, comme conformes à leurs mœurs.

Il paraîtrait suivre de là que la division de la France en pays de droit écrit et pays coutumier, a existé dès le commencement de l'ère chrétienne.

CHAPITRE III.

Du Droit des Francs, ou des Barbares en général.

N.º VI.

Les barbares ne possédaient, au moment de leur invasion dans la Gaule, aucune législation écrite, mais seulement des coutumes et usages analogues à leur manière de vivre et à leurs uniques occupations, la guerre et la chasse. Mais après qu'ils eurent consolidé leur domination en Gaule, par la défaite absolue des romains (486), et établi les royaumes des visigoths, des bourguignons et des francs, ces coutumes furent rédigées par écrit en langue latine. Nous en possédons encore la collection, sous le titre: *Code des lois antiques (Codex legum barbarorum)*, contenant les lois des visigoths, un édit de Théodoric, roi d'Italie, les lois des bourguignons, la loi salique et celles des ripuaires, qui sont les lois des francs proprement dits; les lois des allemands, des bavarois, des saxons et des frisons, la loi des lombards, de plus, les capitulaires de Charlemagne et les constitutions des rois de Naples et de Sicile.

Ce furent, comme nous l'avons déjà observé, les

vandales, les suèves et les alains (*) qui donnèrent, vers la fin de 406, le signal de cette fameuse invasion qui accéléra la chute de l'empire d'Occident; mais ils ne firent alors encore que ravager la Gaule : les visigoths furent les premiers à y former des établissemens. Sous la conduite de leur roi *Ataulf*, ils arrivèrent, en 412, dans la Gaule, et y fondèrent un royaume, qui comprit, outre la plus grande partie de l'Espagne, tout le pays entre la Loire, la Marne, la Durance, la Méditerranée et les Alpes, dont Toulouse devint la capitale.

Les bourguignons suivirent de près les traces des visigoths, et en 413 déja, on les trouve établis sur le Haut-Rhin et dans la Suisse; et vers 456, ils s'étendirent dans la Gaule séquannaise, lyonnaise, viennaise et narbonnaise; ces pays qui formèrent dans la suite les deux Bourgognes, le Lyonnais, le Dauphiné, la province en deçà la Durance, la Savoie, le pays de Vaud, le Vallais et la Suisse, composèrent le royaume des bourguignons. Outre la Rhétie et la Vindélitie, les allemands et les suèves envahirent dans la Gaule, ou la *germania prima* des romains, les pays connus depuis sous le nom d'Alsace et du Palatinat. Enfin, les francs, association de peuples germaniques situés entre le Rhin, le Mein, le Veser et l'Elbe, après avoir été repous-

---

(1) Koch, tableau des révolutions d'Europe. Paris, 1807, 1 vol., p. 16 et suivantes.

sés, à différentes reprises, par les romains, pas-
sèrent de nouveau le Rhin, vers 430, sous la conduite de *Clodion*, et se rendirent maîtres de la meilleure partie de la Gaule belgique, où ils jetèrent
les fondemens de la nouvelle France en Gaule. A
cette époque, les romains se soutinrent encore dans
l'intérieur de cette province sous le valeureux Aë-
tius, qui faisait face à tous ces nombreux barbares
qui se disputaient la domination de la Gaule ; mais il
n'aurait pu se défendre contre l'armée innombrable
des Huns, sous le féroce Attila, sans le secours des
francs et des visigoths, qui réunirent leurs forces avec
la milice romaine, pour arrêter les ravages de ces barbares. La bataille de Châlons-sur-Marne (451) força
les Huns à la retraite, mais ne rétablit pas les affaires
délabrées des romains. Les francs *saliens* (dont on
distingue les francs *ripuaires*, qui formaient un
royaume particulier, dont la capitale était *Cologne*),
sous leurs rois *Mérové* et *Childéric I*, y étendirent
de plus en plus leurs conquêtes, et *Clovis*, fils de
Childéric, mit fin, en 486, à la domination romaine
en Gaule, par la bataille de *Soissons*, gagnée sur
Syagrius, dernier général romain en Gaule, qui
rendit Clovis maître de tout le reste de cette province,
qui n'était point encore devenue la proie des visigoths
et des bourguignons.

Dans le code des lois barbares, il n'y a donc que
celles de ces trois peuples qui peuvent nous in-
téresser.

Tacite, qu'on doit consulter sur les mœurs et les coutumes des peuples germaniques avant leur invasion dans la Gaule, nous apprend qu'ils n'avaient aucune habitation fixe, et que leurs troupeaux étaient leur unique richesse (*). La direction des affaires était confiée à des magistrats électifs, appelés *princes*; mais la souveraineté était exercée par l'assemblée de tous les hommes libres en état de porter les armes. Les querelles personnelles et les larcins pouvaient seuls fournir matière à des procès, qui étaient décidés sur-le-champ dans des assemblées publiques, soit sur la déposition de témoins, soit par l'épreuve du fer et du feu. La puissance maritale et paternelle avait une très-grande force, comme chez tous les peuples peu policés; cependant elle cessa du moment que le jeune guerrier fut en état de porter les armes : *Ante hoc domus pars videntur, mox reipublicæ.*

______

(*) Il y a cependant lieu de croire que le tableau que Tacite nous a laissé des peuples germaniques, ne s'applique qu'aux peuplades frontières, avec lesquelles les romains étaient constamment en guerre ; et que, même relativement à ces peuplades, ce grand historien a chargé ses couleurs, peut-être ,sans le savoir, pour rendre plus frappant le contraste entre la rude et énergique vertu des germains et la civilisation corrompue de leurs ennemis. Du moins on peut prouver qu'à la même époque il existait, dans l'intérieur de la Germanie, des villes nombreuses et florissantes', et que le commerce et les arts n'y étaient pas entièrement inconnues, bien que très-inférieurs à l'état de perfection qu'ils avaient atteint à Rome.

N.º VII.

Le caractère distinctif des lois des barbares était d'être personnelles : c'étaient les lois des peuples et non celles du territoire ; mais quoique les anciens habitans des provinces soumises à la domination des francs et des visigoths, n'étaient point régis par la loi du vainqueur, le droit romain se perdit cependant entièrement dans le royaume des francs, tandis qu'il se conserva et se mêla au droit coutumier du vainqueur dans les provinces soumises aux visigoths. Plusieurs circonstances paraissent avoir amené ce résultat :

a) La loi romaine était moins commune dans les pays soumis aux francs, que dans les provinces soumises aux goths : elle y avait jeté des racines moins profondes ; elle n'avait pu détruire entièrement l'ancien droit coutumier, qui reprit son empire dès que non-seulement il n'y avait aucun avantage à conserver la loi romaine, mais qu'il y avait même un très-grand intérêt de l'abandonner, pour se soumettre à la loi des francs qui, en tous cas, avait plus d'analogie avec les anciennes coutumes gauloises, que la loi romaine.

b) La loi des francs mettait la distinction la plus affligeante entre les francs et les hommes régis par le droit romain. Il y avait donc un puissant intérêt à abandonner ce dernier ; il n'y a que le clergé qui le retint, parcequ'il y trouva

son

son avantage, et qu'en vertu des priviléges
à lui accordés, il n'eut point à souffrir de
la différence faite par la loi des francs, entre
les romains et les francs.

Il en fut autrement dans le royaume des visigoths.
La loi gothique étant très-impartiale, les anciens
habitans, tous régis par la loi romaine, n'eurent aucun motif de changer de loi. Les vainqueurs mêmes
en reconnurent la supériorité, et mirent à profit
la législation romaine dans les additions et changemens à leurs lois primitives.

Il en fut de même dans le pays des bourguignons :
quoique ce royaume fut bouleversé en 534, et réuni
à l'empire des francs, la loi salique n'y fut cependant pas reçue, comme il est prouvé par une lettre
d'*Agobard à Louis-le-Débonnaire*, et le droit romain s'y maintint donc concurremment avec la loi
des bourguignons.

Les lois des barbares ne furent point attachées
à un certain territoire ; le franc était jugé par la
loi des francs ; le bourguignon, par la loi des
bourguignons ; le romain, par la loi romaine ;
et bien loin qu'on songeât dans ce temps à rendre
uniformes les lois des peuples conquérans, on ne
pensa pas même à se faire législateur du peuple
vaincu. Il faut chercher la solution de ce problème
dans les mœurs des peuples germaniques, réunis
par la terreur des armes romaines, mais en conservant chacun son indépendance. L'esprit des lois
personnelles était donc chez ces peuples, avant qu'ils

partissent de chez eux. Les enfans suivirent la loi de leurs pères ; les femmes, celle de leurs maris ; les veuves revenaient à leur loi ; les affranchis suivaient celle de leurs patrons ; et enfin, chacun pouvait même prendre la loi qu'il voulait, en rendant public son choix. (*)

Les lois renfermées dans le *Code des lois antiques*, ont été rédigées par écrit après l'occupation de la Gaule et sous des rois chrétiens ; mais quoiqu'adoucies par l'esprit évangélique et l'influence des mœurs romaines, elles confirment cependant l'idée que l'on se forme, d'après les récits de *Tacite*, de la manière de vivre des francs avant leur entrée en Gaule.

A.) Il est probable que les lois des *visigoths* ont été rédigées les premières, leur royaume ayant été formé le premier. Données par *Euric*, elles furent corrigées par *Leuvigilde*, réformées par *Chaindassuinde* et *Recessuinde*, recueillies dans un code sous *Egiga*, et confirmées au seizème concile de Tolède (693). La première collection fut alors appelée *Antique*, et c'est elle qu'il faut consulter pour le droit qui régissait les goths avant leur entrée dans les Gaules.

Comme la loi d'Euric n'était faite que pour les visigoths, *Alaric* fit composer, par le comte *Gojaric*, pour les anciens habitans de ses états, un code tiré des codes *Hermogenien*, *Grégorien* et *Théodosien*, auxquels le rédacteur ajouta quelques

---

(*) Montesquieu, Esprit des lois, 28.ᵐᵉ liv. Chap. I.

gloses. Cette compilation fut autorisée par Alaric, du consentement des évêques et des nobles, et publiée sous le nom d'*Anien, référendaire* d'Alaric, à Aire en Gascogne, le 2 février 5o6, sous le nom de *Code Théodosien.* On fit dans la suite un extrait de ce code, qui ne contenait que les interprétations de *Gojaric,* et qui fut appelé *Scintilla.* Ce code, connu sous le nom d'*Anien*, fut abrogé, du moins dans les matières réglées par la loi gothique, par *Chaindassuinde* qui, après avoir réformé cette dernière et l'avoir fait distribuer en douze livres, comme le code Théodosien, sans que néanmoins on y eût observé le même ordre de matières, ordonna qu'elle serait l'unique loi de tous ses sujets, de quelque nation qu'ils fussent. Dans ce recueil, appelé *livre de la loi gothique,* qui est la plus ample et la plus complète des législations barbares, la loi romaine se trouve mêlée avec les anciennes coutumes des goths.

B.) La *loi des bourguignons* fut réformée et publiée à Lyon (le 25 mars 5o1), sous *Gondebaud,* du nom duquel elle est aussi appelée *loi Gombette:* les additions peu nombreuses à cette loi ne vont que jusqu'à 52o. Le royaume des bourguignons fut bouleversé bientôt après (538).

C.) La loi *des francs.*

1.º La loi *salique,* ou la loi des *francs saliens,* fut rédigée par écrit, sous les rois *Childebert* et *Clotaire.* Quoique sa préface annonce qu'elle avait déjà été rédigée par écrit avant le passage du Rhin par les francs, il faut croire du moins que c'était dans un autre idiôme, vu qu'avant cette époque, la langue latine n'était point commune chez les francs.

Il existe encore deux éditions de cette loi, conformes dans le sens, mais différentes dans la rédaction.

2.º La tribu des francs *ripuaires* s'étant jointe aux *saliens*, lorsque *Sigebert*, roi de Cologne, fut tué par *Clovis*, conserva ses usages : ils furent rédigés par écrit, sous *Théodoric*, roi d'Austrasie, à *Châlons-sur-Marne*. La loi des *ripuaires* n'est presque qu'une répétition de la loi salique.

La principale matière de ces lois sont les crimes, en particulier ceux qui se commettent par violence. Les peines sont ordinairement des amendes pécuniaires, nommées *compositions*, comme étant une taxe des dommages-intérêts, faite avec une singulière exactitude. Les lois des visigoths et celle des bourguignons admettaient des peines corporelles ; les lois saliques et ripuaires ne les reçurent pas. La peine capitale était réservée pour les crimes d'état. Les lois des francs en général sont écrites d'un style simple et court, mais entremêlé de mots barbares, qui les rendent souvent inintelligibles ; celle des visigoths, au contraire, est pleine de rhétorique et écrite d'un style gigantesque.

La différence la plus marquée existe entre les lois des visigoths et bourguignons et celles des francs ; les premières se ressentent évidemment de l'influence des évêques et des mœurs romaines : on trouve dans celles des visigoths tous les principes de l'inquisition ; elles n'ont conservé ni la simplicité, ni la rudesse, ni l'originalité des lois des francs ; enfin, elles traitent avec une parfaite égalité les vainqueurs et les anciens habitans du pays, tandis que les lois des francs établissent entre les francs et les romains les distinctions les plus marquées. (C'est ainsi que lorsqu'on avait tué un homme qui vivait sous la loi salique, on payait à ses parens une composition de 200 sols ; et l'on n'en payait qu'une de 100 , lorsqu'on avait tué un romain propriétaire de terre ; et de 45 , quand on avait tué un romain tributaire). (*Loi salique, titre* 44).

CHAPITRE IV.

Du Droit français, jusqu'à la renaissance du Droit romain.

PREMIÈRE SECTION.

Du Droit français sous les Rois des deux premières Races.

N.° VIII.

Le gouvernement des francs, devenus maîtres de la Gaule entière, prit peu-à-peu des formes plus policées, et ne put se soustraire entièrement à l'influence des mœurs romaines. C'est ainsi que Clovis reçut d'Anastase le titre et les ornemens de patrice, de consul, et même d'auguste, et que les rois francs décorèrent de dignités romaines leurs principaux officiers (*duces, comites*). Reconnaissant bientôt l'imperfection et l'insuffisance des lois des barbares, ils en complétèrent et réformèrent la législation par leurs capitulaires, rendus dans les assemblées des francs au Champ-de-Mars. la propagation du christianisme, le passage de l'esclavage au régime féodal, l'établissement et l'agrandissement des cités contribuèrent également à adoucir les mœurs et à modifier le droit; mais les siècles d'ignorance qui suivirent le règne de Charlemagne, firent tomber dans l'oubli presque toute législation écrite; le droit romain, quoique constamment respecté par l'autorité du prince, ne fut presque plus connu que du clergé, et prit conséquemment la forme qu'il jugea utile de lui donner; et au commencement de la troisième race, la France, gouvernée plutôt comme un grand fief que comme un royaume, n'eut presque plus d'autres lois que quelques capitulaires et des coutumes non – écrites, fort variées et discordantes.

Nous avons vu qu'en 534 le royaume des bourguignons fut réuni, sous les fils de Clovis, au royaume des francs. Leur père s'était déjà, en 496, emparé du pays des alemanni, et avait enlevé, en 507, aux visigoths, les provinces entre la Loire et les Pyrénées. La monarchie des francs embrassait donc toute la Gaule, excepté le Languedoc, dont *Pépin-le-Bref* ne chassa les arabes que vers la moitié du huitième siècle, et en outre la meilleure partie de l'Allemagne (Austrasie et Neustrie). Tombée en décadence par les partages et les guerres civiles sous les successeurs de *Clovis*, elle ne se releva que par l'habileté et la sagesse des maires du palais, qui lui rendirent son premier éclat. *Pépin d'Héristal* (687).

Les assemblées publiques de tous les hommes libres en état de porter les armes, usitées chez tous les peuples germaniques, et destinées à décider, selon les usages transmis de père en fils, toutes les questions d'intérêt public ou particulier, devinrent naturellement plus rares, à mesure que les francs étendirent leurs conquêtes, et furent dès-lors exclusivement consacrées à des objets d'une haute importance. Sous *Clovis*, elles commencèrent à n'avoir lieu qu'une fois l'année, au 1.er mars, et ensuite au 1.er mai, lorsque l'usage de la cavalerie fut devenu plus général. Ces assemblées, appelées tantôt *assemblées du Champ-de-Mars*, tantôt *parlement* (du mot *parlementer*), tantôt *placites* ou *plaids*, continuèrent malgré toutes les tentatives faites par les maires du palais pour les abolir. Mais à fur et mesure que le régime féodal se perfectionna, le nombre des francs ayant droit d'y siéger diminua successivement, au point qu'il n'en resta plus qu'une *cour des pairs*, à l'époque où l'autorité royale était presqu'entièrement anéantie par la féodalité. Elles furent rétablies sous la dénomination d'*états-généraux* et sous d'autres formes, lorsque l'autorité royale raffermie, avec le secours des communes, eut fait rentrer les vassaux dans l'obéissance.

Les délibérations prises dans les assemblées au Champ-de-Mars, sur la proposition des rois, furent rédigées par écrit et publiées dans tout le royaume, sous le titre de *capitulaires*, ou *placites* (des mots *chapitres, plaids*); il nous en reste un grand nombre depuis *Childebert*, fils de *Clovis*, jusqu'à *Charles-le-Simple*. Les plus remarquables d'entr'eux, sont ceux de *Charlemagne* et de *Louis-le-Débonnaire*. Il en parut d'abord deux collections faites, l'une par l'abbé *Anségise* (827), et l'autre par le diacre *Benoît* (Mayence, 845); mais la plus complette des *capitulaires*, est celle de *Baluze* (Paris 1667). De ces *capitulaires*, les uns traitant des matières ecclésiastiques sont de véritables canons, comme des règles établies par les évêques légitimement assemblés, et approuvées par le roi. Dans ceux mêmes qui traitent des matières séculières, et que l'on distingue en *règlemens* sur des objets d'un intérêt général, et en *décrets* qui ne regardent que certaines personnes, ou des espèces particulières, l'influence du clergé est très-visible, en ce que plusieurs des premiers renferment plus de sentences que de dispositions législatives.

L'hérédité de la couronne dans la ligne masculine, semble aussi ancienne que la monarchie des francs. L'élévation de *Pépin-le-Bref*, qui commence la dynastie des *Carlovingiens* (si on ne veut pas la faire remonter à *Pépin d'Héristal*), est la seule exception que l'histoire nous présente. Mais jusqu'à *Clotaire II* (mort en 628), la puissance royale fut regardée comme un héritage commun à tous les descendans mâles. Depuis ce monarque, le peuple désigna celui ou ceux des princes du sang qui devait occuper le trône royal à chaque vacance. Une loi expresse consacra cet usage, qui s'est conservé jusqu'au commencement de la troisième dynastie, où le droit de succession à la couronne fut attaché au *droit d'aînesse*.

La *loi salique* était encore en vigueur du temps de *Charlemagne*, qui la fit même nouvellement rédiger ; mais il paraît que, depuis ce temps, sans jamais avoir été abrogée, elle tomba dans l'oubli, si ce n'est dans les dispositions que l'on applique à la succession à la couronne. Quant aux autres dispositions qui réglaient les intérêts particuliers, les *capitulaires* la remplacèrent, comme lois plus récentes. C'est dans la loi salique et particulièrement dans celles de ses dispositions qui autorisaient les vengeances de particulier à particulier, qu'il faut chercher l'origine d'une grande partie des guerres particulières, si favorables au développement du régime féodal, en ce que bientôt ces vengeances ne furent plus exercées et les querelles particulières vidées dans des combats singuliers, mais dans de petites batailles et au moyen des siéges entrepris avec le secours des vassaux, et finissant souvent par des conquêtes territoriales.

Ce n'est cependant que peu-à-peu que cet état d'anarchie et de trouble effaça toutes les traces de la civilisation romaine. Non-seulement on en trouve encore du temps de *Charlemagne*, et les formules de *Marculphe* se ressentent encore de l'influence de la législation romaine ; mais plusieurs circonstances se réunirent même pour adoucir les mœurs dans les premiers siècles après la fondation de la monarchie des francs, parmi lesquelles la propagation du christianisme tient le premier rang. Les nombreuses guerres que cette monarchie eut à soutenir contre des ennemis extérieurs, retardèrent également le développement du système féodal. Les invasions des arabes ne contribuèrent pas peu à répandre le goût des sciences et des arts ; et quoique les efforts de *Charlemagne*, pour la restauration des lettres, furent rendus inutiles par la faiblesse de ses successeurs, ils eurent du moins cet effet de retarder le règne de l'ignorance et de préserver les lettres d'une destruction totale. Même lorsque l'affaiblissement de l'autorité royale eut amené le partage de la France entre une foule innombrable de petits seigneurs, dont les guerres continuelles détruisirent peu-à-peu, avec le commerce et l'industrie, les arts et les lettres, le droit romain et quelques notions des sciences trouvèrent un asyle dans les retraites des gens d'église. Mais le droit romain du clergé ne ressembla ni à celui de *Théodose*, ni à celui de *Justinien ;* c'était un composé des lois romaines en usage dans les temps antérieurs, et du droit canon auquel le droit civil était en tout subordonné.

Les rois se gardaient cependant de porter atteinte au droit romain, ainsi qu'il est prouvé par un article des capitulaires de *Charles-le-Chauve ;* mais ce droit n'étant plus connu que du clergé, qui possédait exclusivement l'art de l'écriture, et qui occupait presque toutes les places judiciaires, ne fut plus généralement observé, et prit la forme que le clergé voulut lui donner. Il suffit de citer l'histoire des *Fausses décrétales*, et la manière dont elles furent fabriquées, jetées dans le public, appliquées d'abord dans les contestations de quelques diocèses situés sur les frontières des états de Charles-le-Chauve et de Lothaire, et avouées ensuite, avec une impudence incroyable danstout autre temps , par le pape Nicolas Ier , pour rester convaincu du pouvoir du clergé, de donner à la législation toute forme convenable à ses intérêts.

On trouve établie, dès le temps de Clovis, la division des terres en *terres saliques* et *bénéfices militaires*, *alleux* (*allodia*), et bénéfices conférés par le roi, par les évêques et par les chefs des corporations religieuses, par des particuliers laïcs ou éclésiastiques , à des cultivateurs, contre des prestations personnelles, en nature ou en argent (*Bénéfices de services*). C'est dans ces bénéfices qu'il faut chercher l'origine du régime féodal , né de la répugnance des barbares pour la culture des terres, regardée comme la tâche des esclaves chez les peuples germaniques, et favorisée par le desir des vainqueurs de s'entourer, même en temps de paix , d'une escorte nombreuse. Déjà , vers la fin de la seconde dynastie, ces bénéfices, conférés d'abord à temps, commencèrent à devenir généralement héréditaires. L'affaiblissement de l'autorité royale facilita les usurpations particulières pendant cette période, où l'on ne connut presque d'autre loi que celle du plus fort; chacun chercha à s'emparer, par la force, de tout ce qui se trouva à sa portée. Ceux qui étaient trop faibles pour se défendre , se choisirent un maître , autant pour la protection qu'il leur accordait contre leurs ennemis, que pour butiner sous ses auspices. Les *ducs* ou gouverneurs des provinces, les *comtes* ou gouverneurs des villes, tous ceux qui étaient revêtus de quelque autorité, profitèrent de l'occasion favorable, que leur offrit l'avilissement de l'autorité royale, pour rendre leurs places et leurs pouvoirs héréditaires. *Origine de la noblesse héréditaire*, qui fut encore personnelle du temps de *Charlemagne*, et de la *hiérarchie féodale*, dans laquelle le vassal fut subordonné au chevalier, le chevalier au comte, le comte au duc, le duc ou tout autre vassal relevant directement de la couronne, au roi.

Les villes, encore peu peuplées, furent réduites, par cet état de choses, à un rôle très-subalterne ; mais elles méritent déjà de fixer l'attention, comme le refuge du commerce et de ce qui resta des arts, comme des asyles contre les oppressions qui dévastèrent les campagnes, et comme le berceau des coutumes et usages qui purent, dès alors, prendre racine dans ces communautés d'habitans, dont la réunion était cimentée par un intérêt commun, et qui s'agrandirent bientôt par une réaction nécessaire des évènemens, qui leur avaient ôté d'abord toute influence politique.

L'affaiblissement de l'autorité royale fut à-la-fois et l'effet et la cause de la perfection du régime féodal, en ce que l'indépendance des seigneurs ôta au roi ses plus vaillans défenseurs contre les usurpations des grands, et que son impuissance encouragea de plus en plus les efforts des vassaux, de dissoudre le lien qui les attachait à la couronne. Le roi n'ayant pas d'armée soldée était à la merci des vassaux. Ce ne fut qu'avec le secours de l'un, qu'il put se défendre contre les attaques des autres. Le domaine du roi, sous le commencement du règne de *Louis-le-Gros*, n'était encore composé que du duché de France, qui comprenait la ville de Paris, quelques autres villes, et une trentaine de seigneuries environ. Tout le reste appartenait aux vassaux du roi : ces vassaux l'avaient partagé entre une quantité de seigneurs, qui leur prêtaient foi et hommage, et qui, dans les guerres de leur seigneur avec le roi, étaient obligés de suivre le premier. Cette jurisprudence se trouve même consacrée par les capitulaires de *St.-Louis*.

DEUXIÈME SECTION.

Depuis Hugues Capet (987), jusqu'à la renaissance du Droit romain et la première rédaction des Coutumes.

N.º IX.

Dans le commencement de cette période, nous trouvons la France dans un état d'ignorance, d'anarchie et de confusion universelles.

Les différentes invasions des normands venaient d'éteindre les dernières traces des mœurs romaines. L'autorité royale presque nulle, n'était guères plus qu'un point de réunion dans les guerres extérieures ; dans l'intérieur, les guerres particulières ne sont pas seulement fréquentes entre les comtes et seigneurs, mais journalières entre quiconque avait une maison forte pour retraite, sans en excepter les évêques avec leurs clercs et les abbés avec leurs moines. Le roi même était obligé de faire continuellement la guerre, non-seulement à des princes, mais souvent à de simples seigneurs. Le régime féodal ayant assujéti toute la France à ses lois, donna naissance aux *cours des pairs*, aux *pairs de France*, et aux innombrables redevances féodales. Chaque seigneur s'arrogea le droit de faire battre monnaie et de rendre la justice. Toutes les lois écrites, sans excepter même les capitulaires, tombèrent dans l'oubli; le clergé seul conserva encore quelques traditions du droit romain, particulièrement du droit canon, et profita de la confusion générale amenée par les guerres civiles, du partage de l'empire sous les fils de Charlemagne, et de l'affaiblissement de l'autorité royale, qui en fut la suite, pour étendre l'empire de ce droit et la compétence des tribunaux éclésiastiques sur des matières laïques de toute espèce.

Les incursions continuelles des normands, à la fin du neuvième et au commencement du dixième siècle, avaient mis le comble à l'anarchie résultante des troubles intérieurs. Les dépenses considérables, occasionnées par ces guerres opiniâtres, avaient augmenté, dans la même proportion, les exactions et tous les genres d'oppressions.

Il n'y avait plus d'autre loi que celle du plus fort; tout le peuple était réduit à la servitude, et les villes n'étaient pas plus épargnées que les campagnes dans les guerres continuelles qu'on se fesait d'un bout de l'empire à l'autre. Tout le monde portait les armes, et le clergé fut lui-même obligé de les prendre, pourse garantir du pillage. *Charles-le-Chauve* priva l'autorité royale de sa dernière ressource, en étendant le principe de l'hérédité au parlement de Chiersi (877), à tous les fiefs sans exception. Depuis cette époque, la souveraineté du roi n'était plus qu'un vain titre; et il est probable qu'on aurait vu un inter-règne en France, si les seigneurs n'avaient pas trouvé leur avantage à conserver un point de réunion pour la défense de l'empire contre les ennemis exté-rieurs. Nous allons voir comment, à la fin de cette période, l'autorité royale reprit son ascendant, et quelles circonstances amenèrent un nouvel ordre de choses. Pour se faire une idée de l'état de la France sous le règne de *Hugues Capet,* il suffit de savoir qu'un abbé *de Cluny*, invité par *Bouchard*, comte de Paris, d'amener des religieux à *St.-Maur-des-Fossés,* s'excusa de faire un si long voyage dans un pays étranger et inconnu.

L'abbé *Suger* nous apprend que *Louis-le-Gros* fit marcher ses troupes contre *Bouchard de Montmorenci,* pour defendre l'abbé de *S.t-Denis;* qu'il assiégea *Gournay,* et le prit par force; qu'il défit le seigneur de *Puiset en Béarn*, et qu'il se délivra enfin du seigneur de *Montl'héry,* qui avait fatigué *Philippe I,* son père, pendant tout son règne, jus-qu'à lui empêcher la communication entre Paris et Orléans. Quant aux guerres entre le roi et les pairs de

France, l'histoire en est remplie. C'est à cette époque que se rapportent nos vieilles fables de ces félons qui insultaient aux faibles, qui fermaient le passage et empêchaient le commerce, et de ces preux qui erraient par le monde pour la sûreté publique et la défense des dames.

On fixe au règne de *Hugues Capet* le commencement de la pairie de France, que d'autres font remonter beaucoup plus haut, et à laquelle il est impossible d'assigner un commencement à une époque déterminée. Les fondemens de la pairie de France étaient jetés du moment où les fiefs commencèrent à devenir héréditaires; ce ne fut que successivement et à fur et mesure que le régime féodal se perfectionna, qu'on commença à le reconnaître généralement, et d'en ressentir les effets et les suites. Ce fut à la fin de la seconde race, qu'au milieu des troubles chacun garda, lorsqu'il pouvait les défendre, les bénéfices qui lui avaient été conférés temporairement, et que les seigneurs suzerains étaient trop heureux de conserver encore une ombre d'autorité sur le vassal. Comme nul ne voulait alors reconnaître d'autres juges que ses *pairs*, la pairie était plus ou moins considérable, suivant le plus ou moins de puissance du seigneur suzerain des pairs. Un simple chevalier, par ex., était soumis à la juridiction du comte dont il était vassal; et le comte, pour le juger, était obligé d'assembler les pairs de sa cour, c'est-à-dire, les autres chevaliers ses vassaux, du même rang que celui qu'il fallait juger.

Le comte était lui-même un des pairs de la cour

de

de son seigneur suzerain, et de même le roi avait
sa cour composée des pairs de France, qui relevaient
de la couronne; mais cet ordre ne s'observait pas toujours, et le plus souvent c'était du sort des armes que
dépendait le jugement. Il y avait même des pairs de
bourgeois. Les pairs de France, qui parurent dans
leur plus grand éclat sous le règne de *Philippe-
Auguste*, déclinèrent depuis, et s'éteignirent sous
Charles VII. Depuis cette époque, le conseil du
roi fut appelé *cour des pairs*, dénomination que le
parlement de Paris a conservée jusqu'à la révolution.

L'établissement des *cours des pairs* ne put, au reste,
efficacement diminuer les vengeances et les guerres
particulières; au contraire, ceux-mêmes qu'une
pareille cour avait condamnés, jouissaient du droit
d'appeler leurs juges au combat singulier, en décla-
rant le jugement *faux et mauvais*. Ce droit n'était
refusé qu'à l'accusé d'un crime emportant la peine
capitale; de même, le défendeur pouvait *fausser*
la déposition des témoins produits par le demandeur, qui ne put alors être reçue, qu'après que la
partie qui avait présenté les témoins, ou bien les témoins eux-mêmes, s'étaient lavés de ce reproche dans
un combat singulier. (Voir chez *Montesquieu*
l'exposition du code de procédure de cette mons-
trueuse jurisprudence (*).

C'est pendant cette même époque, que l'on vit
naître ces innombrables redevances, que les titulaires
des fiefs extorquèrent sous les titres les plus divers :

(*) Esprit des lois, Liv. XXVIII, chap. 22 et suiv.

les corvées et les prestations personnelles les plus énormes et les plus humiliantes ; les banalités et les droits de toute espèce, différant dans chaque province et dans chaque seigneurie , mais procédant tous de la même origine ; l'assujettissement du tiers-état. Ces droits furent adoucis depuis , par les progrès de la civilisation et les affranchissemens dont il sera question dans la suite ; mais ce qui s'en est conservé jusqu'à l'époque de la révolution , est suffisant pour en faire apprécier la rigueur au moment de leur établissement (*). Ce qui rendit particulièrement mal-

____

(*) C'est une observation assez intéressante, que dans tous les pays où le régime féodal avait entièrement prévalu , les habitans des campagnes ne sont jamais sortis de l'état de nullité dans lequel ils avaient été réduits par cet état de choses. Les villes seules ayant été assez fortes pour combattre la féodalité , ont aussi seules profité de la victoire, et formé exclusivement la représentation du tiers-état aux états-généraux de la nation. On trouve le même résultat en Allemagne, où le régime féodal prévalut sur l'autorité impériale, et sut prolonger son influence politique, même au-delà de l'état des choses qui lui avait donné naissance, et pour lequel il était fait ; on la trouve aussi en France, où la persévérance des rois capétiens sut réduire les vassaux à l'obéissance. Seulement en Allemagne, l'agrandissement des villes leur procura l'avantage d'envoyer leurs députés à la diète, à l'instar des seigneurs devenus souverains ; tandis qu'en France , dans un autre état de choses , les villes formèrent un état comme les seigneurs réduits à l'obéissance et formant le corps de la noblesse. Il en fut autrement en Angleterre et en Suède, où le régime féodal n'avait jamais subju-

heureuse la position des campagnards, ou villains, c'est qu'aucun seigneur n'étant obligé de se battre contr'eux, il ne leur resta aucun moyen pour se soustraire aux décisions arbitraires des justices seigneuriales, abandonnées par les seigneurs à leurs valets. C'est ainsi que le maître-d'hôtel exerçait les fonctions de sénéchal ; les intendans ou receveurs, celles de baillifs et de prévôts ; et de simples valets, celles de sergens. Les peines que prononcèrent ces justices étaient cruelles et arbitraires : rien n'était plus ordinaire que de crever les yeux, de faire couper un pied ou une main ; d'où il s'explique, que les actes de ce temps font si souvent mention de mutilations de membres.

Tandis que le combat judiciaire décidait des contestations personnelles dans les cours des pairs, la juridiction ecclésiastique avait usurpé la connaissance de presque toutes les contestations réelles. Les tribunaux du clergé étaient les seuls qui conservèrent encore quelques notions des législations écrites; et les clercs, possédant presqu'exclusivement l'art d'écrire, étaient non-seulement les rédacteurs de tous les instrumens, mais il était aussi très-naturel qu'on eût recours à leurs tribunaux, lorsque le sens d'une convention paraissait douteux, ainsi que pour la décision de toutes les questions compliquées. Le clergé pro-

---

gué le peuple ; aussi dans ces états les députés des campagnes furent admis dans la représentation du tiers-état ; droit qui ne leur fut restitué, en France et en Allemagne , que par les constitutions de Napoléon-le-Grand.

fita de cet état des choses, pour faire remettre en vigueur, sous les rois de la deuxième dynastie, la loi du code Théodosien, en vertu de laquelle, lorsque l'une des parties offrait de soumettre la contestation à la connaissance de l'évêque, sa partie était obligée de déférer à cette proposition. Il était dans la nature des choses, que les tribunaux ecclésiastiques jugeassent d'après le droit canon, et n'eussent recours au droit civil, qu'à défaut du premier. Encore, l'une et l'autre législation n'était-elle connue des moines ignorans, chargés de les appliquer, que par des traditions très-corrompues, encore plus incomplettes.

N.º X.

Différentes circonstances se réunirent, vers la fin du douzième siècle, pour relever de nouveau, et affermir l'autorité royale ; et l'un des premiers effets de ce changement fut de mettre des bornes à l'arbitraire de la justice, et de préparer une réforme générale de la législation. Depuis l'avènement de la dynastie des Capétiens à la couronne, la succession au trône avait été irrévocablement attachée au droit d'aînesse dans la ligne masculine, et par là on avait tari une source éternelle de guerres civiles et de famille. Les rois de cette race n'ayant négligé aucune occasion d'augmenter le domaine de la couronne, se virent bientôt en état de faire un pas décisif pour affranchir l'autorité royale de la dépendance de ses vassaux, en prenant à leur solde des gens de guerre salariés,

quoique l'établissement d'une milice permanente ,
qui ne fut d'abord que de 6000 hommes, n'eut lieu
que plusieurs siècles après (1445, sous Charles VII).
Ce qui les servit particulièrement dans ces efforts, ce
fut la naissance d'un troisième ordre dans l'état, *les
communes ou villes* qui, pour se soustraire aux exactions, et aux pillages des seigneurs, s'empressaient
d'invoquer la protection du roi. Bientôt les seigneurs
de la classe inférieure, qui ne prenaient les armes que
pour butiner, furent obligés de renoncer à ce métier, et finirent par n'être plus en état d'entretenir des
hommes armés et des châteaux fortifiés ; alors, ne
pouvant plus faire la guerre à leur suzerain, lorsqu'ils croyaient avoir à se plaindre de lui, ils furent
réduits à le citer *en déni de justice*, devant le seigneur dont il relevait ; et l'on trouve déjà, sous
Louis VIII, cet usage généralement établi. Enfin,
Philippe - Auguste fit un pas décisif pour l'affermissement de l'autorité royale, par l'établissement
de *baillifs royaux*, chargés de s'opposer aux usurpations de la juridiction royale, commises par les
prévôts et officiers de justice des seigneurs, et de
recevoir les plaintes portées contre ces derniers. Ces
baillifs s'attirèrent bientôt une grande partie de la
juridiction seigneuriale, et déjà, sous *St.-Louis*, nous
trouvons la juridiction royale affermie dans toutes
les parties de l'empire.

Les derniers règnes des Carlovingiens et les premiers de la dynastie des Capétiens séparent le régime de l'*ancien droit des francs*, d'avec celui de la *féodalité*. La persévérance avec laquelle les Capétiens poursuivirent tous avec une égale constance le même but, le rétablissement de l'autorité royale, opposa une digue insurmontable à l'ambition des vassaux, et, en les divisant, les fit rentrer successivement dans l'obéissance. Il en résulta aussi un nouvel état des choses sous le rapport du droit et de la procédure. On pourrait appeler le dr... cette époque, si toutefois on peut appeler ainsi des usages à peine formés, et nécessairement variables même en se consolidant, le *droit intermédiaire*. Son origine est corrélative avec celles des communes et leurs fédérations, d ont les progrès furent marqués par la nouvelle considération qu'obtint le tiers-état, et qui donna naissance aux innombrables coutumes provinciales et locales, dont la diversité s'explique facilement par le peu de communications qui existaient entre les différentes parties de l'empire, ainsi que par la circonstance, que s'il était de l'intérêt commun des villes de se rallier autour de l'autorité royale, elles n'en furent pas moins jalouses de leur indépendance municipale. La renaissance du droit romain et sa propagation, même dans les provinces coutumières, marque l'époque du passage de ce droit intermédiaire à l'état des choses qui a subsisté jusqu'à la révolution.

Pour mettre un terme à toutes les contestations sur la succession de la couronne, les rois de la troisième dynastie introduisirent l'usage de faire couronner, encore de leur vivant, leurs premiers nés, comme successeurs à la couronne. Cet usage se maintint jusqu'à l'époque de *Philippe - Auguste*, où il fut supprimé comme étant sans objet, par le raffermissement de l'autorité royale.

L'augmentation et l'affermissement des villes fut la conséquence nécessaire d'un état des choses, dans lequel ces réunions seules offraient un asyle contre les brigandages, et des moyens de résistance contre les exactions des seigneurs ; et, par une conséquence nécessaire, la richesse et la prospérité toujours croissantes des villes durent l'emporter à la fin sur les efforts d'une noblesse divisée entre elle ; toutes les villes ayant un intérêt commun, tandis que chaque seigneur n'était dirigé que par ses vues particulières.

Dans la lutte entre l'autorité royale et les vassaux, les communes constamment oppressées par les seigneurs, devinrent les alliées naturelles du trône, et les rois ne laissèrent échapper aucune occasion pour se concilier ce puissant appui, d'autant plus que les sommes payées par les communes pour la protection du roi et la confirmation de leurs priviléges, offraient des ressources nouvelles et précieuses. *Louis-le-Gros* fut le premier qui confirma, par lettres-patentes, les immunités des communes situées dans ses domaines, et plusieurs vassaux suivirent cet exemple pour empêcher celles situées dans leurs seigneuries de se soumettre au roi. Mais déjà *Louis VIII* déclara les communes en l'obéissance du roi, et se réserva exclusivement le droit d'autoriser à l'avenir l'érection de communautés d'habitans en villes municipales. Son successeur consulta (1254) les communes, à l'instar de la noblesse et du clergé, sur les affaires générales de l'état. Les députés du tiers-état siégèrent déjà aux états - généraux convoqués par *Philippe-le-Bel* (1303); et la manière énergique avec laquelle ils combattirent alors les empiètemens de la cour de Rome sur l'autorité royale, prouve toute l'influence que déjà cet état avait su obtenir.

A peine *Philippe-Auguste* avait-il relevé l'éclat de l'autorité royale, qu'il fit un pas décisif pour la raffermir pour toujours. Depuis l'abolition de la dignité de *major domûs*, le grand sénéchal était à la tête de l'administration de la justice. Les fonctions de cet officier, qui furent de peu d'importance dans le dixième siècle, devinrent bientôt plus actives par l'agrandissement des domaines royaux, et l'étendue de ces domaines obligea bientôt de faire suppléer, par des baillifs royaux, le sénéchal dans les lieux où il ne pouvait siéger en personne. Ces baillifs, dont le nombre s'accrut bientôt considérablement, finirent par le remplacer entièrement, au point que la charge de grand sénéchal s'éteignit en 1191, dans la personne de *Thibaut* I.er, *comte de Blois*.

Le rétablissement de l'autorité royale permit à ces officiers d'établir le principe, que dès que l'une des parties déclarerait être sous la garde du roi, l'affaire devait être renvoyée devant les juges royaux, et que tout individu ajourné devant eux serait obligé de comparaître pour proposer le déclinatoire, même s'il n'était point judiciable par eux. Bientôt ils allèrent plus loin, en déterminant les cas royaux dont les juges du roi seraient seuls compétens de connaître , à l'exclusion des justices seigneuriales , et ils finirent par s'attirer toutes les appellations des jugemens rendus par ces justices. Saint-Louis déjà assigna à chacun de ces officiers un ressort de juridiction , et ne pouvant bientôt suffire par eux-mêmes à l'administration de la justice, ils en déléguèrent une partie, ou ils se firent assister par des échevins, assesseurs-conseillers, prud'hommes, hommes jugeants, de manière que l'établissement de ces baillifs mit peu-à-peu un terme à la manière de juger par pairs.

Les seigneurs, moins puissans , réduits à l'impossibilité de se faire justice à main armée, étaient obligés de porter leurs réclamations, contre le duc ou comte dont ils relevaient, au suzerain dont ce dernier relevait lui-même ; *appels en déni de justice*. Ces appels donnèrent naissance à la *jurisprudence des assurements*, en vertu de laquelle le seigneur ajourné devant son suzerain, devait s'engager à ne commettre aucune violence , durant la procédure , contre le vassal qui l'avait assigné.

Les ducs de Bourgogne, de Normandie, de Bretagne et d'Aquitaine, les comtes de Flandre, de Toulouse, de Champagne, de Poitiers, de Bar, de Blois, d'Anjou et du Maine, d'Alençon, d'Auvergne, d'Angoulême, de Périgord et de Carcassone étaient les plus puissants d'entre les vassaux de la couronne. Les plus importantes de ces provinces furent réunies à la couronne par *Philippe-Auguste*, qui s'en assura la possession par la victoire de Bouvines (1214), remportée contre les forces réunies des anglais, de l'empereur d'Allemagne et des comtes de Flandre et de Boulogne. La paix de Paris, sous Louis-le-Saint, raffermit la puissance royale rétablie dans l'intérieur.

Il n'y eut que les ducs de Bourgogne dont l'existence politique rétablie en 1363 s'accrut si considérablement, que vers la moitié du quinzième siècle, ils purent encore rivaliser avec les rois de France.

Entre les événemens de cette période, qui ne contribuèrent pas seulement à l'affermissement de l'autorité royale, mais qui donnèrent aussi une nouvelle direction à la civilisation des états européens, les croisades occupent un des premiers rangs ; elles ranimèrent le goût pour les arts, établirent des rapports commerciaux avec des pays inconnus auparavant, dirigèrent vers l'Orient les armées des vassaux turbulens, et procurèrent au roi beaucoup d'occasions d'augmenter les domaines de la couronne par l'acquisition de leurs fiefs abandonnés.

CHAPITRE V.

De la renaissance du droit romain jusqu'au règne de Louis XIV.

N.º XI.

Avec les règnes de *Philippe-Auguste* et de *Louis-*

le-Saint commence une nouvelle période de l'histoire du droit français. Non - seulement la plupart des institutions qui se sont conservées jusqu'à l'époque de la révolution, prennent leur origine dans les mesures adoptées par ces princes pour l'administration de la justice ; mais la même époque est encore signalée par la renaissance du droit romain, sa réception spontanée dans une grande partie de l'empire, et la première rédaction des coutumes dans les autres provinces. La jurisprudence, considérée de nouveau comme une science, fut enseignée publiquement dans les universités nouvellement établies ; les cours de justice se peuplèrent de jurisconsultes formés par l'école et exercés par la pratique ; leur autorité et leur puissance même s'accrurent considérablement par l'érection des parlemens ; et les formes judiciaires remplacèrent enfin par-tout les décisions arbitraires des pairs et du combat judiciaire.

L'influence rapide que la connaissance des collections de Justinien apportée en France par des docteurs italiens, (*) obtint sur la législation, s'explique facile-

---

(*) On lit dans la plupart des auteurs anciens, que la ville d'Amalfi en Pouille ayant été prise en 1137 par les troupes de l'empereur et du pape, on avait trouvé dans le pillage un manuscrit du Digeste, dont la découverte avait réveillé le droit de Justinien. La fausseté de cette fable est aujourd'hui généralement reconnue. Ce qu'il y a de vrai, c'est que le texte de cette compilation, tel qu'il se trouve dans les éditions modernes, est

ment par l'état des choses et les circonstances favorables dans lesquelles cette découverte parcourut, avec
la rapidité du feu électrique, les différentes provinces
de la France. Le gouvernement, les tribunaux, le
pouvoir législatif étaient rétablis ; mais ces tribunaux
manquèrent de lois pour juger ; le bréviaire d'Alaric
avait prolongé la domination du droit romain dans
une grande partie de la France, et lorsque cette
collection ne fut plus connue du peuple, il retint
encore un grand nombre de ses dispositions par la
force de l'habitude. A peine donc les collections
de Justinien furent-elles connues dans ces provinces,
que les juges et les praticiens y retrouvant les mœurs
et les habitudes du peuple, s'empressèrent d'en
appliquer les décisions aux contestations agitées
devant eux. C'est ainsi que le droit romain fut remis
en vigueur dans ces provinces, sans y avoir été promul-

---

le résultat de la conférence des copies des Pandectes
(*lectio vulgata*) d'après lesquelles on enseigna le droit
romain après le rétablissement des écoles en Italie, avec
un exemplaire plus ancien qui avait été apporté de Pise
à Florence. Mais il est aussi faux de dire que l'étude du
droit romain, très-florissante avant la connaissance que
l'on eut du manuscrit de Florence, ait été réveillée par
sa découverte, que de le regarder comme la source de
tous les autres. Après qu'il eut été imprimé, en 1553,
par le *Torelli* (Taurelliana), on le conféra avec le texte
de la *lectio vulgata,* et l'on a préféré tantôt l'un, tantôt
l'autre avis dans les éditions modernes. Voir Thibaut,
Essais sur des matières de jurisprudence, liv. 2, n.º
265.

gué de nouveau. Il ne fut besoin, à cet effet, d'aucun acte de l'autorité publique ; car, comme il n'avait jamais été aboli par l'autorité du prince, et que l'ignorance seule l'avait fait tomber en désuétude, on ne vit dans les collections de Justinien qu'une nouvelle rédaction de l'ancien droit national.

Aussi l'autorité royale, loin de contrarier cette réception du droit romain, la favorisa au contraire, et chercha d'en répandre la connaissance et d'en communiquer les dispositions aux provinces mêmes qui ne le trouvèrent pas aussi conforme à leurs habitudes. C'est ainsi que *Louis-le-Saint*, non-seulement fit traduire les collections de Justinien, mais que dans ses *établissemens* (législation transitoire de peu de durée, mais qui eut une grande influence sur le droit des siècles suivans) il en fait le plus grand usage. C'est cependant erronément que plusieurs auteurs supposent, d'après un passage de la préface de cet établissement, ou plutôt du commentaire de cette législation qui est parvenu jusqu'à nous, qu'elle avait été donnée à toute la France comme un droit commun. Ce passage ne peut s'entendre que des pays de l'obéissance-le-roi, et non des pays hors l'obéissance-le-roi, comme ils sont appelés par Louis-le-Saint lui-même, dans lesquels le pouvoir législatif était encore exercé par les vassaux de la couronne. C'est ainsi que l'usage du combat judiciaire fut aboli indistinctement par cet établissement dans les justices royales, tandis qu'il en suppose l'usage encore suivi dans les justices seigneuriales. Peu-à-peu il cessa aussi dans ces dernières, autant par la force de l'exemple, que par l'effet des appels devant les justices royales. L'usage de fausser les jugemens se conserva encore long-temps, mais l'obligation de prouver ce défi l'épée à la main, tomba en désuétude.

La législation des *établissemens* ne pouvait être que transitoire ; aussi le fut-elle, jusqu'au nom même qui fut bientôt remplacé par celui *d'ordonnance*. Elle s'étend sur un grand nombre de relations sociales ; cependant l'administration de la justice paraît avoir été son objet principal : toutes ses dispositions sont obscures, diffuses, peu précises, un mélange de coutumes discordantes et de décisions isolées du droit romain ; elle fut néanmoins un véritable bienfait dans le siècle où elle parut, en faisant de la législation et de la jurisprudence une science. Du moment que la connaissance des lois et de la procédure fut nécessaire pour connaître des différends des particuliers, les pairs quittèrent le siége pour faire place à des officiers de justice choisis entre les praticiens ; il était dans la nature d'une pareille législation qu'en préparant un nouvel ordre de choses, elle dût disparaître avec lui.

La même force de l'habitude qui avait fait spontanément adopter le droit romain dans les provinces méridionales [Il conserva cette autorité de législation principale jusqu'à l'époque de la révolution, dans les provinces de Guyenne, Languedoc, Provence, Dauphiné, le Lyonnais, le Forêt, Beaujolais et Auvergne, qui formèrent depuis le ressort des parlemens de

(191)

Toulouse, Bordeaux, Grenoble, Aix et Pau, de même que dans quelques provinces du ressort du parlement de Paris,] le fit repousser ou plutôt ne lui fit accorder qu'une autorité subsidiaire et restreinte à certaines matières, dans les provinces du nord, dont les usages étaient contraires en beaucoup de points au droit romain. Mais la nécessité d'une législation écrite s'y étant fait également sentir, à fur et mesure que les formes judiciaires devinrent plus compliquées, des jurisconsultes formés par l'étude des lois romaines, s'occupèrent de la rédaction par écrit des anciens usages de ces provinces (*Conseils de Pierre Desfontaines*; *Livre de la reine Blanche*; *Beaumanoir*; *Bouteiller.*) Ces statuts provinciaux furent appelés *coutumes*, dénomination par laquelle on désigna également les chartes qui déterminèrent les relations entre les propriétaires fonciers et les seigneurs; tandis que des maximes générales de droit furent plus spécialement désignées sous la dénomination d'*us*. Pendant cette même période plusieurs vassaux de la couronne publièrent aux assises (*) de leurs duchés ou comtés, des réglemens rédigés par

---

(*) Dans l'origine, on appela *Assises* les assemblées générales des hommes libres; et comme dans ces assemblées on jugeait les accusations et les contestations entre particuliers, cette dénomination fut plus spécialement attribuée, dans la suite, aux assemblées tenues pour l'administration de la justice, qui se concentrèrent enfin dans des cours de justice. On les appela *grandes assises, grands plaids*, lorsqu'elles furent présidées par les seigneurs mêmes.

écrit sous les titres de *chartes, établissemens, assises*, dont quelques-uns portent même une date antérieure au règne de Saint-Louis ; enfin, l'on peut mettre au nombre des sources du droit français de cette période , les chartes par lesquelles les rois confirmèrent les fors et priviléges des communes pour attacher leur intérêt à la cause du trône (*). Ce serait cependant une erreur de croiré que la division de la France en *pays de droit écrit* et *pays de droit coutumier,* eût été tellement absolue, que le droit romain ait été reçu purement et sans aucune modification dans les premiers, et qu'il n'ait obtenu aucune influence sur la législation des seconds. Dans beaucoup de provinces coutumières, les statuts provinciaux avaient presque le caractère d'une législation d'exception, parceque dans toutes les matières

---

(*) Coutumes de Barcelone, par Raymond Bérenger, l'ainé, 1060. Coutumes de Fort-de-Béarn, par le vicomte Gaston IV, 1088. Coutumes des anglo-saxons, par Guillaume le Bastard, 1080. Charte de la commune de Beauvais, donnée par Louis-le-Jeune, 1144. Livres des fiefs des Lombards, rédigés en 1150. Charte de la commune d'Abbeville, donnée par Jean II, 1184 ; —de Bordeaux, 1173 ; —de Dijon, 1187 ; —de Beaune, 1203. Établissemens de Rouen, 1205 ; Charte de Rouen, 1207 ; —de Bar-sur-Seine, 1234; —de Sémur, 1276. Assises de Geoffroi, comte de Bretagne, sur le partage des nobles, 1287. Coutumes de Normandie, accordées par le duc Raoul. Coutumes de Champagne, données par le roi Thibauld. Coutumes d'Anjou. Lois de Simon, comte de Montfort, etc., etc.

qui

qui n'étaient pas réglées par la coutume, on eut constamment recours au droit romain ; et dans les pays de droit écrit, le droit romain ne fut suivi qu'avec de grandes modifications, qui furent apportées en partie par les ordonnances royales et autres lois nationales, et en partie par l'exemple et l'influence des législations coutumières.

Le clergé qui avait seul conservé quelques traditions des lois romaines, pendant les siècles de trouble et d'anarchie, opposa la résistance la plus forte à l'introduction du droit de Justinien, qui différait essentiellement du droit romain suivi jusqu'alors par lui, d'après lequel, par exemple, toute personne décédée sans avoir fait un legs en faveur de l'église, ce que l'on appela *mourir deconfès*, encourait la privation de la communion et de la sépulture ; tandis que lorsqu'une personne était décédée sans laisser un testament, ses héritiers étaient tenus de s'adresser à l'évêque pour faire nommer des arbitres, afin de déterminer la partie de sa fortune qu'il aurait léguée à l'église s'il eût pu faire un testament. Cette opposition fut portée au point que lorsqu'on voulut enseigner à Paris le droit de Justinien, le pape Honorius le défendit par la décrétale *cap. super pecula extra de privileg.* qui porte, « qu'encore que l'église ne refuse »pas le service des lois séculières qui suivent les tra- »ces de l'équité et de la justice, toutefois parcequ'en »France et en quelques provinces, les laïcs ne se »servent point des lois des empereurs romains, et »qu'il se rencontre rarement des causes ecclésias- »tiques qui ne puissent être décidées par les canons,

»afin que l'on s'attache plus à l'étude de la sainte
»écriture, le pape défend à toutes sortes de personnes
»d'enseigner ou d'apprendre le droit civil à Paris, ou
»aux lieux circonvoisins, sous peine d'être interdites
»de la fonction d'avocat et d'être excommuniées par
»l'évêque diocésain ». En effet, ce n'est qu'en 1676
qu'il a été créé une chaire de droit civil dans l'université de Paris. Cette opposition ne put cependant
empêcher la réception des lois romaines. L'autorité
du clergé et son influence sur les affaires temporelles
ayant diminué dans la même proportion que l'autorité
royale s'était raffermie, ainsi qu'on le voit particulièrement par les évènemens du règne de *Philippe-
le-Bel*; le courage avec lequel ce monarque soutint
les libertés de l'église gallicane contre Boniface VIII;
le succès de ses intrigues pour la nomination d'un
pape français, et la dépendance dans laquelle il sut
retenir ce dernier par son séjour forcé d'Avignon,
et dont la procédure contre les Templiers offre un
exemple mémorable, furent autant de causes qui contribuèrent non moins efficacement à diminuer ce grand
respect que l'on avait porté jusqu'alors à l'autorité
du pape. D'un autre côté, le rétablissement des études et la connaissance des lois répandues chez les laïcs,
dûrent nécessairement restreindre l'influence des moines dans les transactions civiles et les usurpations des
tribunaux ecclésiastiques sur les affaires temporelles.

Nous avons vu qu'à l'avènement de la troisième
dynastie, tous les habitans des campagnes vivaient
dans la servitude, sous les différentes dénominations
de *gens de poursuite* ou de *main-morte, mortail-*

lables, hommes et femmes de corps, gens de pote ou *vilains,* et assujettis à des droits de toute espèce, particulièrement à ceux compris sous les dénominations générales de *poursuite, for-mariage* et *main-morte,* et en outre aux droits de péage, travers, rouage, barrage, aux droits de giste, de part, de corvée, de guet et de garde, aux bannalités des fours, des moulins et des pressoirs, au ban à vin, etc.

L'établissement des communes contribua efficacement à soulager les habitans des campagnes. Le cri de la liberté qui s'était fait entendre dans les villes retentit par tout le royaume : la couronne fut la première à affranchir ses serfs, pour augmenter le nombre de ses défenseurs. Les seigneurs furent obligés de suivre cet exemple, pour empêcher l'émigration des leurs. *Louis X,* dit le *Hutin,* rendit en 1315 une ordonnance générale pour l'affranchissement de tous les serfs de la couronne, renouvelée en 1318 par *Philippe-le-Long* (Ordonnances des rois de France, tom. 1, pag. 583 et 653), dans laquelle il déclara d'une manière positive, *que la servitude était contraire à la nature, dont le vœu est que tous les hommes naissent libres et égaux ; que son royaume étant nommé le royaume des francs, il paraissait juste que la chose fût d'accord avec le nom.* Il invita en même temps tous les seigneurs à accorder, à son exemple, la liberté à leurs serfs ; invitation qui dut nécessairement obtenir le plus grand succès à une époque où les vassaux avaient appris à respecter l'autorité royale. Par ces affranchissemens, les terres exploitées par les serfs devinrent leur propriété patrimoniale, dont ils payèrent seulement une certaine redevance au seigneur ; de là les *chartes d'affranchissement* qui contiennent les conditions de l'affranchissement des serfs, règlent le mode de succession dans les biens qui leur furent concédés, les redevances à payer en reconnaissance de cette concession ou de la propriété directe, ainsi que l'énumération des droits seigneuriaux réservés par le seigneur, et qui forment l'une des sources les plus importantes de l'histoire du droit français pendant cette période.

Depuis les rois de la deuxième dynastie, les assemblées au champ de Mars cessèrent tout-à-fait, et les affaires publiques ne furent plus traitées qu'au conseil du roi, qui obtint dans la suite exclusivement la dénomination de *parlement*, auparavant commune à toutes les assemblées dans lesquelles on traitait en commun des affaires publiques. Comme ce conseil continua à faire les fonctions d'une cour de justice suprême, la multiplicité et la complication des affaires litigieuses soumises à sa décision, firent bientôt reconnaître la nécessité de lui assigner une résidence permanente, tandis qu'auparavant il accompagnait toujours le roi dans ses voyages. Tel est l'objet d'une ordonnance de *Philippe - le - Bel* de 1302, citée à tort par plusieurs auteurs comme l'acte d'érection du parlement de Paris : dès qu'il eut été rendu sédentaire, l'on commença à recueillir ses arrêts, dont la collection, par *Jean Dumoulin,* est connue sous la dénomination des *registres olim.* L'insuffisance d'un parlement unique s'étant fait sentir bientôt, on attribua la même dénomination et les mêmes attributions à d'autres justices royales, parmi lesquelles le parlement de *Toulouse* est le plus ancien après celui de Paris.

Dès que le parlement eut été rendu sédentaire, il dut se former un conseil particulier du roi, dont les membres l'accompagnaient dans les voyages que la cour fit alors bien plus fréquemment que dans les temps modernes. C'est ce conseil qui fut appelé depuis le *conseil-d'état* et qui resta toujours séparé du parlement, lors même que les deux corps résidèrent dans la même ville, d'abord peut - être, par le seul motif que le parlement, chargé de la décision d'un grand nombre de causes particulières, n'aurait pu être distrait de ses fonctions judiciaires pour un autre service habituel, sans arrêter l'administration de la justice, tandis que les conseillers du roi, dans les affaires publiques, n'étaient pas assez versés dans le droit pour participer aux fonctions judiciaires de la cour du parlement ; dans la suite, l'opposition qui ne tarda pas à se manifester entre cette grande corporation et l'autorité royale, rendit impossible toute confusion du parlement avec le conseil-d'état ; mais le premier se prévalut souvent de son origine, pour usurper sur ce dernier des attributions étrangères à l'administration de la justice, prétendant tour-à-tour d'être subrogé aux anciennes assemblées au Champ de Mars, à la cour des pairs dont il retint la dénomination, et aux états-généraux mêmes. Il fut fortifié dans ses prétentions, parceque la cour elle-même se servit en plusieurs occasions du parlement, pour donner une sanction légale à des actes du ressort de l'autorité législative.

L'on croit que c'est vers l'an 1200 que les écoles de Paris, alors fort célèbres, commencèrent de prendrel e titre d'*université* et à adopter la division en facultés ; du moins il est déjà fait mention de cette université dans des documens de l'an 1209 : on a ses statuts de l'an 1215. *Irnerius* qui enseigna le droit romain à Bologne pendant les années 1110 —1140, est regardé comme le fondateur des grades académiques.

Il nous reste à ajouter un aperçu des changemens subis par le droit romain depuis la promulgation du code théodosien, époque à laquelle nous nous sommes arrêtés dans le chapitre 2 de ce précis, jusqu'au moment de la renaissance de ce droit en France.

TROISIÈME PÉRIODE.

Depuis le Code Théodosien jusqu'à Justinien.
238—535.

Depuis Théodose, l'événement de l'invasion des barbares exerça aussi son influence sur le droit romain. Il fut détruit ou corrompu dans les provinces conquises par les barbares, et il eut à combattre, dans l'empire de Constantinople, les mœurs et la langue nationales. Pour le conserver dans sa pureté, Justinien fit faire les différentes collections, qui en ont depuis perpétué le règne.

Il commença par établir une commission de décemvirs nouveaux, pour la rédaction d'un nouveau code, renfermant les constitutions de ses prédécesseurs. Ce recueil fut achevé en 529, et publié aux ides d'avril par la constitution *de Justinianeo codice confirmando*. Immédiatement après, Justinien fit rédiger, d'après l'ordre de l'édit perpétuel (*), une collection plus vaste sur le droit romain, connue sous le nom de *digeste* ou des *pandectes*, par Tribonien et seize autres jurisconsultes les plus célèbres; en même-temps il fit composer par Tribonien et les deux antécesseurs Théophile et Dorothée, les *institutes* ou les élémens du droit, qu'il publia également comme loi. Les institutes, quoique publiées avant le digeste, en novembre 533, n'eurent cependant force de loi qu'en même temps avec le digeste (aux calendes de janv. 533.) Les jurisconsultes chargés de la rédaction de ces recueils eurent occasion de remarquer, durant leur

---

(*) C'est une erreur assez généralement répandue, que les Pandectes et le Code auraient été rédigés d'après un système nouveau, arbitrairement adopté par les rédacteurs. Il est cependant certain qu'ils ont suivi presque servilement l'ordre de l'édit perpétuel de Hadrien, dans la rédaction duquel on s'était attaché à l'ordre des XII tables, ainsi qu'on pourra facilement s'en convaincre par l'aperçu suivant :

Introduction. Règles générales.

Digeste Liv. I.
Code Liv. I.

I et II Tables. *De l'ordre judiciaire.*

Digeste , Liv. II—XII.
Code , Liv. II—III.

III Table. *Des Contrats.*

Digeste , Liv. XII—XXIII.
Code , Liv. IV.

travail, plusieurs lacunes dans le code, dont Justinien ordonna alors la révision par cinq jurisconsultes sous la direction de Tribonien, et en novembre 534, il en fit publier une seconde édition sous le titre : *Codex justinianeus repetitæ prælectionis*, tandis que le premier fut appelé : *Codex primæ prælectionis*; tant le code que le digeste ne sont à citer, pour les dates historiques, qu'avec une grande circonspection. Peut-être aurait-on bien fait, après la seconde édition du code, d'en faire faire une deuxième du digeste et des institutes, parceque surtout les dernières renvoyent quelquefois à des passages du code qui n'ont pas été conservés lors de sa deuxième rédaction.

Le règne de Justinien ayant duré encore trente années après la publication de ces collections, la législation éprouva différens changemens par des constitutions postérieures appelées *novellæ authen-*

IV Table. *De la puissance paternelle et du mariage.*
Digeste, XXIII—XXVI.
Code, Liv. V, 1—27.
V Table. *Des tutèles et successions.*
Digeste, Liv. XXVI—XLI.
Code Liv. V, 27—VII, 25.
VI Table. *De la propriété et de la possession.*
Digeste, Liv. XLI—XLVII.
Code, Liv. VII, 25—IX.
VII Table. *Des crimes.*
Digeste, Liv. XLVII et XLVIII.
Code, Liv. IX.
Supplément. *Des appellations.*
Digeste, Liv. XLIX et L.
Code, Liv. X—XII.

ticæ; on en trouve jusqu'à 168 dans les éditions du *corpus juris* par *Godefroi ,* partie avec et en partie sans gloses, qui ne sont pas toutes de Justinien, et dont 143 seulement ont été tirées, encore incomplètement, de l'édition grecque de Haloander, et les autres des traductions de Scrimgerus et autres auteurs. On trouve à la suite des nouvelles, dans les éditions du Corps de Droit, postérieures au douzième siècle, *libri feudarum* ou *consuetudines feudales ,* ou le droit féodal des Lombards, particulièrement du Milanais, divisé d'abord en deux, et ensuite, d'après un ordre inventé par Cujas, en deux ou cinq livres.

N.º X I I.

Sous les successeurs de St.-Louis, le droit romain enseigné publiquement dans les universités, même des pays coutumiers, affermit de plus en plus son empire.

Toute la France étant réunie (depuis Charles-sept) sous l'obéissance du roi, on procéda, de son autorité , à la rédaction officielle des coutumes. Les lois connues sous le titre d'ordonnances, exécutoires dans chaque province, en vertu de leur enregistrement par les cours de parlement, devinrent une source importante du droit français, de même que les arrêts de ces cours, dont l'influence toujours croissante, restreignit de plus en plus la juridiction ecclésiastique. Assemblées générales des états, composées du clergé, de la noblesse et du tiers-état.

Pour propager la connaissance des lois de Justinien, *Philippe-le-Bel* les fit enseigner comme raison écrite, même dans les pays qui se gouvernaient par les coutumes. (*)

Il se forma bientôt dans les villes de provinces des écoles, à l'exemple de celles de Paris, dont les plus célèbres, en donnant plus d'étendue à leur enseignement, prirent le titre d'*Université*, et furent, en cette qualité, protégées et appuyées par le gouvernement; le nombre de ces Universités s'augmenta successivement jusqu'à vingt dans l'ancienne France (celle d'Avignon et Orange y comprise); savoir : Paris, Poitiers (1431), Bourges (1463), Bordeaux (1472), Orléans, Toulouse, Caen, Angers, Nantes, Reims, Valence, Aix, Montpellier; Besançon, Douay, Strasbourg, Dijon et Nancy.

Le droit romain eut ses professeurs dans chacune de ces Universités ; quoique dans plusieurs, même dans celle de Paris, la création d'une chaire publique du droit civil fut empêchée pendant très-long-temps par l'opposition du clergé.

Le droit de Justinien devint le droit général et principal des provinces du droit écrit, et son autorité y a été depuis constamment maintenue par les tribunaux. Il mérite d'être remarqué, qu'en 1724 encore, Bretonnier prétendit, dans un mémoire publié pour les dames d'Epinay, au sujet d'un testament fait dans le Beaujolais, que le code de Théodose était seul obligatoire dans les pays du droit

---

(*) Charte de l'an 1312, en faveur de l'Université d'Orléans, publiée par Du Tillet.

écrit, celui de Justinien n'y ayant jamais été publié. Mais on lui répliqua que les Collections de Justinien étant exclusivement enseignées dans les écoles et citées devant les cours de justice, elles avaient entièrement remplacé celles de Théodose.

Ce fut Charles VII qui ordonna la rédaction officielle des coutumes, usages et *styles* de tous les pays du royaume. Cette rédaction était devenue nécessaire par le concours de différentes circonstances. Depuis la renaissance du droit, on commença à charger les actes d'une infinité de clauses, de conditions, de restrictions, de renonciations et de protestations, appelées *cautelæ*; en même temps on embarrassa les procès d'actes, de procédures, de délais, et de formules; et comme les juges des parlemens ne pouvaient connaître les coutumes innombrables qui gouvernaient la France, il suffisait, pour traîner un procès en longueur, d'alléguer une coutume contraire qui ne pouvait être constatée qu'au moyen d'une enquête *par turbes*, toujours dispendieuse et ordinairement peu décisive. C'est pour mettre un terme à ces abus, qu'on fit procéder à la rédaction des coutumes dans l'assemblée générale de la province de la manière suivante : les trois états de la province furent convoqués par lettres-patentes du roi. Les juges royaux, les greffiers, les maires et échevins des villes présentèrent à cette assemblée des mémoires par écrit, sur les coutumes et usages qu'ils avaient vu suivre et pratiquer depuis un temps immémorial. On nomma alors un comité pour rédiger, sur ces mémoires, la coutume de la province. Cette rédaction fut présentée aux états, examinée, définitivement arrêtée, et adressée au parlement pour y être enregistrée. Ces assemblées des états furent présidées par des commissaires royaux, pris pour la plupart dans les cours de parlement.

Comme les députés des bailliages et des seigneuries étaient obligés d'y assister pour les coutumes particulières de leur ressort, on chercha en même temps à généraliser, autant que possible, les coutumes. C'est ainsi qu'elles prirent trois caractères : elles furent écrites, devinrent plus générales et reçurent le sceau de l'autorité souveraine (*). Cette opération, commencée sous Charles VII, fut continuée sous les successeurs de ce prince; et sous le régime de Henri III, plusieurs de ces statuts provinciaux, entr'autres ceux d'Orléans, d'Amiens et de Paris furent soumis à une nouvelle rédaction (**).

Avant St.-Louis, les édits des rois s'appelèrent successivement *capitulaires* et *établissemens*. De-

---

(*) C'était une maxime de droit public en France, qu'au roi seul appartenait le droit de faire rédiger et réformer les coutumes, et que, pour devenir obligatoires, elles devaient être enregistrées au parlement. Ce principe a été constamment maintenu dans les contestations qui eurent lieu sur cet objet entre le roi et différens seigneurs.

(**) On comptait, avant la révolution, dans le royaume de France, soixante coutumes générales et environ trois cents coutumes locales, qui n'étaient observées que dans une seule ville ou commune. Le plus grand nombre de ces dernières se trouva en Auvergne et en Flandre.

puis ce monarque, ils prirent le titre d'ordonnances, réservé auparavant aux règlemens sur l'état de la maison du roi, ou d'édits. Par ces ordonnances et édits, l'autorité des seigneurs fut restreinte de plus en plus, en ce que, successivement, elles subordonnèrent entièrement les justices seigneuriales aux cours royales, et ôtèrent aux seigneurs féodaux le pouvoir législatif, et le droit de faire battre monnaie. Pour assurer la publicité des ordonnances par tout le royaume, elles furent adressées, signées par le roi, visées par le chancelier, et scellées du grand sceau aux cours des parlemens, dont le nombre fut successivement porté jusqu'à treize (*), pour les publier et les transcrire sur leurs

---

(*) Savoir : Paris, Toulouse (1302); Grenoble (1337); Bordeaux (1462); Dijon (1477); Rouen (1515); Aix (1415); Rennes (1553); Pau (1620); Metz (1633); Besançon (1483); Douay (créé à Fontenoy en 1668, érigé en parlement en 1686 et transféré à Douay, depuis 1712 ; Nancy (1571). Il est cependant très-difficile d'assigner, d'une manière précise, à chaque parlement l'époque de son origine, attendu que ces cours de justice existaient déjà sous d'autres dénominations, avant leur érection en parlement. Il y avait en outre trois *Conseils souverains* à Colmar, Perpignan et Arras, dont la juridiction était la même que celle des parlemens ; mais comme la réunion des pays dans lesquels ils exerçaient leurs fonctions, eut lieu dans un temps où la cour eut plus à craindre l'opposition des parlemens que celle des seigneurs, on ne leur conféra ni le titre de parlement, ni les attributions de ces derniers relativement à l'enregistrement des lois.

registres. Comme elles furent appliquées comme loi, à dater du jour de cet enregistrement, c'est proprement par cette formalité qu'elles devinrent exécutoires ; aussi les parlemens profitèrent-ils bientôt de cette prérogative, pour s'attribuer une partie du pouvoir législatif ; d'abord, en ne procédant à l'enregistrement, qu'après avoir fait au roi des remontrances contre celles de ces ordonnances qui ne furent point approuvées par la compagnie ; ensuite, en se permettant souvent de refuser entièrement l'enregistrement, ou de ne l'effectuer qu'avec des restrictions et des modifications, de manière que tel article reçu dans le ressort d'un parlement, ne l'était pas dans le ressort d'un parlement voisin. Cette opposition de la part des parlemens, donna lieu aux *lits de justice*, ou séances solennelles, dans lesquelles le roi fit enregistrer, en sa présence et celle des pairs, les édits que le parlement avait refusé de recevoir.

On peut fixer vers la fin du quatorzième siècle l'origine des tribunaux fiscaux, connus avant la révolution sous la dénomination des *cours des aides* ; mais supprimées par les ordonnances d'Orléans et de Moulins, elles ne furent rétablies qu'en 1569, par un édit de Charles IX.

On appela *déclarations*, les lettres-patentes du roi qui appliquaient, réformaient ou révoquaient un édit ou une ordonnance : elles étaient soumises à l'enregistrement dans les cours, comme les ordonnances, dont elles ne différaient que par l'intitulé et la date. Les *arrêts du conseil*, rendus du propre mouvement du roi, étaient des

interprétations d'édits , d'ordonnances ou déclarations, servant de règlemens; ils étaient signés par
le secrétaire d'état , à la différence des arrêts rendus sur des contestations particulières.

Nous citerons, parmi les ordonnances antérieures au règne de Louis XIV , comme les plus
remarquables :

Celle de Philippe IV, contre l'usure, de l'an
1311.

Celle de Louis X , pour l'abolition de la
servitude, 1315.

Celle de Philippe V, 1318, et de Jean II
1363, sur la procédure.

Celle du même roi , pour le gouvernement
général du royaume, 1356.

L'ordonnance sur le régime des forêts, par
Charles IV, 1326.

L'édit de 1394, qui déclare les femmes capables
de rendre témoignage en justice.

L'ordonnance de Charles VII, touchant le parlement, 1446.

Et celle du même prince, rendue à Montil-
lès-Tours, 1453.

L'édit de Charles XII, de 1493, sur l'amélioration de la justice.

L'édit de Louis VIII, 1498, qui détermine
les attributions et la juridiction du grand
conseil.

L'édit de Crémieu, de François I.er, 1536, qui
règle la juridiction des baillages, sénéchaus-
sées et autres justices inférieures.

(208)

Son ordonnance de Villers-Coterets, 1539,
pour l'abréviation des procès.

Celle de Henri II, 1551, sur l'établissement des
présidiaux dans les principales villes de
l'empire.

L'édit de Romorantin, de François II, 1560 (*).

La célèbre ordonnance, donnée aux états d'Orléans, par le même roi, en 1560, au sujet
des matières ecclésiastiques, et sur le fait de
la justice qui, la première, a fait deux états
distincts de la robe et de l'épée.

Celle de Roussillon, qui n'est qu'une suite de
la précédente.

L'ordonnance de Moulins, rédigée par le chancelier *Michel de l'Hôpital*, et publiée en
86 chapitres, aux états de Moulins. C'est
par cette ordonnance que la preuve testimoniale a été proscrite en matière civile, dans
les contestations dont l'objet excède la somme de 100 francs, et que la formalité de l'in-
sinuation a été établie par rapport aux donations entre-vifs.

L'ordonnance donnée aux mêmes états-généraux, dite du domaine, qui mit au même

____

(*) Cet édit qui attribuait aux évêques la connaissance du
crime d'*hérésie*, et que l'on prétend n'avoir été donné par
le chancelier de *l'Hôpital*, que pour éviter l'établissement de
l'inquisition, n'a été enregistré qu'avec des modifications
par rapport aux laïcs, auxquels la Cour réserva le droit de
se pourvoir devant le juge royal.

niveau les domaines anciens de la couronne et les nouveaux, et déclara réunis aux domaines, tous les biens possédés par le roi, dont les fermiers auraient compté pendant 10 ans.

L'ordonnance de Blois, de Henri III, rendue aux états de Blois, en 1576, et promulguée deux années après, sous le titre d'édit de Blois, en 363 articles. Cette ordonnance est particulièrement remarquable dans les matières du droit personnel; elle renferme entre autres beaucoup de dispositions correspondantes à celles arrêtées au Concile de Trente, relativement au mariage, attendu que les canons de ce concile n'ont jamais été reçus en France.

Le même monarque avait chargé le président du parlement de Paris, Brisson, de faire une collection des ordonnances royales, et de les fondre dans un travail systématique. Le premier projet de ce code a été effectivement publié en 1587, sous le titre de *Basilique et code Henri;* mais la mort malheureuse de Brisson l'ayant empêché de revoir et perfectionner ce premier travail, il n'a jamais été publié avec force exécutoire.

Les édits de Nantes, 1598, et de Nismes, 1605, sur le libre exercice de la religion réformée.

Le règne de Louis XIII a produit le code *Michaut* ou *Marillac,* appelé ainsi d'après le nom de son rédacteur, le garde du sceau *Michel de Marillac*. Cette ordonnance, rédigée sur les cahiers des états-généraux de 1614, et des assemblées des notables tenues en 1617, à Rouen, et en 1626, à Paris, publiées en 1629, et contenant, en 461 articles, des dispositions non-seulement sur presque toutes les matières du droit civil, mais aussi sur les finances, la guerre, le commerce et la marine, tomba bientôt en désuétude après la catastrophe de son auteur (*).

(*) La collection la plus complète des ordonnances est celle citée communément sous le titre de *Collection des ordonnances du Louvre*, et publiée à l'imprimerie royale sous le titre complet : *ordonnances des rois de france de la troisième race, recueillies par ordre chronologique, avec des renvois des unes aux autres, des sommaires, des observations sur le texte, et cinq tables. Paris, imprimerie royale.*

Le premier volume de cette Collection rédigé par l'avocat *de Laurière* a paru en 1723. *De Laurière* étant décédé pendant l'impression du deuxième volume, ce volume et les suivans parurent jusqu'en 1754 par les soins de Secousse, que le chancelier d'Aguesseau avait choisi pour la continuation de ce travail. Après la mort de Secousse, de Villevault en fut chargé par le chancelier de Lamoignon, auquel on adjoignit par la suite M. de Breguigny. Ils publièrent successivement le 9.eme volume, la table chronologique des 9 premiers volumes, le 11.eme 1769, le 12.eme 1777, et le 13.eme volume 1782. Le 14.eme volume

C'est pendant cette même période que Charles VII fit rédiger la *pragmatique-sanction* à Bourges, 1438, dont le but était d'assurer les libertés de l'église gallicane, par la réception de plusieurs décisions du concile de Bâles. François I.er substitua cependant, 1516, le concordat conclu avec Léon X à la pragmatique-sanction. Ce fut particulièrement Louis XI qui sut vaincre les derniers efforts de l'opposition féodale et réduire à l'obéissance tous les vassaux de la couronne. La milice permanente, successivement augmentée, devint la garantie la plus forte de l'autorité royale.

Il a déjà été question plus haut du rétablissement des assemblées de la nation dans les états-généraux, composées des députés des trois états. Ils furent arbitrairement convoqués par le roi, et les ordonnances les plus importantes y furent publiées et quelquefois provoquées par les états ; mais à peine la noblesse féodale avait-elle été entièrement réduite à l'obéissance, que l'on trouve déjà les traces d'une opposition entre la cour et le tiers-état,

qui a paru en 1790 a été publié par de Bréguigny seul, après le décès de son collaborateur. Ce travail a été repris par les soins de l'institut, et le 15.eme volume a été mis au jour par les soins de M. le comte de Pastoret, à l'imprimerie impériale. Il comprend les ordonnances du règne de Louis XI.

dont les parlemens devinrent le principal appui. Sous Louis XI, déjà la cour traita comme un crime d'état, de provoquer une assemblée des états-généraux.

Les guerres civiles qui déchirèrent la France, à la suite de la réformation, l'opposition qu'éprouva l'avènement de Henri IV, les guerres continuelles avec l'empereur d'Autriche et l'Espagne, et les nouvelles guerres de religion, sous le ministère de Richelieu, en absorbant exclusivement l'attention publique, permirent à la cour de laisser tomber en désuétude peu-à-peu ces assemblées, dont la dernière, avant la révolution, a été tenue en 1614.

CHAPITRE VI.

Depuis le règne de Louis XIV, jusqu'à la révolution.

N.º XIII.

Le règne de Louis XIV commence une nouvelle époque dans l'histoire du droit français. Les jurisconsultes célèbres qui illustrèrent ce règne, s'occupèrent sérieusement d'une réforme générale de la législation. Les ordonnances de ce prince amenèrent non-seulement des améliorations sensibles dans l'administration de la justice; mais elles sont une des sources les plus fécondes de notre droit actuel. On continua, sous Louis XV, à poursuivre cette idée, de donner une législation nationale à la France, dont l'exécution fut cependant abandonnée après le décès du chancelier d'Aguesseau.

Les ordonnances de Louis XIV sont le résultat des travaux et discussions des jurisconsultes les plus célèbres de ce temps (*Lamoignon, Auzanet, Fourcroy, Pussort, Savary, Colbert, Dustarlet.*) Le roi même présida aux séances du conseil-d'état dans lesquelles elles furent examinées , et le travail du conseil-d'état fut encore soumis aux observations des commissions du parlement. On eut soin de recueillir sur l'ordonnance de commerce, l'avis du commerce, et celui du clergé, sur la réforme de la jurisprudence ecclésiastique. Les procès-verbaux de cette discussion furent imprimés et forment le commentaire le plus lumineux de ces belles ordonnances (*).

Les plus remarquables de ces ordonnances sont :

    1.º Celle de 1667 , qui fut appelée aussi *code civil,* sur la procédure civile.

    2.º Celle de 1669, pour les évocations et committimus.

(*) L'étude de ces procès-verbaux mérite d'être particulièrement recommandée dans les contrées où la législation française est nouvellement introduite , pour connaître le véritable esprit d'un grand nombre de dispositions de ces ordonnances, qui, consacrées par l'usage, ont passé, sans aucune discussion , dans le droit nouveau.

3.º Celle de la même année, pour les eaux et forêts.

4.º Celle de 1670, pour la procédure civile.

5.º Celle de 1672, appelée communément *ordonnance de ville*, pour la juridiction des prévôts des marchands et échevins de la ville de Paris.

6.º Celle de 1673, pour le commerce.

7.º. Celle des gabelles, de 1680.

8.º Celle de la marine, de 1681.

9.º Celle de 1685, ou le *code noir*, pour la police des nègres dans les îles françaises de l'Amérique et de l'Afrique.

10.º Celle de 1687, concernant les cinq grosses fermes.

11.º L'édit de 1695, concernant la juridiction ecclésiastique.

12.º Enfin, le fameux édit de 1685, portant révocation des édits de Nantes, 1598, et de Nismes, 1609, et qui non-seulement priva les prétendus réformés de tout exercice public de leur religion, mais aussi de la capacité civile.

Nous devons au règne de Louis XV, et particulièrement aux travaux du chancelier d'Aguesseau :

1.º L'ordonnance de 1731, sur les donations.

2.º Celle de 1735, sur les testamens.

3.º Celle de 1737, sur le faux.

4.º Celle de 1747, sur les substitutions.

Ces ordonnances, enregistrées dans la France entière, avec très-peu de modifications, à l'exception de la Lorraine, où les ordonnances de 1667 et 1670 ne furent point reçues, et qui eut son code particulier, sous le titre *code Léopold* (du nom du duc Léopold), sont aussi connues sous le nom de *code Louis*, et formaient, avec le droit romain dans les pays du droit écrit, et le droit coutumier dans les pays coutumiers, le droit français, à l'époque de la révolution.

Parmi les ordonnances qni ont paru sous le règne de Louis XVI, il n'y en a que deux qui méritent d'être citées : l'édit du mois d'avril 1779, portant abolition du servage et de la main-morte dans les domaines du roi, et la déclaration du 24 août 1780, portant abolition de la question préparatoire.

CHAPITRE VII.

De la Législation intermédiaire.

N.º XIV.

Les lois innombrables rendues durant le cours de la révolution par les assemblées législatives et constituantes, la convention nationale et le corps législatif créé par la constitution de l'an 3, eurent pour la plupart un objet politique : elles changèrent tout le système du droit public. Mais si elles modifièrent également quelques parties de la législation civile, cette réforme porta particulièrement sur les branches de cette législation, qui se trouvent dans des rapports plus ou moins directs avec la constitution publique de l'état. Plusieurs dispositions de cette législation transitoire ont conservé leur empire sous la législation nouvelle, et beaucoup d'autres ont passé dans cette dernière ; mais elle eut surtout cet avantage de préparer et faciliter l'introduction d'un droit national, général et uniforme pour toutes les parties de l'empire , en écartant les obstacles que les droits et priviléges des provinces et parlemens, le régime féodal et les prérogatives des états privilégiés, y apportaient anciennement.

Les discussions politiques , les guerres extérieures et intérieures , et les chocs continuels des parties , ne permirent pas aux différentes assemblées législatives de s'occuper sérieusement d'une réforme générale de la législation civile.

L'on ne peut que s'en féliciter , parceque les effets d'une législation civile et générale , nécessairement influencée par les circonstances de cette époque malheureuse , et par cela même essentiellement transitoire , se seraient étendus à tous les rapports de famille et de la vie privée.

Nous devons cependant aux travaux commencés dans ce dessein, les différens projets du code civil , présentés le 9 août 1793, à la fin de l'an 2 et en l'an 4, par S. A. l'archichancelier Cambacérès (*).

____

(*) Plan de code civil et uniforme pour toute la république française , par *Durand-Maillane* ; Paris, de l'imprimerie nationale, 1793. Projet de code civil , présenté à la convention

On se borna donc à modifier cette législation ,
pour la rendre concordante à la constitution politique de l'état. C'est par ces motifs que cette réforme a porté principalement sur le droit des personnes et l'ordre des successions. Le principal caractère de la législation , depuis la constitution des
états-généraux en assemblée nationale , est d'être général et uniforme pour tout le royaume , et d'être
obligatoire sans l'enregistrement dans les cours de
justice. Parmi les lois transitoires , nous remarquerons particulièrement :

Les constitutions de 1791 , 1793 , et de l'an 3.

Les lois des 3 et 4 août 1789, 15 mars 1790
et 25 août 1792 , sur l'abolition de la noblesse héréditaire et du régime féodal.

Les lois des 21 décembre 1789 et du 26 février 1790 , sur la division territoriale de
la France et l'organisation administrative.

La loi du 17 juillet 1790 , sur la constitution
civile du clergé.

La loi du 24 août 1790 , sur l'organisation judiciaire , portant établissement des tribunaux
civils des départemens , respectivement tribunaux d'appels les uns des autres.

---

nationale, le 9 août 1793, au nom du comité de législation,
par Cambacérès ; Paris , de l'imprimerie nationale, 1793.
Rapport sur le code civil, par Cambacérès ; Paris , de l'imprimerie nationale , an II. Projet de code civil, présenté au
conseil des cinq cents , au nom de la commission de la classification des lois, par Cambacérès ; Paris, de l'imprimerie nationale, an IV.

Les lois des 9 février, 30 mars, 27 juillet et 23 octobre 1792, 28 mars et 25 juillet 1793, 4 germinal an 2, 4 et 5 brumaire, 25 prairial, 1.er fructidor an 3, sur les émigrés.

Les lois du 21 décembre 1789, 12 décembre 1790, 3 messidor an 3, 12 frimaire an 4, 28 ventose, 7 et 15 germinal, 4 prairial et 29 messidor an 4, 16 pluviose et 5 messidor an 5, sur les assignats et mandats.

Les lois du 1.er décembre 1790, 25 février, 17 mars, 20 juillet et 2 octobre 1791, 3 septembre 1792, 15 frimaire an 6, 3 frimaire et 3 fructidor an 7, sur la contribution foncière.

Les lois du 11 octobre 1790, 22 frimaire an 7, et 27 ventose an 9, sur l'enregistrement.

La loi du 13 brumaire an 7, sur le timbre.

Les lois du 17 mars 1791, 4 thermidor an 3, 7 brumaire an 6, 1.er frimaire an 7, 1.e fructidor an 8, et 13 floréal an 12, sur le patentes.

Les lois du 19 janvier 1791, 14 thermidor a 5, et 3 frimaire an 7, sur les contribution mobilières et somptuaires.

Celles du 4 frimaire an 7, et du 13 floréal a 10, sur les contributions des portes et fenêtres.

L'arrêté du 24 floréal an 8, concernant les réclmations des contribuables.

Les lois du 11 frimaire an 7, sur les dépenss départementales et municipales.

Le code pénal, du 25 septembre 1791, et le code des délits et des peines, du 3 brumaire an 4.

Les lois du 20 septembre 1792, sur l'état civil et le divorce.

Les lois du 11 brumaire, 17 nivose et du 22 ventose an 2, et du 4 germinal an 8, sur les successions et la faculté de disposer.

Les lois du 9 messidor an 3, et du 11 brumaire an 7, sur le régime hypothécaire.

Les lois du 8 mai 1790, 26 mars 1791, 1.er août 1793, 18 germinal an 3, 1.er vendémiaire an 3 et 1.er vendémiaire an 4, sur le système métrique des poids et mesures (*).

CHAPITRE VIII.

Du Code Napoléon.

N.º XV.

Il était réservé au règne de Napoléon, de réaliser enfin cette réforme générale du droit français. Dans le droit public, la constitution de l'an 8 et les sénatus-

______

(*) Outre le Bulletin des lois, on a une collection complète des lois intermédiaires qui se rapportent au droit civil, sous le titre : *Lois civiles (intermédiaires), ou Collection des lois rendues sur l'état des personnes et la transmission des biens, depuis le 14 août 1789, jusqu'au 30 ventose an 12 (mars 1804), époque du code civil.* Paris 1806. 4 vol. in-8.º

consultes organiques, particulièrement ceux du 16 thermidor an 10, et du 28 floréal an 12, ont reconstitué un gouvernement monarchique et héréditaire, et réglé les droits politiques des citoyens : des grandes dignités relèvent l'éclat du trône et l'appuyent; la patrie a rappelé tous ses enfans dans son sein; une noblesse nouvelle, dont les rangs sont ouverts au mérite et aux talens, a remplacé l'ancienne noblesse féodale; le concordat a déterminé les rapports qui existent entre le chef de l'église catholique et le gouvernement de France, et assuré les libertés de l'église gallicane; une loi organique a proclamé la liberté des cultes et réglé les droits respectifs des cultes reconnus et tolérés; un nouveau système des finances a tari la source des malversations, et assuré au trésor public des ressources suffisantes, pour faire face à toutes les dépenses qu'exige la défense du plus vaste des empires et la guerre extérieure pour la liberté des mers; les bases d'un nouveau système judiciaire et administratif ont été jetées; l'instruction publique a été confiée exclusivement à l'Université impériale; une législation uniforme sur les intérêts privés, renfermée dans le code Napoléon, le code de Procédure et le code de Commerce, a fait disparaître la division de la France en pays de droit écrit et pays coutumier; le code d'Instruction criminelle et le code Pénal assurent la poursuite des crimes, en mettant l'innocence sous la sauve-garde d'un jury éclairé;

enfin, les coalitions formées pour renverser ce vaste édifice, n'ont servi qu'à répandre l'éclat des armes françaises, et l'empire des lois de Napoléon, loin au-delà des frontières de l'empire.

A peine Napoléon fut-il investi du pouvoir consulaire, que l'arrêté du 24 thermidor an VIII, nomma une commission composée de MM. *Tronchet, Portalis, Bigot de Préameneu et Malleville,* pour » comparer l'ordre suivi dans la rédaction des pro-» jets de code civil publiés jusqu'audit jour, déter-» miner la place qu'il leur paraîtrait le plus conve-» nable d'adopter, et discuter ensuite les principales » bases de la législation en matière civile. »

Cette commission convint du plan général du code, distribua les matières entre ses membres, et se réunit, sous la présidence de M. Tronchet, pour discuter la rédaction de chaque titre, présenté par l'un de ses membres. Ayant trouvé réunis tous les matériaux de son travail, elle fut en état de présenter, déjà quatre mois après sa formation, un projet de code civil, qui fut rendu public par la voie de l'impression, le 1.er pluviose an 9. Ce projet (*) fut envoyé à l'examen de la cour de cassation et des cours d'appel, dont les observations

---

(*) *Projet du Code civil présenté par la commission, nommée par le gouvernement le 24 thermidor an 8. Paris, de l'imprimerie de la République. —Ventose an IX.*
Ce projet était précédé d'un livre préliminaire qui traitait

furent également imprimées (*). La discussion au conseil-d'état eut ensuite lieu de la manière suivante. La section de législation examina chaque titre en présence des membres de la commission; la rédaction adoptée par la section fut imprimée, distribuée à tous les conseillers d'état et discutée de nouveau, dans l'assemblée générale du conseil, sous la présidence de l'Empereur ou de S. A. l'archichancelier, alors deuxième consul. Les titres arrêtés au conseil-d'état, à la majorité des voix, avec ou sans modifications, furent alors présentés dans la forme de projets de lois au corps législatif. L'un des orateurs du gouvernement choisis parmi les conseillers d'état, fut chargé d'en exposer et développer les motifs. Le corps législatif communiqua chaque projet au tribunat qui, après l'avoir renvoyé à l'examen d'une commission spéciale formée dans son sein, chargea des orateurs choisis parmi les membres de cette commission, de présenter et développer au corps législatif son vote pour l'adoption ou le rejet du projet délibéré à la majorité des voix, après avoir avoir entendu le rapport d'un des membres de la commission. Le corps législatif, après avoir

---

en six titres, des définitions générales, de la division des lois, de la publication des lois, de l'application et de l'interprétation des lois , et de l'abrogation des lois. Le livre premier n'avait que dix titres, attendu que la commission n'avait pas cru devoir maintenir l'*adoption*.

(*) Observations de la cour de cassation et des cours d'appel, sur le projet du Code civil. Édition officielle. Paris, de l'imprimerie de la république. An IX. 5 vol. in-4.°

entendu de nouveau le projet de loi, procéda au scrutin sur son adoption ou son rejet.

C'est de cette manière que furent présentés, dans la séance du 3 frimaire an X, le titre : *de la publication et des effets de la publication des lois en général*; le 11 du même mois, le titre : *de la jouissance, de la privation des droits civils*, et le titre : *des actes de l'état civil*. Mais le corps législatif ayant rejeté, dans sa séance du 24 frimaire (à la majorité de trois membres) le premier de ces projets, le gouvernement retira les deux autres par un message du 12 nivôse an X (*).

Depuis ce moment, la discussion du code civil resta suspendue jusqu'au mois de germinal an X, époque à laquelle il a été organisé des communications officieuses, entre le conseil-d'état et le tribunat.

Par un premier arrêté du 10 germinal, le tribunat fut divisé en trois sections, législation, intérieur, et finances.

Par un second du 18 du même mois, le gouvernement arrêta que lorsqu'il voudrait donner en communication préalable à une section du tribunat, la rédaction d'un projet de loi arrêté au conseil-d'état, le secrétaire du conseil-d'état adresserait l'extrait des registres des délibérations au président de la section que concernait le projet.

(*) C'est avec peine, y est-il dit, qu'il se trouve obligé de remettre à une autre époque les lois attendues avec tant d'intérêt par la nation. Mais il est convaincu que le temps n'est pas venu où l'on portera dans ces grandes discussions le calme et l'unité d'intention qu'elles demandent.

Le même arrêté porte que les conférences qui pourront avoir lieu entre les membres nommés à cet effet par les sections du tribunat, et les conseillers d'état que le gouvernement jugera à propos d'y appeler, seront présidées par un consul.

De son côté, le tribunat prit un arrêté le 24 germinal, portant que lorsque le gouvernement aurait fait une communication préalable d'un projet de loi arrêté par le conseil-d'état, la section du tribunat à laquelle cette communication serait donnée, ferait connaître le résultat de sa discussion aux consuls de la république, en leur adressant l'extrait de son procès-verbal par un messager d'état du tribunat.

Au moyen de ces communications confidentielles, chaque projet de loi sur le Code Napoléon a d'abord été discuté par le conseil-d'état, communiqué ensuite à la section de législation du tribunat, qui a proposé ses observations, et enfin arrêté par le conseil-d'état, pour être envoyé au corps législatif.

Ces discussions particulières dans le sein du conseil-d'état et de la section de législation du tribunat, ont été très-utiles pour l'amélioration de la loi. Non-seulement elles ont produit des modifications et changemens partiels dans la rédaction ou dans les dispositions particulières ; mais aussi, depuis la reprise de la discussion, le tribunat ne s'est plus trouvé dans le cas de s'opposer publiquement à l'adoption d'un projet de loi, puisque chaque projet, avant d'être présenté officiellement au corps législatif, avait été concerté entre les sections du conseil-d'état et du tribunat.

Les

Les trente-six lois qui composent aujourd'hui le code Napoléon ayant été ainsi successivement décrétées, il a été rendu le 20 mars 1804 (30 ventose an XII) une loi, promulguée le (20 germinal suivant) 31 du même mois, *sur la réunion des lois civiles en un seul corps, sous le titre de code civil des Français.* Les changemens survenus dans la constitution politique de l'état, et l'adoption de ce code par plusieurs autres nations, ont depuis déterminé le gouvernement à en soumettre au corps législatif une nouvelle rédaction, qui a été adoptée par la loi du 3 septembre 1807. Les changemens faits dans cette seconde édition portent moins sur les dispositions de la loi même, qui n'ont été modifiées que dans les articles 17, 427, 876, 2262, que sur sa forme; en ce qu'aux termes et dénominations qui se rapportaient à la constitution de la France républicaine, on en a substitué d'autres qui sont en concordance avec la monarchie héréditaire rétablie par le sénatus-consulte du 28 *floréal* an XII. On a aussi substitué le nom de *Code Napoléon* à celui de *Code civil des Français,* qui ne pouvait plus convenir à un code qui peut être regardé, dès à présent, comme le droit commun de l'Europe (*).

(*) Bigot-Préameneu, dans l'exposé des motifs de la loi du 3 septembre 1807.

Date des trente-six lois dont la collection compose le Code Napoléon, avec indication des orateurs du gouvernement qui en ont exposé les motifs, et des tribuns qui ont prononcé des discours sur ces mêmes lois.

TITRE PRÉLIMINAIRE.

Décrété le (14 ventose an XI) 5 mars 1803 ; promulgué le (24) 15 du même mois. Orateur du gouvernement, *Portalis.* Tribuns, *Grenier, Faure.*

LIVRE PREMIER.

Titre I. De la jouissance et de la privation des droits civils. Décrété le (17 ventose an XI) 8 mars 1803 ; promulgué le (27) 18 du même mois. Orateur du gouvernement, *Treilhard.* Tribun, *Gary.*

Titre II. Des actes de l'état civil. Décrété le (20 ventose an XII) 11 mars 1803 ; promulgué le (30) 21 du même mois. Orateur du gouvernement, *Thibaudeau.* Tribuns, *Chabot, Siméon.*

Titre III. Du domicile. Décrété le (23 ventose an XI) 14 mars 1803 ; promulgué le (3 germinal suivant) 24 du même mois. Orateur du gouvernement, *Emmery.* Tribuns, *Malherbe, Mourricault.*

Titre IV. Des absens. Décrété le (24 ventose an XI) 15 mars 1803 ; promulgué le (4 germinal suivant) 25 du même mois. Orateur du gouvernement, *Bigot-Préameneu.* Tribuns, *Huguet, Leroy.*

Titre V. Du mariage. Décrété le (26 ventose an XI) 17 mars 1803 ; promulgué le (6 germinal

(227)

suivant) 27 du même mois ; 152, 153, 154, 155,
156 et 157. Orateur du gouvernement, *Portalis.*
Tribuns, *Boutteville*, *Gillet.*

Titre VI. Du divorce. Décrété le (30 ventose
an XI) 21 mars 1803 ; promulgué le (10 germinal
suivant) 31 du même mois. Orateur du gouvernement, *Treilhard.* Tribuns, *Carion-Nisas, Gillet,
Savoie-Rollin.*

Titre VII. De la paternité et de la filiation. Décrété le (2 germinal an XI) 23 mars 1803 ; promulgué le (12 du même mois) 2 avril suivant. Orateur du gouvernement, *Bigot-Préameneu.* Tribuns,
Duveyrier, Lahary.

Titre VIII. De l'adoption et de la tutelle officieuse. Décrété le (2 germinal an XI) 23 mars 1803 ;
promulgué le (12 du même mois) 2 avril suivant.
Orateur du gouvernement, *Berlier.* Tribuns, *Gary,
Perreau.*

Titre IX. De la puissance paternelle. Décrété
le (3 germinal an XI) 24 mars 1803 ; promulgué
le (13 du même mois) 3 avril suivant. Orateur du
gouvernement, *Réal.* Tribuns, *Albisson, Vezin.*

Titre X. De la minorité, de la tutelle, et de l'é-
mancipation. Décrété le (5 germinal an XI) 26 mars
1803 ; promulgué le (15 du même mois) 5 avril
suivant. Orateur du gouvernement, *Berlier.* Tribuns, *Huguet, Leroy.*

Titre XI. De la majorité, de l'interdiction, et
du conseil judiciaire. Décrété le (7 germinal an XI)
29 mars 1803 ; promulgué le (18 du même mois)
8 avril suivant. Orateur du gouvernement, *Emmery.*
Tribuns, *Bertrand-de-Greuille, Tarrible.*

LIVRE DEUXIÈME.

TITRE I. De la distinction des biens. Décrété le (4 pluviose an XI) 25 janvier 1804; promulgué le (14 du même mois) 4 février suivant. Orateur du gouvernement, *Treilhard*. Tribuns, *Goupil-Préfeln*, *Savoie-Rollin*.

TITRE II. De la propriété. Décrété le (6 pluviose an XII) 27 janvier 1804; promulgué le (16 du même mois) 6 février suivant. Orateur du gouvernement, *Portalis*. Tribuns, *Faure*, *Grenier*.

TITRE III. De l'usufruit, de l'usage et de l'habitation. Décrété le (9 pluviose an XII) 30 janvier 1804; promulgué le (19 du même mois) 9 février suivant. Orateur du gouvernement, *Galli*. Tribuns, *Gary*, *Perreau*.

TITRE IV. Des servitudes ou services fonciers. Décrété le (10 pluviose an XII) 31 janvier 1804; promulgué le (20 du même mois) 10 février suivant. Orateur du gouvernement, *Berlier*. Tribuns, *Albisson*, *Gillet*.

LIVRE TROISIÈME.

TITRE I. Des successions. Décrété le (29 germinal an XI) 19 avril 1803; promulgué le (9 floréal suivant) 29 du même mois. Orateur du gouvernement, *Treilhard*. Tribuns, *Chabot* de l'Allier, *Siméon*.

Titre II. Des donations entre-vifs, et des testamens. Décrété le (13 floréal an XI) 3 mai 1803; promulgué le (23) 13 du même mois. Orateur du gouvernement, *Bigot-Préameneu*. Tribuns, *Jaubert, Sedillez, Favard.*

Titre III. Des contrats ou des obligations conventionnelles en général. Décrété le (17 pluviose an XII) 7 février 1804 ; promulgué le (27) 17 du même mois. Orateur du gouvernement, *Bigot-Préameneu. Favard.* Tribuns, *Jaubert, Mourricault.*

Titre IV. Des engagemens qui se forment sans convention. Décrété le (19 pluviose an XII) 9 février 1804 ; promulgué le (29) 19 du même mois. Orateur du gouvernement, *Treilhard.* Tribuns, *Bertrand-de-Greuille, Tarrible.*

Titre V. Du contrat de mariage et des droits respectifs des époux. Décrété le (20 pluviose an XII) 10 février 1804 ; promulgué le (30) 20 du même mois. Orateur du gouvernement, *Berlier.* Tribuns, *Duveyrier, Carion-Nisas, Albisson, Siméon.*

Titre VI. De la vente. Décrété le (15 ventose an XII) 6 mars 1804 ; promulgué le (25) 16 du même mois. Orateur du gouvernement, *Portalis.* Tribuns, *Faure, Grenier.*

Titre VII. De l'Echange. Décrété (le 16 ventose an 12) 7 mars 1804 ; promulgué le (26) 17 du même mois. Orateur du gouvernement, *Bigot-Préameneu.* Tribun, *Faure.*

Titre VIII. Du contrat de louage. Décrété le (16 ventose an XII) 7 mars 1804 ; promulgué le (26) 17 du même mois. Orateur du gouvernement, *Galli.* Tribuns, *Mourricault, Jaubert.*

Titre IX. Du contrat de société. Décrété le (17 ventose an XII) 8 mars 1804 ; promulgué le (27)

18 du même mois. Orateur du gouvernement, *Treilhard*. Tribuns, *Boutteville, Gillet* de Seine et Oise.

Titre XI. Du dépôt et du séquestre. Décrété le (23 ventose an XII) 14 mars 1804 ; promulgué le (5 germinal suivant) 24 du même mois. Orateur du gouvernement, *Réal*. Tribun, *Favart*.

Titre XII. Des contrats aléatoires. Décrété le (19 ventose an XII) 10 mars 1804 ; promulgué le (29) 20 du même mois. Orateur du gouvernement, *Portalis*. Tribuns, *Siméon, Duveyrier*.

Titre XIII. Du mandat. Décrété le (19 ventose an XII) 10 mars 1804 ; promulgué le (29) 20 du même mois. Orateur du gouvernement, *Berlier*. Tribuns, *Tarrible, Bertrand-de-Greuille*.

Titre XIV. Du cautionnement. Décrété le (24 pluviose an 12) 14 février 1804 ; promulgué le (4 ventose suivant) 24 du même mois. Orateur du gouvernement, *Treilhard*. Tribuns, *Chabot* de l'Allier, *Goupil-Préfeln, Lahary*.

Titre XV. Des transactions. Décrété le (29 ventose an XII) 20 mars 1804 ; promulgué le (9 germinal suivant) 30 du même mois. Orateur du gouvernement, *Bigot-Préameneu*. Tribuns, *Albisson, Gillet* de Seine-et-Oise.

Titre XVI. De la contrainte par corps en matière civile. Décrété le (23 pluviose an XII) 13 février 1804 ; promulgué le (3 ventose suivant) 23 du même mois. Orateur du gouvernement, *Bigot-Préameneu*. Tribuns, *Gary, Goupil-Préfeln*.

Titre XVII. Du nantissement. Décrété le (25 ventose an XII) 16 mars 1804 ; promulgué le (5 germinal suivant) 26 du même mois. Orateur du gouvernement , *Berlier.* Tribun , *Gary.*

Titre XVIII. Des priviléges et hypothèques. Décrété le (28 ventose an XII) 19 mars 1804 ; promulgué le (8 germinal suivant) 29 du même mois. Orateur du gouvernement , *Treilhard.* Tribun , *Grenier.*

Titre XIX. De l'expropriation forcée , et des ordres entre les créanciers. Décrété le (28 ventose an XII) 19 mars 1804 ; promulgué le (8 germinal suivant) 29 du même mois. Orateur du gouvernement , *Treilhard.* Tribun , *Lahary.*

Titre XX. De la prescription. Décrété le (24 ventose an XII) 15 mars 1804 ; promulgué le (4 germinal suivant) 25 du même mois. Orateur du gouvernement , *Bigot - Préameneu.* Tribuns , *Savoie - Rollin , Goupil - Préfeln.*

Loi sur la réunion des lois civiles en un seul corps sous le titre de code civil des français. Décrétée le (30 ventose an XII) 21 mars 1804 ; promulgnée le (10 germinal suivant) 31 du même mois. Orateur du gouvernement , *Portalis.* Tribun , *Jaubert.*

L'empire du code Napoléon n'est pas resté circonscrit dans les limites du territoire de la France; il aura même bientôt rempli sa destination , que l'orateur du gouvernement (*) a si bien indiquée lors de la présentation de sa deuxième rédaction. « N'en » doutez pas, messieurs, il étendra plus loin encore » son empire (qu'au-delà des Alpes et du Rhin).

______

(*) M. Bigot-Préameneu.

» Bien supérieur au code de Justinien, il doit aussi
» surpasser sa fortune et ses succès. Puisse - t - il,
» régissant bientôt l'Europe entière, établir de nou-
» veaux rapprochemens entre les peuples du conti-
» nent, les unir sous les rapports civils, comme ils
» le sont déjà sous les rapports politiques, et n'en
» faire, pour ainsi dire, qu'une seule et même fa-
» mille, vivant en paix sous les mêmes lois. »

Dès-à-présent le code Napoléon, par la réunion
des états du pape, est devenu le droit commun de
toute l'Italie, ayant été précédemment promulgué
dans le royaume d'Italie par le troisième statut
constitutionnel du 5 juin 1805, tit. 6, art. 56, et
dans le royaume de Naples. La réunion des départemens anséatiques a soumis à son empire le nord
de l'Allemagne, et par celle des départemens de la
Hollande, il y a remplacé la législation transitoire
qui avait été précédemment rédigée pour le royaume
de Hollande, sur le modèle du code Napoléon (*).
La plupart des états de la confédération du Rhin
se sont empressés de l'adopter.

Il est devenu la loi du royaume de Westphalie
par l'art. 45 du statut constitutionnel du 15 novembre
1807 ; du grand-duché de Berg, en vertu d'un décret impérial du 12 novembre 1809; du grand-duché de Varsovie, par l'art. 69 du statut constitutionnel

____

(*) *Wetboek Napoléon, ingerigt voer het Koningryk
Holland. Amsterdam*, 1809. On avait supprimé dans cette
loi, un grand nombre de dispositions caractéristiques du
Code.

du 22 juillet 1807 ; du grand-duché de Francfort, en vertu d'une ordonnance du 25 juillet 1810. Plusieurs autres souverains de la confédération (*) ont manifesté leur intention , de faire participer leurs peuples au bienfait de cette législation, en prorogeant cependant encore , pour un temps indéterminé, la promulgation effective du code. Enfin, on a adopté, dans le royaume de Bavière et le grand-duché de Baden, de nouvelles législations civiles, qui se rapprochent, dans beaucoup de matières, de celle du Code Napoléon.

Le nouveau *droit statutaire* du grand-duché de Baden, (qui est en activité depuis le 1.er janvier 1810) porte même le titre de *Code Napoléon*. Mais ce code a été tellement modifié par les 537 articles intercalés dans le texte, et les modifications contenues dans l'édit du 22 décembre 1809, par la suppression du conseil de famille, du ministère public , des bureaux de conservation des hypothèques, etc., etc., qu'il serait difficile de reconnaître, dans cette législation, l'esprit de la loi française ; d'autant plus qu'on a formellement réservé au droit romain *force de loi subsidiaire*. Il est évident que ces modifications apportées dans chaque état aux principes du Code Napoléon, en rabaissant cette législation destinée à être générale , au rang d'une loi statutaire, non-seulement rendent extrêmement difficile l'application de la loi française , en ce que souvent ces

---

(*) Entre autres , le grand-duc de Hesse-Darmstadt, le duc de Nassau , le grand-duc de Wurtzbourg, etc.

modifications ne sont en aucune harmonie avec d'autres dispositions maintenues ; mais qu'elles sont aussi un grand obstacle à l'exécution de cette belle idée, d'après laquelle le Code Napoléon serait une loi commune à toutes les nations de l'Europe, dont les membres retrouveraient alors par - tout les mêmes habitudes et les mêmes garanties. Quel est le jurisconsulte assez hardi pour soutenir qu'en substituant ses idées à celles des illustres rédacteurs du code, il en résultera pour son pays des avantages assez grands pour compenser ceux auxquels il est forcé de renoncer, en le mettant hors du droit commun des nations les plus éclairées?

TITRE V.

Des sources du Code Napoléon.

Les sources du code Napoléon sont au nombre de cinq.

Le droit romain;

Le droit coutumier;

Les anciennes ordonnances;

La jurisprudence des arrêts;

La législation intermédiaire.

PREMIÈRE SECTION.

Du Droit Romain.

Le droit romain est la première et la principale source du code Napoléon, surtout dans les matières du II.ᵉ et du III.ᵉ livre (à l'exception cependant du régime de la communauté entre époux, des donations entre-vifs, des successions, et du régime hypothécaire). Ce droit n'a eu, au contraire, qu'une influence très - secondaire sur les lois personnelles renfermées dans le I.ᵉʳ livre du code. Le motif de cette différence est que les rapports personnels sont réglés en grande partie par les mœurs, qui ne résistent pas à l'influence du temps; tandis que les rapports avec les choses se règlent par un principe unique, qui est de tous les temps et de tous les pays, *l'équité naturelle*, dont le droit romain est si profondément empreint (*). Plus de deux mille ans ont amené un

---

(*) *Exposé des motifs du titre* DES CONTRATS, *par le conseiller-d'état Bigot-Préameneu.* « Le titre du Code civil, ayant pour objet les Contrats ou les Obligations conventionnelles en général, offre le tableau des rapports les plus multipliés des hommes en société. Les obligations conventionnelles se répètent chaque jour, à chaque instant. Mais tel est l'ordre admirable de la providence, qu'il n'est besoin, pour régler tous ces rapports, que de se conformer aux principes qui sont dans la raison et le cœur de tous les hommes. C'est là, c'est dans l'équité, c'est dans la conscience, que les Romains ont trouvé ce corps de doctrine, qui rendra immortelle leur législation.

» Avoir prévu le plus grand nombre des conventions auxquelles l'état des hommes en société donne naissance; avoir balancé tous les motifs de décision entre les intérêts les plus opposés et les plus compliqués; avoir dissipé la plupart des nuages dont souvent l'équité se trouve enveloppée; avoir rassemblé tout ce que la morale et la philosophie ont de plus sublime et de plus sacré; tels sont les travaux réunis dans cet immense et précieux dépôt qui ne cessera de mériter le respect des hommes; dépôt qui contribuera à la civilisation du globe entier; dépôt dans lequel toutes les nations policées se félicitent de reconnaître la raison écrite. Mais ici on doit déclarer qu'en cherchant à remplir cet objet, on n'a point entendu arrêter ou détourner la source abondante des richesses que l'on doit toujours aller puiser dans le *Droit romain. Il n'aura pas l'autorité de la loi civile en France*; il aura l'empire que donne la raison sur tous les peuples. La raison est leur loi commune : c'est un flambeau dont on suit spontanément la lumière. Elles seraient bien mal entendues les disposi-

changement si complet dans les habitudes et dans la civilisation des peuples , que des lois faites à une époque aussi reculée , ne sauraient s'appliquer maintenant aux relations de l'union conjugale, ni aux rapports qui existent entre les pères et les enfans : mais la justice est restée la même, et les siècles n'en ont pu altérer ni le sentiment gravé dans la conscience de l'homme, ni les décisions écrites dans les pages de la législation romaine.

Cependant on n'a pas adopté toutes ces décisions aveuglément et sans choix. Si la justice est éternelle, ses formes sont variables, parceque la première est innée , et que les secondes sont le résultat des institutions positives ; si le fonds de cette législation est le patrimoine commun de tous les peuples , comme le produit de la raison qui les éclaire tous de son flambeau, ses divisions, ses distinctions sont l'ouvrage de l'école ; et les décisions du magistrat ont dû souvent dépendre des circonstances particulières.

Les principes suivans paraissent avoir dirigé les auteurs du code Napoléon dans l'usage qu'ils ont

---

tions du code civil, *relatives aux contrats,* si on les envisageaît autrement que comme des règles élémentaires d'équité , *dont toutes les ramifications se trouvent dans les lois romaines.* C'est là que sont les développemens de la science du juste et de l'injuste ; c'est là que doivent s'instruire tous ceux qui voudront y faire quelques progrès, et en général tous ceux qui seront chargés de la défense ou de l'exécution des lois consignées dans le code français.

fait des collections de Justinien pour le travail dont ils étaient chargés.

1.º Ils ont retiré du vaste dépôt de ces collections, « une suite de règles qui, réunies, pussent former » un corps de doctrine élémentaire , ayant à-la-fois » la précision et l'autorité de la loi (*). »

2.º Parmi ces règles , on a fait choix des principes les plus féconds en conséquences, en les dépouillant des subtilités de l'école, et en écartant les divisions qui tenaient aux institutions du peuple romain , et surtout en omettant cette foule de décisions particulières et d'exemples d'application, aussi précieux pour la doctrine que dangereux pour la législation , parceque souvent on a négligé de rapporter les nuances qui distinguaient deux hypothèses, analogues en apparence, et sur lesquelles nous trouvons des décisions opposées, qui dès lors nous doivent paraître contradictoires.

3.º En même temps on a fait cesser les doutes nés de ces contradictions apparentes, qui « sur plu- » sieurs points importans, n'avaient point encore été » levés, et ceux qui ayant donné occasion à diverses » jurisprudences, faisaient regretter qu'il n'y eût pas » d'uniformité dans la partie de la législation qui en » est la plus susceptible. »

4.º Enfin, on doit remarquer que c'est moins sur

(*) Paroles du même orateur.

le texte même que ce choix a été fait, que dans les ouvrages de *Domat*, et particulièrement *de Pothier* (*),
comme on pourra facilement s'en convaincre, en conférant le titre du code Napoléon sur les obligations
conventionnelles, avec le traité des obligations de
ce célèbre auteur. Cette circonstance est extrêmement importante à saisir, parceque *Domat* et *Pothier* ont écrit l'un et l'autre sous l'influence du droit
coutumier : il en est résulté que les principes du droit
romain n'ont pas toujours été adoptés dans toute leur
pureté, ou poursuivis dans leurs résultats, avec cette
conséquence rigoureuse et souvent dure, qui caractérise les décisions renfermées dans le Digeste. Souvent
la règle *summum jus, summa injustitia* a prévalu,
et la conséquence juridique a dû fléchir devant l'é-
quité et l'indulgence, qui formaient le caractère distinctif de l'ancien droit coutumier (**). Il est difficile
à décider si c'est l'objet d'un reproche à faire au
code Napoléon, ou d'un éloge à lui donner, que,
dans les parties empruntées du droit romain, sa légis-

____

(*) « C'est un ouvrage que, dans le siècle dernier, les
jurisconsultes les plus célèbres des diverses parties de l'Europe ont desiré, qu'ils ont préparé par de grands travaux.
La France met, sous ce rapport, au nombre des ouvrages
les plus parfaits, ceux de Domat et de Pothier ». (*même
discours.*)

(**) Nous remarquerons entr'autres, la disposition très-
importante de l'art. 1184, dont les effets s'étendent sur
toute la matière des contrats.

lation soit moins rigoureusement conséquente, mais plus douce que celle de son modèle ; du moins l'on a assez généralement regretté que, dans la discussion des principes *sur la mort civile*, la conséquence juridique ait remporté une victoire bien cruelle sur les droits de l'épouse, si énergiquement défendus par Sa Majesté l'Empereur et Roi (*) ; et toute la France applaudit à la disposition bienfaisante de l'art. 18 du

---

(*) *Paroles de Sa* Majesté l'Empereur et Roi, *dans la séance du conseil-d'état*, *du* 16 *thermidor an* 9 (tom. 1, pag. 63). « Il serait donc défendu à une femme profondément convaincue de l'innocence de son mari , de suivre, dans sa déportation, l'homme auquel elle est le plus étroitement unie ; ou si elle cédait à sa conviction, à son devoir, elle ne serait plus qu'une concubine. Pourquoi ôter à ces infortunés le droit de vivre l'un auprès de l'autre , sous le titre honorable d'époux légitimes ? La société est assez vengée par la condamnation, lorsque le coupable est privé de ses biens, lorsqu'il se trouve séparé de ses amis, de ses habitudes ; faut-il étendre la peine jusqu'à la femme, et l'arracher avec violence à une union qui identifie son existence avec celle de son époux ? Elle vous dirait : « Mieux valait lui ôter la vie ; du » moins me serait-il permis de chérir sa mémoire : mais vous » ordonnez qu'il vive, et vous ne voulez pas que je le con-» sole. » Eh ! combien d'hommes ne sont coupables qu'à cause de leur faiblesse pour leurs femmes ! Qu'il soit donc permis à celles qui ont causé leurs malheurs, de les adoucir en les partageant. Si une femme satisfait à ce devoir, vous estimerez sa vertu ; et cependant vous ne mettez aucune différence entre elle et l'être infâme qui se prostitue. »

nouveau

nouveau code pénal qui, en complettant la législation du code Napoléon sur la mort civile, donne au gouvernement la faculté de récompenser le dévouement de la fidélité conjugale, et de faire commencer une nouvelle existence civile pour le malheureux que la société a été obligé de rejeter de son sein.

DEUXIÈME SECTION.

Du Droit coutumier.

Avant la révolution, le droit coutumier, ou plutôt un grand nombre de coutumes différentes, se partageait, avec le droit romain, les provinces de l'ancienne France. Nous venons de remarquer l'influence indirecte que le droit coutumier a eue sur la rédaction du code Napoléon, dans les matières de cette législation dont les premiers principes et la plupart des développemens ont été tirés des lois romaines : il a obtenu une influence bien plus directe sur d'autres matières.

Parmi ces dernières, le *régime de la communauté entre époux* occupe le premier rang. Quelque grandes que fussent les différences qui existaient entre les anciennes coutumes sur la composition de la communauté et sur le mode de sa liquidation, presque toutes admettaient une communauté quelconque, ne fût-ce qu'une communauté d'acquêts ; et la disposition de l'art. 1393 du code Napoléon qui fait du régime de la communauté légale, à défaut de stipulations spéciales, le droit commun de la France, est une véritable victoire remportée par le droit coutumier sur le droit romain (*).

Les principes sur la *nécessité de l'autorisation maritale* ont été tirés presqu'entièrement du droit cou-

______

(*) On ne peut que s'en féliciter, si l'on considère la grande étendue des provinces coutumières qui avaient déjà précédemment adopté le système de la communauté, et qui formaient presque les deux tiers de la France. Il semble cependant que, sous tout autre rapport, le régime dotal, très-simple dans ses principes, est plus propre à suppléer les stipulations des parties, que le régime très-compliqué de la communauté, qui entraîne nécessairement des comptes et des liquidations. D'ailleurs, le régime dotal, en conservant à chacun des époux ses propriétés, paraît mieux exprimer le vœu tacite de ceux qui se sont mariés sans contrat, que le régime de la communauté, qui, en établissant une co-propriété d'une partie des deux fortunes, blesse toujours l'égalité de l'un ou de l'autre côté, et suppose nécessairement une renonciation tacite de la part de l'époux lésé ; tandis qu'en règle générale les renonciations ne se présument pas. Supposons, par exemple, qu'une femme, dont toute la fortune consiste dans des obligations hypothécaires du montant de cent mille francs, épouse, sans contrat de mariage, un homme qui ne possède que des immeubles ; elle lui aura fait, par le seul effet de son mariage, une donation de cinquante mille francs, tandis qu'elle n'en recevra aucun avantage. Si cette femme est originaire d'une province dans laquelle les capitaux étaient autrefois assimilés aux immeubles, et dont le droit statutaire assurait aux veuves un douaire coutumier, elle deviendra facilement la victime de son ignorance de la loi nouvelle.

tumier, et particulièrement de la coutume de Paris.

Il en est de même des principes *sur la puissance paternelle*. Les dispositions du titre 9 du I.er liv. du code, se rapprochent beaucoup de la jurisprudence des anciennes provinces coutumières, et *l'usufruit légal* accordé aux pères et mères par l'article 384, nous rappelle l'ancienne *garde noble et bourgeoise* (*).

(*) Les principes du droit romain sur la puissance paternelle, ont paru trop rigoureux dans l'état actuel des mœurs : mais peut-être observera-t-on un jour, que les lois civiles doivent corriger les mœurs et, sans blesser ouvertement les habitudes de la nation, pour laquelle elles sont faites, du moins les diriger et les contenir dans de justes bornes. On s'est beaucoup récrié contre les abus que des pères dénaturés pourraient faire de leur puissance ; mais combien d'exemples, en sens contraire, ne pourrait-on pas opposer à chaque exemple d'un pareil abus ? Combien d'enfans ingrats ne compte-t-on pas pour un père dénaturé ? L'abus qu'un père pourrait faire de sa magistrature domestique, ne serait jamais, considéré relativement à l'ordre public, qu'un mal particulier, tandis que le scandale qu'offre journellement l'ingratitude des enfans envers les auteurs de leurs jours, est une véritable calamité publique. Le droit de correction que le code accorde aux pères, est rendu illusoire, et par les formalités auxquelles l'exercice en est assujéti, et par le défaut de maisons publiques propres à renfermer des jeunes gens de famille. On a dit que les pères trouveraient un dédommagement pour la diminution de leur puissance, dans la disposition de la loi qui les dispense de l'obligation de doter leurs enfans. Mais l'expérience nous prouve journellement que les

Les dispositions *sur les servitudes légales* et sur la *mitoyenneté* en particulier, sont tirées pour la plupart de la coutume de Paris.

Le principe si fécond en conséquences, *le mort saisit le vif*, qui se trouve en tête de la loi sur les successions, appartient au droit coutumier.

---

pères, trop heureux de pouvoir établir leurs enfans, font le plus souvent des sacrifices au-dessus de leurs moyens, pour en assurer le sort. Enfin, n'est-ce pas un véritable scandale public que de voir des pères traînés devant les tribunaux par leurs propres enfans, pour être astreints à une reddition de compte sur leur gestion des biens personnels de ces derniers, pendant les trois dernières années qui précèdent la majorité des enfans, auxquels la sollicitude paternelle a prodigué, précisément pendant cette époque, tous les soins nécessaires pour garantir leur jeunesse précoce du double danger de leur inexpérience et de leurs passions. Souvent c'est cette sollicitude même qui excite le mécontentement d'un jeune homme séduit par une influence étrangère, ou aveuglé par ses passions, et qui le porte à s'en venger par une action injurieuse contre l'auteur de ses jours, que l'on aurait pu facilement éviter en prolongeant, jusqu'à la majorité ou l'émancipation des enfans, l'usufruit légal des père et mère. On a craint qu'alors cette jouissance pût devenir, pour ces derniers, un motif pour différer l'établissement de leurs enfans. Cette considération qui ne peut presque pas s'appliquer aux fils, nous semble très-faible à l'égard des filles mêmes. Il faut d'ailleurs admettre, pour qu'elle puisse être de quelque force, que la fille ait une fortune personnelle très-considérable, et alors elle manquera rarement un établissement, lors même qu'elle serait obligée de différer son mariage jusqu'à l'âge de 21 ans.

Il en est de même de celui, *ne dote qui ne veut,* qui a prévalu, dans l'article 204, sur la disposition contraire du droit romain.

Les principes du *bail à cheptel,* sont empruntés des coutumes de *Bourbonnais,* de *Nivernais,* de *Berri* et de *Bretagne.*

Enfin, il n'y a presqu'aucune des matières traitées dans le code, qui ne consacre ou ne rappelle quelques dispositions de l'ancien droit coutumier, mêlées avec celles du droit romain. Ces législations, auparavant rivales, se sont confondues pour étendre leur empire; les provinces de droit écrit et les provinces coutumières jouissent aujourd'hui simultanément des avantages qui étaient particuliers à chacune d'elles.

TROISIÈME SECTION.

Des anciens Édits, Ordonnances et Déclarations.

Parmi les matières du code, dont on retrouve les bases dans les anciennes lois royales, nous citerons :

1.º *Les actes de l'état civil* (*). On trouve dans

______

(*) Nous distinguons la législation sur la forme des actes de l'état civil et sur la foi qui leur est due en justice, du principe de leur *sécularisation.* La première est tirée des anciennes ordonnances et déclarations, l'autre appartient à la législation intermédiaire.

l'ordonnance civile de 1667, les principes généraux du titre du code Napoléon, *des actes de l'état civil*, et particulièrement dans l'art. 14 du titre 20 de cette ordonnance, la règle de l'art. 46 du code sur les cas où la preuve résultant des actes de l'état civil peut être suppléée par d'autres genres de preuve. La forme des registres de l'état civil avait été réglée par la déclaration de 1736.

2.º Les principes sur *la mort civile* sont tirés en grande partie de l'ordonnance de Moulins, de celle de 1670 et de la déclaration de 1639.

3.º Les principes relatifs à la *nullité des mariages*, pour défaut d'un acte de célébration, ou pour raison des nullités ou irrégularités de cet acte, sont conformes à ceux consacrés par l'ordonnance de Blois, par la déclaration du 26 novembre 1639, et par l'édit du mois de mars 1697.

4.º Les ordonnances de 1731 et 1735 ont servi principalement de base aux dispositions du titre *des donations entre-vifs et des testamens*.

5.º La disposition de l'art. 1341, dont l'influence s'étend sur toute la matière des contrats, avait déjà été établie par l'art. 54 de l'ordonnance de Moulins, et consacrée par l'art. 2 du titre 20 de celle de 1667.

6.º Les dispositions du titre de la *contrainte par corps*, ont été tirées pour la plupart de cette dernière ordonnance (titre 27, art. 3 ; titre 34 en entier.)

QUATRIÈME SECTION.

De la Jurisprudence des Arréts.

La jurisprudence des arréts formait déjà, sous l'ancien régime, le complément de la législation civile. La France, en conservant la procédure publique, lui a été redevable, par rapport à la législation, d'un avantage immense, dont ses voisins d'outre-Rhin se sont privés eux-mêmes par la clandestinité de leur procédure. Chaque arrêt, quoique rendu dans une espèce particulière, et restreint, dans sa force exécutoire, aux parties entre lesquelles il est intervenu, renferme cependant une *interprétation doctrinale d'un point de jurisprudence*, qui mérite toute l'attention des légistes, comme ayant été rendue après de mûres délibérations par une réunion de jurisconsultes distingués, et qui ne peut manquer d'obtenir indirectement, par la hiérarchie des tribunaux, une grande influence sur la pratique. Nous verrons dans la suite que l'établissement d'une *cour de cassation* pour tout l'empire a été l'unique moyen d'arriver à l'heureux résultat d'une harmonie parfaite entre la jurisprudence et la législation, et d'imprimer à la première le sceau de cette uniformité qui caractérise d'une manière si favorable la législation nouvelle.

Si l'indépendance des anciens parlemens a dû opposer un obstacle insurmontable à cette uniformité de principes, du moins la considération dont jouissait *le parlement de Paris*, assurait à ses décisions une influence assez grande, pour fixer la jurisprudence sur plusieurs questions de la plus haute importance ; les rédacteurs du code Napoléon ont converti en lois quelques-unes de ses décisions, parmi lesquelles nous citerons celles relatives aux *effets de la possession d'état, et aux mariages putatifs.* Un grand nombre d'autres ont été consultées et ont été prises en considération dans la discussion des controverses qui y avaient donné lieu.

CINQUIÈME SECTION.

Des Lois intermédiaires.

A l'époque de la discussion du code Napoléon, une expérience de plus de dix ans avait fait sentir les avantages et les inconvéniens de la plupart des institutions créées pendant le cours de la révolution ; elles n'avaient pas encore jeté de racines assez profondes pour que le législateur n'eût pas la faculté de les supprimer, mais du moins elles avaient subi une épreuve assez longue pour qu'il fût à même de distinguer celles qui, par leur analogie avec les mœurs et l'esprit du siècle, pouvaient passer facilement dans les habitudes de la nation, de celles que l'empire seul des circonstances avait fait supporter. Heureusement les hommes éclairés qui présidèrent à cette discussion, surent s'élever assez au-dessus de tout esprit de parti, pour ne pas confondre les abus provoqués par l'effervescence révolutionnaire, avec les principes mêmes de ces institutions.

C'est ainsi que le principe de la *sécularisation des actes de l'état civil et de l'indépendance du mariage civil du dogme religieux*, consacré par la loi du mois de septembre 1792, a été maintenu;

Que l'*institution du divorce*, introduite en France par la trop fameuse loi du 20 septembre de la même année, a été conservée comme exception à la règle générale de l'indissolubilité du lien conjugal, en la restreignant toutefois dans des bornes très-étroites, et en l'entourant des précautions convenables, pour prévenir tous abus de ce remède reconnu nécessaire dans quelques cas extrêmes;

Que le *conseil de famille*, créé d'abord pour le cas de divorce par la loi précitée, et chargé ensuite par la loi du 17 septembre 1793 de suppléer le consentement des père et mère pour le mariage des mineurs, a reçu une organisation plus complète et des attributions plus étendues;

Que le principe de la *prohibition de la recherche de la paternité*, établi par l'art. 8 de la loi du 12 brumaire an 2, a passé dans l'art. 340 du code Napoléon;

Que l'*abolition des substitutions*, prononcée par les lois des 25 octobre et 14 novembre 1792, a été maintenue, de même que l'*abolition du droit d'aînesse*, prononcée par les lois des 15-28 mars 1790, 8-15 avril 1791;

Que la *représentation* établie au profit des *neveux et nièces* par la loi du 5 brumaire an 2, a été consacrée par la disposition de l'art. 742;

Que la loi sur *les successions collatérales* a été basée sur le principe du partage égal entre les héritiers des deux lignes, établi par l'art. 83 de la loi du 17 nivose an 2, en rejetant cependant la fiction de la représentation à l'infini en ligne collatérale, admise par la même loi;

Que le principe de la loi du 18 décembre 1790, sur le *rachat des rentes foncières*, se retrouve dans l'art. 530 du code;

Que le principe sur *la nécessité d'une date certaine pour les actes sous seing-privé*, établi par les lois des 5-19 décembre 1790, 13 messidor an 3, et 22 frimaire an 7, se trouve consacré par la disposition de l'art. 1328;

Qu'enfin le nouveau *régime hypothécaire* a été organisé sur les bases de la *publicité* exigée par le code hypothécaire du 9 messidor an 3, et de la *spécialité* des hypothèques conventionnelles, consacrée par la loi du 11 brumaire an 7.

SIXIÈME SECTION.

Résultat.

Il résulte des détails exposés dans les cinq sections précédentes, que, dans presque toutes les matières du code Napoléon, le législateur, au lieu de se frayer une route entièrement nouvelle, a mis à profit les

leçons de l'expérience, en travaillant sur les matériaux renfermés dans les législations précédentes.

Nous verrons dans le titre suivant par quels principes il s'est dirigé pour coordonner ces matériaux
dans son système, et les modifier selon l'état de civilisation de la nation et l'esprit du siècle.

Il n'y a que les matières,

> *De l'absence,*
>
> *De l'adoption et de la tutelle officielle,*
>
> *Et de la portion disponible,*

Sur lesquelles le code établit une législation tout-à-
fait nouvelle, en fondant la première sur le principe de l'incertitude égale de la vie et de la mort
de l'absent; en s'écartant dans la seconde d'une imitation parfaite de la paternité, pour se rapprocher
davantage des pactes successifs ; et en considérant
la réserve légale comme une quotité de biens, sur laquelle la personne qui a des descendans ou des ascendans, n'a aucun droit de disposition à titre gratuit.

TITRE VI.

Principes par lesquels on s'est dirigé dans l'emploi des différens matériaux fondus dans le Code, et de sa rédaction (*).

PREMIÈRE SECTION.

Des principes par lesquels on s'est dirigé dans l'emploi des matériaux fondus dans le Code.

PREMIER PRINCIPE.

On a cherché à rapprocher et à concilier entr'elles les différentes législations dans lesquelles on a puisé pour la formation du Code.

Nous avons déjà remarqué plus haut avec quel soin on a cherché à concilier les deux législations romaine et coutumière, qui s'étaient autrefois partagé les provinces de l'ancienne France; c'est avec les mêmes soins que l'on a coordonné au système géné-

______

(*) Je dois observer que, dans ce titre, ainsi que dans le huitième, j'ai fait souvent usage des recherches de M. le professeur *Bauer*, renfermées dans son ouvrages cité plus haut, pag. 112; j'en ai fait usage surtout dans les observations qui portent sur les choses de détail. J'aurais pu me dispenser de cette mention, si l'ouvrage de M. *Bauer* était plus connu en France.

ral de la législation civile, les institutions nouvelles, créées pendant le cours de la révolution. Comme la législation intermédiaire ne portait que sur celles des matières du droit civil qui ont un rapport plus ou moins direct avec les lois politiques, il a fallu la dépouiller de la dureté des formes révolutionnaires, et la mettre en concordance, tant avec le système général de la législation civile, qu'avec les nouvelles constitutions de l'empire (*).

C'est ainsi qu'en conservant le principe général du partage des successions collatérales entre les deux lignes, on a abandonné le système de *la refente* ;

Qu'à côté de l'ordre ordinaire des successions, le code consacre un ordre particulier des successions pour les *majorats institués par le prince* ;

(*) *Exposé des motifs du titre préliminaire présenté en l'an 10, par le Conseiller d'Etat Portalis.* « Il se trouve, » dans la durée des états, des époques décisives où les événe-» mens changent la position et la fortune des peuples, comme » certaines crises changent le tempéramment des individus. » Alors il devient possible et même indispensable de faire des » réformes salutaires ; alors une nation placée sous un » meilleur génie peut proscrire des abus qui l'accablaient, et » reprendre à certains égards une nouvelle vie.

» Mais alors même, si cette nation brille déjà depuis long-» temps sur la terre ; si depuis long-temps elle occupe le pre-» mier rang parmi les peuples policés, elle doit encore ne » procéder à des réformes qu'avec de sages ménagemens ; » elle doit, en s'élevant avec la vigueur d'un peuple nouveau, » conserver toute la maturité d'un ancien peuple. »

Que dans la législation sur les *droits des enfans naturels*, il tient le juste milieu entre la trop grande rigueur de l'ancienne législation, et la trop grande indulgence des lois révolutionnaires;

Qu'en rejetant *l'interdiction du prodigue*, abolie par la législation intermédiaire, « il le force néan- » moins à prendre les conseils d'un homme sage, » qui sauveront son patrimoine, et le rameneront » sans scandale à une vie raisonnable (*) »;

Qu'enfin on a cherché dans toutes les occassions à effacer toute discordance ou opposition , soit entre les dispositions empruntées de législations différentes, mais parallèles, soit entre les dispositions conservées de l'ancien droit, et celles des lois nouvelles que l'on y a rattachées, en profitant de la crise politique dont la nation venait de sortir, pour faire des réformes salutaires, mais qui n'auraient pas été sans danger dans toute autre circonstance.

DEUXIÈME PRINCIPE.

On a écarté de la rédaction du Code tout ce qui est du ressort de la doctrine.

« Un code doit être dogmatique. La loi ne doit » jamais être un raisonnement ni une disserta- » tion (**). »

(*) M. Bigot-Préameneu, dans le procès-verbal du 13 bru- maire an 11. (II. 141.)

(**) *Exposé des motifs du titre préliminaire*, présenté en *l'an* 10 *par le conseiller d'état Portalis.* « De plus , il nous

Conformément à ce principe, le code ne contient de définitions que celles qui ne pouvaient en être retranchées, parcequ'elles renferment en même temps un précepte législatif; il ne contient aucune maxime de morale et de doctrine, très-peu de divisions et d'indications des liaisons qui existent entr'elles. Il se borne à établir des dispositions expresses, prohibitives, impératives, et quelquefois facultatives.

C'est donc à tort que l'on a reproché au code, comme une défectuosité, de ne pas renfermer les définitions des *droits civils*, du *mariage*, de *l'adoption*, de la *tutelle officieuse*, du *conseil judiciaire*, de *l'affinité*, des *obligations naturelles*, etc. etc.— Aucune de ces définitions n'aurait présenté une règle positive qui eût pu servir de boussole au magistrat dans la décision d'une contestation particulière; la plupart auraient été oiseuses, quelques-unes auraient

---

» a paru sage de faire la part de la science et la part de la
» législation. Les lois sont des volontés. Tout ce qui est dé-
» finition, enseignement, doctrine, est du ressort de la
» science; tout ce qui est commandement, disposition pro-
» prement dite, est du ressort des lois.

» S'il est des définitions dont le législateur doive se rendre
» l'arbitre, ce sont celles qui appartiennent à cette partie
» muable et purement positive du droit, qui est toute en-
» tière sous la dépendance du législateur même; mais il en
» est autrement des définitions qui tiennent à la morale et à
» des choses qui ont une existence indépendante des volon-
» tés arbitraires de l'homme.)

presque nécessairement servi de point d'appui aux subtilités de la chicane (*).

Il nous semble au contraire que les divisions des contrats (art. 1102 , 1106), des obligations (1168), des conditions (articles 1169, 1171), et particulièrement les règles sur l'interprétation des conventions (art. 1156, 1164) auraient également pu être abandonnées à la science. Il n'en est pas de même de la division des choses en *meubles et immeubles ,* parcequ'il a fallu assigner une place aux droits incorporels parmi les uns ou les autres ; les règles sur

---

(*) Citons pour exemple la définition du mariage : en y faisant entrer le but de la procréation des enfans, cette définition se trouve dans une certaine contradiction avec la loi civile, qui permet le mariage dans un âge où, du moins par rapport aux femmes, on a la certitude que ce but ne peut plus être atteint. Cependant personne ne saurait disconvenir qu'une définition du mariage dans laquelle la procréation des enfans ne se trouverait pas indiquée, comme *un des buts principaux* de cette institution, serait nécessairement incomplette. C'est parce que la loi ne peut pas, comme la doctrine, rendre compte des motifs qui nécessitent quelquefois des modifications d'une règle générale dans son application aux hypothèses particulières, ni expliquer les contradictions apparentes qui se trouveraient souvent entre la définition d'une institution et ses dispositions réglementaires, que *omnis definitio est in jure periculosa ;* c'est aussi parce que trop souvent les définitions nécessairement générales, servent de point d'appui pour argumenter contre les dispositions d'application de la loi.

l'immobilisation

l'immobilisation de certaines choses mobilières par incorporation ou destination étant souvent arbitraires, ont dû trouver aussi leur place dans le chapitre consacré à cette division.

Il est aussi certains principes législatifs que l'on cherche en vain dans le code, quoiqu'il en énonce des conséquences isolées. C'est ainsi que le principe *locus regit actum* formellement adopté dans la séance du conseil-d'état du 14 thermidor an 9 (I, 36), à l'égard des actes passés par des Français en pays étrangers, ou par des étrangers en France, ne se trouve pas dans le code, quoique les articles 47 et 999 en énoncent des conséquences (*);

Que le principe qu'*un enfant conçu est réputé né lorsqu'il s'agit de son intérêt*, se trouve présupposé par l'art. 393, sans que cependant cet article explique si le législateur a entendu admettre le principe général, ou s'il n'a voulu s'y référer que dans le cas particulier qui y est prévu (**);

Que le principe *que tous les actes passés avec un tuteur avec l'observation des formalités spécialement déterminées par la loi, sont considérés comme s'ils avaient été passés avec un majeur* (principe que

---

(*) Cette omission a donné lieu à la controverse, si le Français peut consentir valablement un contrat de mariage dans un pays où l'institution du notariat français est inconnue.

(**) De là, la controverse sur la validité de la reconnaissance d'un enfant naturel déjà conçu, mais non encore né

l'art. 1314 n'énonce que par rapport aux aliénations d'immeubles et aux partages de successions), placé à la tête du chapitre *de l'administration du tuteur,* aurait jeté un grand jour sur la matière et prévenu bien des suppositions erronées sur les cas dans lesquels un mineur peut obtenir la restitution en entier pour cause de lésion.

Le code n'établit aucun principe sur la *collision des différentes preuves.* Il peut cependant arriver que deux preuves du même genre et de la même force se détruisent réciproquement (*).

On peut aussi faire des observations fondées contre quelques-unes des définitions consacrées par le code; contre celle *de la donation entre-vifs,* par exemple, en ce qu'elle n'énonce ni le *titre gratuit,* ni le *caractère d'une convention,* et que le terme *actuellement* qui s'y trouve, semble exclure les donations conditionnelles : de même, la définition de *la condition* donnée par l'art. 1168 reçoit une très-grande modification par l'art. 1181; celle de la condition *mixte* dans l'art. 1171 reste incomplette en ce qu'elle ne fait mention que du concours de la volonté *d'un tiers,* tandis que la condition, qui dépend en partie de la volonté des parties contractantes, et en partie du hasard, est égalemeut mixte.

(*) Nous avons vu présenter un testament dont la date était postérieure à l'acte de décès du testateur.

TROISIÈME PRINCIPE.

On a cherché à tenir le juste milieu entre une trop grande généralité de principes, et un détail trop minutieux de cas particuliers (*).

Ces deux écueils sont également dangereux en législation. Une loi qui contient un grand nombre d'exemples d'application, est nécessairement prolixe et volumineuse, sans être pour cela plus complète, parceque les hypothèses qui se présentent dans la pratique ne sont que très-rarement identiques avec les hypothèses sur lesquelles la loi a statué, et qu'il est impossible de prévoir toutes celles que la diversité des rapports sociaux fait naître journellement. D'ailleurs, en supposant pour un moment, ce qui n'est guère possible, que tous les cas particuliers pussent être prévus et réglés, quel avantage en résulterait-il ? Au lieu de diriger le magistrat dans l'exercice de son ministère, la loi en ferait un instrument passif, et ses décisions, conformes au texte, ne paraîtraient que

---

(*) « L'office de la loi est de fixer par de grandes vues
» les maximes générales du droit, d'établir des principes fé-
» conds en conséquences, et de descendre dans le détail
» des questions qui peuvent naître sur chaque matière. —
» Les décisions qu'ils présentent sur l'application du principe
» général aux cas particuliers, se trouvent dans les livres
» des jurisconsultes. » *Discours préliminaire du projet de Code Civil.*

trop souvent excessivement rigoureuses et même injustes, en égard à la position respective des parties. S'il est de l'essence des lois criminelles d'être inflexibles et indépendantes de l'arbitraire du juge, jusqu'à un certain point, il est de l'essence des lois civiles, qui portent sur des transactions variables à l'infini, de laisser assez de latitude au juge, pour qu'il puisse apprécier la bonne foi des parties et concilier des prétentions presque toujours réciproquement excessives (*).

D'un autre côté, cependant, il ne faut pas non plus que la loi, en l'abandonnant tout-à-fait à ses propres lumières, compromette la fortune et les droits des citoyens. Sous ce rapport, le code Napoléon se distingue d'une manière fort avantageuse, tant du droit romain, que du code Frédéric, regardé, avant le code français, comme la plus parfaite des législations modernes. Toutes les fois que la décision d'un cas particulier est nécessairement subordonnée aux circonstances, le code Napoléon n'établit au-

---

(*) *Discours préliminaire.* « Les matières criminelles qui
» ne roulent que sur certaines actions sont circonscrites; les
» matières civiles ne le sont pas : elles embrassent indéfini-
» ment toutes les actions et tous les intérêts compliqués et
» variables, qui peuvent devenir un objet de litige entre les
» hommes vivant en société. Conséquemment, les matières
» criminelles peuvent devenir l'objet d'une prévoyance dont
» les matières civiles ne sont pas susceptibles. »

cune règle générale; de même, fidèle à son but de servir de guide au juge, il le renvoie aux usages locaux, toutes les fois que la différence entre les espèces provient de la diversité des usages, que l'on n'aurait pu rendre uniformes sans faire violence aux habitudes ou blesser les intérêts des particuliers; enfin, on doit le remarquer, il ne s'en repose sur les seules lumières et sur la conscience du juge, que dans les cas où la diversité des espèces est le résultat des rapports personnels, susceptibles de varier à l'infini.

C'est ainsi qu'il renvoie aux règlemens et usages locaux, lorsqu'il s'agit de contestations :

Sur l'usage et le cours des eaux (art. 645);

Sur la distance à observer dans les plantations, sur la ligne de séparation de deux héritages (art. 671);

Sur la distance et les ouvrages intermédiaires requis pour certaines constructions (article 674),

Sur le délai dans lequel l'action résultant des vices rédhibitoires doit être intentée (article 1648);

Sur les délais à observer pour donner congé d'un bail fait sans écrit (art. 1736);

Tandis qu'il s'en réfère exclusivement à la prudence et à la conscience du juge, lorsqu'il s'agit de décider :

Quels sont les faits par lesquels on peut recon·

naître si le changement de résidence a eu lieu sans esprit de retour (art. 205);

S'il y a eu lieu de déclarer l'absence , en égard aux motifs de la disparition et aux causes qui ont pu empêcher d'avoir des nouvelles de l'individu présumé absent (art. 117);

Quels sont les faits de violence ou d'erreur qui rendent nuls un consentement apparent au mariage (art. 146 et 180), ou à une convention (art. 1109 et suiv.);

Dans quels cas l'inobservation des formalités prescrites pour la célébration des mariages, constitue une simple irrégularité , et dans quels cas elle doit entraîner la nullité du mariage (art. 192 et 193);

Lorsqu'il s'agit de déterminer le montant des alimens dus entre parens (art. 208);

Quels sont les excès , sévices , ou injures qui présentent le caractère de gravité requis pour donner lieu au divorce (art. 231);

Quels sont les faits d'où résulte l'acceptation d'une succession (art. 778 et 779);

Quels sont les défauts cachés qui constituent des vices rédhibitoires (art. 1641);

Dans quels cas un règlement de part entre associés doit être regardé comme évidemment contraire à l'équité (art. 1854);

Quelles sont les obligations contractées par un mineur émancipé, susceptibles de réduction comme excessives, en considération de la fortune du mineur et de l'utilité des dépenses (art. 484);

Lorsqu'il s'agit de concilier, dans les contestations sur le cours et l'usage des eaux, l'intérêt de l'agriculture, avec le respect dû à la propriété (art. 645);

Dans les contestations auxquelles le droit d'accession peut donner lieu, quand il a pour objet des choses mobilières appartenant à deux maîtres différens (art. 565);

Lorsqu'il s'agit de rechercher dans une convention quelle a été la commune intention des parties contractantes (art. 1156);

S'il y a lieu d'accorder un délai au débiteur contre lequel la résolution d'un contrat synallagmatique est demandée pour cause d'inexécution de ses engagemens (art. 1184 et 1655);

S'il y a lieu d'accorder un délai à l'emprunteur pour la restitution (art. 1900) (*).

(*) C'est à tort qu'on a mis dans la même classe les contestations qui ont pour objet les demandes en restitution en entier, sous prétexte de lésion, contre les engagemens contractés par un mineur. La question de savoir s'il y a lésion ou non est une simple question de fait, qui est hors du domaine du législateur; mais dès qu'il y a une lésion quelconque, le juge est obligé de prononcer la restitution (art. 1305), sans être investi de la faculté de maintenir l'engagement

Quelques-unes de ces dispositions ont été critiquées comme laissant une trop grande latitude au juge : en effet, il semble que, dans les cas prévus par les art. 1648 et 1762, on aurait pu ramener, sans inconvénient, les divers usages locaux à des règles uniformes; mais il nous paraît que c'est à tort qu'on a réclamé des règles positives sur les cas où un consentement apparent au mariage doit être déclaré nul, comme étant vicié par erreur ou violence.

QUATRIÈME PRINCIPE.

On a pris un soin particulier pour régler les formes civiles des actes, et en assurer la preuve (*).

Le moyen le plus efficace pour assurer les droits des parties, est sans doute de les mettre dans la nécessité de donner à leurs transactions une forme qui écarte toute incertitude, et qui leur procure la preuve la plus propre à éclaircir la religion du juge. Sous ce rapport, le code l'emporte encore sur tout autre, d'une manière éminente. Nulle autre législation,

---

comme dans le cas prévu par l'art. 484, relatif aux engagemens contractés par un mineur émancipé. Dans ce dernier cas, le juge prononce seulement la réduction de l'obligation, s'il y a lieu, tandis que, lorsqu'il s'agit d'un mineur non émancipé, il est obligé de résilier le contrat même.

(*) *Exposé des motifs de la loi sur les Contrats.* « Les actes » écrits sont le premier genre de preuve et le plus certain.«

lation ne renferme des mesures aussi complètes pour fixer, par des preuves irrécusables, l'état civil des personnes ; dans nulle autre législation nous ne trouvons des dispositions aussi précises sur la nécessité de la *preuve littérale*. Il y a cependant une distinction très-essentielle à faire entre les dispositions relatives à cet objet. Quelquefois elles exigent l'écriture comme condition de la validité d'un acte; alors l'écriture est de l'essence de l'acte même, et ne peut être suppléée par aucune autre preuve : quelquefois même un acte authentique est nécessaire, comme :

Pour les donations entre-vifs (art. 731);

Pour les testamens publics et les actes de suscription des testamens mystiques (art. 971 et 976);

Pour les contrats de mariage (art. 1394);

Pour l'hypothèque (art. 2127).

Quelquefois un acte sous seing-privé suffit, savoir :

Pour les testamens olographes (art. 970);

Pour l'antichrèse (art. 2085).

Dans d'autres cas, l'écriture n'est exigée que comme preuve ; savoir :

Indéfiniment, pour les contrats de bail (articles 1714, 1715, 1743);

Conditionnellement, pour toutes les conventions, lorsqu'il s'agit d'un objet au-dessus de 150 fr. (art. 1341, 2074) (*).

(*) On a voulu ranger la disposition de l'art. 2074 parmi celles qui exigent l'écriture *solemnitatis et non probationis*

Nous remarquerons encore, comme des résultats du principe énoncé ci-dessus, les dispositions qui ont pour objet de déterminer la forme de certains actes par écrit, particulièrement celle de l'art. 1325, qui veut que les actes sous seing-privé qui contiennent des conventions synallagmatiques, soient faits en autant d'originaux qu'il y a de parties ayant un intérêt distinct; celle de l'art. 1326, qui veut que les billets ou promesses sous seing-privé, soient écrits en entier de la main du signataire, ou que, du moins, outre la signature, il ait écrit de sa main un *bon* ou un *approuvé*, portant en toutes lettres la somme ou la quantité de choses à donner; enfin, celle de l'art. 1328, en vertu de laquelle les actes sous seing-privé, n'ont de date certaine, à l'égard des tiers, que du jour de leur enregistrement, de la mort de l'un des signataires, ou de leur relation dans un acte public.

---

causâ, et effectivement la rédaction grammaticale de l'article semble appuyer cette opinion. Mais en approfondissant le motif de la loi, il devient évident que l'écriture n'est exigée que pour faire preuve du gage contre les créanciers, comme tiers; c'est pour cela qu'il ne suffit pas d'un acte par écrit; il faut qu'en outre cet acte ait été enregistré, ou ait obtenu d'une autre manière une date certaine; l'article 2074 n'énonce qu'une conséquence nécessaire de la règle générale établie par l'article 1341, combinée avec celle de l'art. 1328.

CINQUIÈME PRINCIPE.

*Le Législateur a accordé une sollicitude particulière aux intérêts des personnes à qui leur faiblesse ou leur position donne un droit spécial à la protection de l'État (*).*

Cette sollicitude a produit des innovations très-heureuses dans la législation *sur les tutelles.* Au lieu d'obliger le tuteur à fournir une caution pour garantir au mineur le recouvrement des dommages-intérêts de sa mauvaise administration, la loi nouvelle

______

(*) *Discours du tribun Leroy sur le titre de la minorité.* « Une longue enfance nous tient sans défense devant toutes
» les difficultés de la vie ; malheureux que nous sommes,
» nous n'avons pas même la conscience de notre insuffisance!
» Autre misère de l'espèce humaine ! L'âge et l'expérience
» avaient éclairé l'esprit d'un individu : des vices d'organi-
» sation sont développés par les passions, par des peines
» profondes ; je cherche en vain ce trait propre qui distingue
» l'homme dans la chaîne des êtres vivans, je cherche en
» vain sa céleste empreinte ; la raison a fui ! L'humanité ré-
» clamait, dans ces deux cas, un appui spécial de la société. » —
Exposé des motifs de la loi relative aux absens , par le Conseiller-d'Etat Bigot-Préameneu. « Le titre du Code qui
» a pour objet les absens, offre les exemples les plus frappans
» de cette admirable surveillance de la loi, qui semble suivre
» pas à pas chaque individu, pour le protéger aussitôt qu'il se
» trouve dans l'impuissance de défendre sa personne ou d'ad-
» ministrer ses biens. Cette impuissance peut résulter de l'âge
» ou du défaut de raison, et la loi y pourvoit par la *tutelle ;*
» elle peut venir aussi de ce que l'individu *absent* n'est plus
» à portée de veiller à ses intérêts. »

cherche à prévenir tout préjudice du mineur, en plaçant le tuteur sous la surveillance directe de sa famille et sous la censure permanente du subrogé-tuteur, et en lui traçant la marche à suivre dans toutes les occasions importantes; le défaut de cette caution se trouve d'ailleurs plus que compensé par l'hypothèque tacite et légale accordée au mineur sur les biens de son tuteur. Différens auteurs ont cependant regardé comme innovation très-dangereuse pour le mineur, que le code ait dispensé le tuteur de l'obligation d'une *reddition annuelle de ses comptes*. Il nous semble au contraire que ce changement est plus onéreux pour le tuteur, que préjudiciable au mineur, attendu que les états de situation que le tuteur est tenu de remettre au subrogé-tuteur, qui intervient d'ailleurs dans tous les actes d'une importance majeure, mettront ce dernier toujours à même d'arrêter et même de prévenir les malversations du tuteur, obligé de se renfermer dans les bornes que le conseil de famille aura assignés à sa dépense, en vertu des articles 450 et 455 du code. Du moins il nous paraît incontestable qu'un règlement de compte *provisoire* aurait causé annuellement au mineur des frais considérables et le plus souvent inutiles, et qu'un réglement *définitif* aurait souvent compromis ses intérêts.

Cette sollicitude se manifeste encore par les dispositions des articles 390 et 391, par le bénéfice de renonciation accordé à la femme commune, par l'hypothèque légale qui lui est donnée pour ses reprises et avantages matrimoniaux , par la disposition de l'article 1395 qui prohibe tout changement dans les conventions matrimoniales après la célébration du mariage ; enfin, par toute la législation sur les absens.

Mais c'est à tort qu'on a cité, comme un effet de cette sollicitude, la nécessité de l'autorisation pour que la femme mariée puisse contracter ; nécessité qui n'est qu'un effet de la dépendance de la femme et de l'autorité maritale. Si le motif en était dans la faiblesse du sexe, la loi n'aurait certainement pas abandonné à leurs propres lumières, les veuves et les filles majeures.

DEUXIÈME SECTION.

De la rédaction du Code Napoléon.

La rédaction du code Napoléon se fait remarquer d'une manière très-avantageuse par la clarté, la précision et la simplicité de ses dispositions.

Il est cependant à regretter qu'on n'ait pas profité de la nouvelle rédaction du code, pour insérer dans le texte plusieurs décisions du conseil-d'état , qui ont mis fin à des controverses majeures sur l'application de quelques articles, et qu'on n'ait pas, en même temps, réparé quelques omissions faites par inadvertance, lors de la première rédaction.

Nous avons remarqué plus haut que l'on cherche en vain dans le code le principe *locus regit actum* , formellement adopté par le conseil-d'état, rela-tivement aux actes passés par les Français en pays étranger.

Il en est de même 1.º de l'amendement à l'art. 68, arrêté sur la proposition du conseiller d'état *Tron-chet*, et d'après lequel on devait ajouter après le mot *main-levée,* ces mots, « *ou donnée volontairement,* » *ou prononcée par un jugement, suivi d'un ac-* » *quiescement ou rendu en dernier ressort;* »

2.º De l'amendement à l'art. 173, adopté sur la proposition du consul *Lebrun,* et d'après lequel cet article devait commencer par les mots : « *le père,* » *et à son défaut, la mère; au défaut du père et* » *de la mère, les aïeuls, et au défaut d'aïeuls,* « *les aïeules,* peuvent, etc.; »

3º. De l'amendement à l'art. 588, arrêté sur la proposition du conseiller d'état *Muraire,* dans la séance du 27 vendémiaire an 12, pour faire cesser l'équivoque résultant du mot *arrérages,* qui ne s'applique dans certaines provinces qu'aux arrérages arriérés, c'est-à-dire, aux arrérages dus pour les années antérieures à l'année courante;

4.º De l'amendement à l'art. 767, adopté dans la séance du 9 nivose an 11, sur la proposition de M. de Malleville, d'après lequel l'épouse survivante ne devait pas être admise à la succession de l'époux prédécédé, lorsqu'il y a séparation de corps;

5.º De l'amendement à l'art. 1035, adopté dans la séance du 27 ventose an 11 sur la proposition de M. *Tronchet*, d'après lequel un premier testament révoqué par un acte postérieur, *quoique nul*, n'en perdait pas moins sa force ;

6.º De l'amendement à l'art. 2024, adopté sur la proposition du premier Consul, qui distinguait entre le cas où le créancier aurait accepté les deniers offerts par la caution, et celui où ils auraient été consignés sur son refus ;

7.º Enfin , de l'amendement à l'article 2062, arrêté sur la proposition du conseiller d'état *Jollivet* , et par lequel la disposition de cet article était étendue au cas où le fermier ne laissait pas , à la fin du bail, les engrais qu'il avait trouvés au commencement;

Il est également à regretter qu'on n'ait pas profité de cette occasion, pour rectifier plusieurs dispositions qui manquent de précision grammaticale ou logique; pour réparer , par rapport à quelques autres, l'oubli des premiers rédacteurs.

C'est ainsi, 1º. qu'il est plusieurs fois question dans le code de l'*époux divorcé ou non divorcé*, sans faire mention de celui qui est *séparé de corps et de biens;* ce qui a donné lieu à la question très-importante de savoir si les dispositions des art. 299, 302 et 767, sont applicables au cas de la séparation de biens.

2.º Que l'exception faite par l'article 1966, à la règle établie par l'art. 1965, qui proscrit les actions pour dettes *contractées au jeu*, se borne aux jeux qui tiennent à l'adresse et à l'exercice du corps, tandis que, d'après le rapport du tribun *Siméon*, l'intention du législateur a été d'étendre cette exception non-seulement aux jeux d'exercice, mais à tous ceux qui *ne sont pas fondés sur le pur hasard*, auxquels il se mêle des *calculs et des combinaisons*, et qui sont utiles, les uns à développer les forces physiques, les autres à exercer les forces intellectuelles;

3.º Que l'art. 1582 semble présupposer que l'écriture est de l'essence du contrat de vente, tandis que le conseiller d'état *Portalis* a reconnu, dans l'exposé des motifs du titre *de la vente*, qu'en renfermant une règle d'application de l'art. 1341, la disposition se borne cependant aux contrats de vente dont l'objet excède la valeur de 150 fr.;

4.º Que l'art. 2100 n'établit la division des *priviléges en généraux et particuliers*, que par rapport aux priviléges *sur les meubles*, tandis que cette division s'applique également aux priviléges *sur les immeubles*, (art. 2102);

5.º Que dans l'art. 787 le terme *degré* se trouve improprement employé, puisqu'en le prenant dans l'acception qu'y attache l'art. 735, il en résulterait que le père d'une nombreuse famille pourrait, en renonçant, augmenter la portion héréditaire de ses enfans, au préjudice des autres héritiers;

6.º Que l'art. 723 porte erronément *qu'à défaut d'héritiers légitimes*, les biens passent aux enfans naturels, parcequ'aux termes de l'art. 757, les enfans

fans naturels recueillent une partie de la succession, lors même qu'ils *concourent avec des héritiers légitimes ;*

7.° Que la règle, d'après laquelle les enfans du renonçant sont écartés de la succession, quand il existe d'autres héritiers du même ordre qui se trouvaient appelés à la recueillir concurremment avec le père renonçant, offre de grandes difficultés dans son application, lorsqu'il s'agit du cas où les enfans d'un frère renonçant, se trouvent appelés à la succession de leur propre chef, avec les ascendans du défunt ; attendu que l'art. 749 ne les appelle à la portion qui aurait été dévolue au père ou à la mère prédécédés, *qu'en leur qualité de représentans de leur auteur.*

Cette même règle n'est pas sans difficulté, lorsque les enfans d'un frère renonçant, concourent avec les descendans d'un autre frère décédé, qui les précèdent alors d'un degré en vertu du droit de représentation, ou lorsqu'ils se trouvent en concurrence avec des parens collatéraux plus éloignés, qu'ils auraient exclus comme représentans de leur auteur, qualité dont ils se trouvent dépouillés par la renonciation de ce dernier. Il aurait été fort à desirer que l'art. 744 eût statué d'une manière précise sur chacun de ces trois cas.

Les dispositions du code, relatives *à la réserve des ascendans,* laissent également beaucoup à desirer, sous le rapport de la clarté ; d'abord, il y a une certaine antinomie entre la disposition qui accorde une réserve aux ascendans éloignés, et celle qui la refuse aux frères et sœurs appelés à la succession de préférence à ces mêmes ascendans; mais le code ne décide pas même textuellement la question de savoir si cette réserve est due aux ascendans. éloignés, lors même qu'ils se trouvent en concurrence avec les frères et sœurs; car, si d'un côté la disposition de l'art. 915 semble n'admettre aucune exception, d'un autre côté, l'art. 750 qui appelle les frères et sœurs *à la totalité de la succession*, à l'exclusion des ascendans, paraît de même n'en souffrir aucune.

Il serait aussi à desirer, que l'on eût quelquefois plus clairement désigné les personnes auxquelles le code accorde certaines actions, sous la dénomination générique de *personnes intéressées*. Les jurisconsultes n'auraient pas été alors, par exemple, partagés d'opinion sur la question de savoir si *les héritiers du donateur sont recevables à opposer le défaut de transcription de la donation entre-vifs.* C'est ainsi que dans l'art. 112, le terme *parties intéressées* s'applique particulièrement aux créanciers, et que dans l'art. 115, placé dans le même titre, ce terme s'applique aux héritiers, à l'exclusion des créanciers.

On pourrait citer aussi plusieurs dispositions entièrement oiseuses; par exemple, celle de l'art. 687. qui concerne la division romaine des servitudes en *urbaines et rurales*, division à laquelle le code n'attache cependant aucun effet. De même, la disposition de l'art. 197 rendait superflue celle de l'article 319, et l'article 296 n'est qu'une répétition tout-à-fait inutile d'une disposition déjà consacrée par l'art. 228.

Il ne serait pas difficile d'augmenter considérablement cette série d'observations ; mais nous aurions plus particulièrement desiré que l'on eût fait disparaître du code la contradiction formelle qui se trouve entre la disposition de l'art. 2135, en vertu de laquelle l'hypothèque légale et tacite de la femme existe *à compter du jour du mariage*, et l'art. 2194, qui la fait remonter jusqu'au *jour du contrat de mariage*; contradiction d'autant plus frappante qu'elle se trouve dans le même titre et dans la même loi. Enfin, la seconde rédaction du code eût offert une occasion favorable pour en faire disparaître quelques antinomies apparentes qui, pour n'être pas réelles, n'en ont pas moins fourni des objections assez plausibles contre la législation nouvelle ; par exemple :

Celle de l'art. 139, qui accorde à l'époux absent seul le droit d'attaquer le mariage contracté par son conjoint, pendant son absence (*), et de l'art. 184

(*) N'aurait-il pas été convenable de mettre un pareil mariage au rang des causes de divorce, en faveur de l'absent, lorsque celui-ci, de retour chez lui, ne juge pas convenable d'user de la faculté qui lui est accordée par

qui impose au ministère public le devoir de faire prononcer la nullité de tout mariage contracté au mépris d'une première union légitime ;

Celle de l'art. 335 , qui défend la reconnaissance d'un enfant né d'un commerce adultérin ou incestueux, et de l'art. 762, qui accorde des alimens à ces mêmes enfans (*) ;

Enfin, celle de l'art. 1024, qui déclare que le légataire à titre particulier ne sera point tenu des dettes de la succession, et de l'art. 1020 d'après lequel celui qui doit acquitter le legs , n'est point tenu de dégager le fonds, à moins qu'il n'ait été chargé de le faire par une disposition expresse du testateur (**).

---

cet article ? Dans l'état actuel de la législation , il n'a d'autre alternative que de reprendre une femme qui a violé ses sermens , ou de rester célibataire.

(*) Nous avouons cependant que nous n'avons été que faiblement touchés de la contradiction qu'on a prétendu exister entre les dispositions de ces deux articles, quoique l'un des rédacteurs du Code (M. *de Malleville*), ait regardé comme impossible de concilier ces dispositions. Il suffit qu'il y ait un cas quelconque, dans lequel l'état d'enfant adultérin ou incestueux puisse devenir légalement constant, pour que le législateur ait été obligé de s'occuper de son sort. Or, la preuve de cet état se trouvera légalement acquise dans le cas du désaveu d'un enfant par le mari, dans le cas de l'annullation judiciaire d'un mariage entre parens au degré prohibé, enfin dans le dernier cas prévu par l'article 325.

(**) On a aussi reproché au Code de se servir du mot *acte*, pour indiquer, tantôt un fait, et tantôt un écrit; d'où l'on a

TITRE VII.

Des rapports qui existent entre le code Napoléon et les Institutions organiques de l'empire , les mœurs et les habitudes de la nation française.

« Le caractère le plus essentiel d'une loi est de

fait dériver la controverse si les mots, *actes relatifs à la tutelle*, dont se sert l'article 391, doivent s'entendre de tout acte d'administration, ou seulement d'un acte par écrit. Cette question élevée d'abord par M. *Zachariæ* de Heidelberg , (*Handbuch des Franzœsischen Civilrechts*, I, 83), ne nous paraît pas bien difficile à résoudre : le mot acte ayant, dans la langue française, deux acceptions très-distinctes, le législateur a été obligé de lui donner tantôt l'une, et tantôt l'autre ; mais nous ne connaissons aucun article dans lequel le sens de ce mot soit douteux. C'est ainsi que personne en France ne révoquera en doute, que, dans le cas prévu par l'article 391, le mot dont il s'agit ne s'applique à tout acte d'administration quelconque, qu'il ait été passé par écrit ou non.

On a de même reproché au Code d'avoir confondu *l'action en nullité* et *l'action en rescision ;* ce reproche nous paraît également mal fondé. Les mêmes règles étant applicables à ces deux actions, nous ne voyons pas la nécessité qu'il y avait de traiter de chacune séparément, d'autant plus qu'aucun jurisconsulte français n'ignore les différences caractéristiques qui existent entre elles. Il nous paraît plus difficile de justifier la rédaction de l'article 1156, parce que l'intention du législateur ne peut avoir été d'autoriser le juge à s'écarter

» convenir au peuple pour lequel elle est faite (*). »
Il nous semble donc que c'est à tort que l'on a
prétendu trouver un des caractères distinctifs du
code dans son indépendance absolue des lois constitutionnelles, et que l'on a soutenu qu'il se conciliait
parfaitement avec toute forme de gouvernement,
comme avec les habitudes de toute nation civilisée
indistinctement. Nous croyons, au contraire, que si
le code avait effectivement cette qualité, il ne faudrait
que regretter un avantage acheté nécessairement aux
dépens de la nation pour laquelle il a été composé (**). Car s'il est vrai de dire, d'un côté, que
toute législation juste doit nécessairement partir des
principes immuables du droit naturel, et n'en admettre d'autres modifications que celles que l'état
social a rendues nécessaires ; il n'en est pas moins
incontestable, d'un autre côté, que toutes les institutions positives, qui sont le résultat des rapports
sociaux, portent l'empreinte des mœurs, des habitudes et du régime politique de la nation chez laquelle elles ont pris naissance. Dès lors une loi générale qui les embrasse ne saurait faire abstraction

du sens littéral d'une convention, qu'autant que l'intention
contraire des parties est bien constante.

(*) Observations de la Cour d'appel de Metz.

(**) Comment nier, par exemple, que tel système de succession ne convienne à un état républicain, et tel autre à
un état monarchique.

de ce régime et de ces habitudes ; elle est même d'autant plus parfaite (dans un sens relatif à la vérité) (*), qu'elle est plus intimement coordonnée

---

(*) Il nous semble qu'il faudra enfin renoncer à cette idée de *perfection absolue* qui, faisant abstraction du temps et des lieux, semble plutôt convenir à des êtres idéaux qu'à des hommes forcés de vivre quelque part et à une époque déterminée. On a vu que nous ne prétendons pas exclure par-là l'influence des lois éternelles, qui sont « l'expression « immuable de ce principe de raison universelle, de ce » sens moral du cœur, que l'auteur de la nature a imprimé » dans les individus de l'espèce humaine, comme la mesure » vivante de la justice qui parle à tous les hommes le même « langage, qui est plus ancienne, comme dit Cicéron, que » les villes, les peuples et les sénats ; mais comme la diver- » sité des caractères et du génie des hommes, leur incons- » tance et l'inquiétude de leur esprit se communiquent au » corps social, comme les nations ne se ressemblent pas, « et que les gouvernemens n'ont pas les mêmes rapports, » que les mœurs d'un siècle ne sont pas celles du siècle » qui le précède, ni de celui qui le suit, les lois doivent » nécessairement suivre cette inconstance et cette variété » des corps politiques. » C'est cette perfection absolue que l'on fait consister dans l'indépendance des lois privées de l'influence des constitutions politiques, des mœurs et des intérêts nationaux, que nous regardons comme une chi- mère; mais nous revendiquons, en faveur du Code, et cette *bonté absolue* qui consiste dans les rapports des lois avec ces principes de la morale, communs à tous les hommes, propres à tous les gouvernemens et à tous les climats, et cette *bonté relative* qui consiste dans les rapports des lois avec l'état de la nation qui les reçoit.

à toutes ces institutions sociales. Le grand art du législateur, sous ce rapport, consiste à concilier avec les principes éternels de la justice, les prétentions de la politique, de la morale de convenance, de la civilisation, de l'individualité et de l'esprit de la nation. Il ne sera pas bien difficile de prouver que le code Napoléon possède cette perfection relative au plus haut degré.

PREMIÈRE SECTION.

Des rapports qui existent entre le Code Napoléon et le Droit public français.

Nous partageons cette section en deux divisions :

La première traitera des rapports qui existent entre le code Napoléon et les lois constitutionnelles proprement dites.

La deuxième traitera des rapports qui existent entre le code Napoléon et les lois de droit public qui déterminent l'organisation judiciaire de l'empire.

PREMIÈRE DIVISION.

Des rapports qui existent entre le Code Napoléon et les Lois constitutionnelles de l'Empire, proprement dites.

Quoique l'exercice des droits civils soit indépendant de la qualité de *citoyen français,* laquelle ne s'acquiert et ne se conserve que conformément à la loi constitutionnelle, l'influence de cette dernière sur les principes de la législation civile consacrés par le code Napoléon, ne peut pas être méconnue ; quelquefois elle a été reconnue formellement (*) ; dans d'autres occasions, pour ne pas être expresse, elle n'en est pas moins directe. C'est ainsi :

Que la *sécularisation du mariage et des actes de l'état civil* n'est qu'une conséquence directe du principe de droit public, *que les cultes sont libres* ;

Qu'on a rendu hommage au même principe, en ne regardant pas le mariage comme *absolument indissoluble devant la loi civile* ;

Que l'*uniformité de législation* consacrée par le code, et l'*égalité de tous les citoyens devant la loi*, ne sont que le résultat des lois politiques ;

Que par suite de ces mêmes lois, le code a aboli tous les *priviléges* (**) ;

Que pour garantir la *liberté individuelle* des citoyens, il a renfermé, dans des bornes très-étroites, la faculté de stipuler la contrainte par corps (2163— 2068) ; proscrit le louage des services à vie (art. 1780), et tous les services dus par la personne (art. 686) ; déclaré résolubles, moyennant une indem-

____

(*) *Exposé des motifs de la loi sur la minorité.* « La » constitution donne à vingt-un ans l'exercice des droits » politiques ; la loi ne peut pas refuser, au même âge, » l'exercice des droits civils. »

(**) Sauf la dispense de la tutelle accordée à raison de certaines *dignités.*

nité, toutes les obligations qui consistent à faire quelque chose (1142) ; et qu'enfin, dans la disposition de l'article 638, le législateur a manifesté l'intention bien prononcée d'élever une barrière insurmontable contre le retour de la féodalité;

Qu'à côté de l'*ordre des successions*, arrêté du temps du gouvernement républicain, et dont les effets tendent au morcellement des propriétés et à leur distribution entre un grand nombre de propriétaires dans l'intérêt de l'agriculture, s'élève la législation *sur les majorats*, dont les effets tendent, au contraire, à réunir de grandes possessions territoriales dans la même main. Par la combinaison de ces deux législations, dès-à-présent inséparables, la culture des terres se trouve favorisée dans les campagnes, tandis que les titulaires de majorats, réunis autour du trône, en augmentent l'éclat et la force; et comme nul majorat ne peut être constitué sans l'autorisation du prince, il reste toujours maître d'arrêter ces exceptions à l'ordre ordinaire des successions, si la masse des propriétés qu'elle retire de la circulation devenait un jour trop considérable.

Enfin, il existe des rapports intimes entre le *système des impositions de l'empire* et la législation civile. Ces rapports se trouvent expressément énoncés relativement au système des impositions indirectes, surtout relativement aux droits d'enregistrement et d'hypothèque; et si les bornes de ce traité le permettaient, nous ne serions pas embarrassés à prouver que l'abolition des droits de dîmes et de cens, et la mobilisation des rentes foncières se trouvent dans une relation non moins intime avec le système des contributions directes (*).

Remarquons cependant, que pour prévenir toute confusion, on a eu la sage précaution de réunir, dans des codes particuliers, les lois privées et les lois politiques. Les deux législations sont distinctes et parallèles ; on ne voit pas le lien qui les unit : mais créées par le même génie, elles ne sauraient désavouer leur

---

(*) Cette assertion paraîtra bien paradoxe à beaucoup de nos lecteurs. Elle n'en est pas moins fondée. Dans l'ancienne constitution, née du régime féodal, l'état, représenté par le souverain, était le premier et le plus riche propriétaire. Les dépenses de l'administration publique étaient alors assignées sur les revenus de ses domaines inaliénables, et les contributions, qui sont d'une origine plus récente, et qui ne furent d'abord payées que comme un don gratuit et extraordinaire, ne se levaient que pour suppléer au *deficit* des revenus territoriaux. Dans cet état de choses, la législation civile dut nécessairement favoriser les emphythéoses héréditaires, les rentes foncières et irrachetables, enfin toutes les charges inhérentes à la propriété, qui offraient au domaine des ressources essentiellement permanentes. Aujourd'hui que les contributions sont fixées annuellement par le concours des autorités constitutionnelles, et que c'est sur elles que sont assignées toutes les charges de l'administration publique, le droit civil a pu dégager les propriétés territoriales de toutes ces charges, restes de l'ancien système féodal.

origine commune. L'harmonie qui existe entr'elles ne se fait jamais plus vivement sentir, que lorsqu'il est question de transporter l'une ou l'autre isolément sur une terrre étrangère. Aussi l'expérience nous prouve-t-elle que partout où la législation du code Napoléon a été adoptée, l'époque de son introduction a été celle d'une nouvelle organisation sociale; que partout on s'est rapproché des institutions organiques de la France ; que cette législation bienfaisante assure la constitution des familles, la sûreté des propriétés et la stabilité des conventions; qu'enfin, l'abolition du servage, l'affranchissement des terres, l'extinction des priviléges et la liberté des consciences, en l'accompagnant, ont annoncé partout aux peuples alliés « que le règne de Napoléon est celui des » idées libérales. »

DEUXIÈME DIVISION.

Des rapports qui existent entre le Code Napoléon et l'Organisation judiciaire française (*).

En examinant les rapports qui existent entre le

(*) C'est une des controverses les plus violemment débattues entre les jurisconsultes allemands , que celle de savoir si la réception du Code Napoléon entraîne nécessairement l'adoption de la procédure française, ou si la législation du Code peut s'allier avec la procédure suivie en Allemagne jusqu'à ce jour. On a lieu de s'étonner que

code Napoléon et les institutions organiques de l'ordre judiciaire, la *cour de cassation*, comme la plus éminente de ces institutions, est la première qui se présente à notre esprit, quoique dans le texte même du code il n'en soit fait mention qu'une seule fois à l'occasion du divorce (*). Nous avons remarqué plus haut que le code Nap. ne présente presque aucun exemple

---

la procédure publique soit proscrite dans le pays même où elle a pris naissance, et d'où elle a été transportée en France, à l'époque de l'émigration des peuples germaniques dans les provinces romaines. Quoi qu'il en soit, la procédure actuelle y a des partisans fort nombreux, à la tête desquels se distingue, par son ancienne réputation, M. le conseiller Gœnner de Landshut, tandis que l'opinion contraire est soutenue avec parfaite connaissance de cause par M. d'Almendingen , conseiller intime de S. A. S. le duc de Nassau. Les pièces de ce procès important se trouvent, en partie, dans le journal intitulé : *Archiv für die Reform der Gesetzebung , und des juristischen. Studiums* , publié par M. Gœnner, et en partie, dans le journal publié par M. le conseiller Winkopp , sous le titre de *Rheinischer Bund*. M. d'Almendingen ayant eu assez de confiance dans les lumières de mon collègue Arnold, professeur en droit de l'académie de Strasbourg, et en moi, pour en appeler à notre jugement, nous nous sommes cru obligés, tout en reconnaissant notre incompétence, de donner notre avis motivé sur la question , dans un article inséré dans le seizième volume du même journal (*Rheinischer Bund*), dont la présente division contient un extrait.

(*) Dans l'article 263.

d'application. On peut ajouter que comparativement à d'autres législations, il ne contient même qu'un petit nombre de préceptes législatifs. Si ce nombre a paru suffisant, c'est parceque le législateur à dû supposer que ces préceptes seraient complétés et les exemples suppléés par la jurisprudence des cours souveraines, dont les décisions sont portées rapidement à la connaissance du public par les nombreuses collections, publiées à cette fin. Il n'y a que la conscience d'un pareil guide dont la marche non interrompue et indépendante du concours du pouvoir législatif assure, d'une manière péremptoire, la stricte exécution de toutes les dispositions légales, qui ait pu autoriser le législateur à se borner à l'étendue et à la forme qu'il a données au code Napoléon. Assuré d'une interprétation doctrinale, sans cesse renaissante, il a pu respecter, mieux que tout autre, la dignité de son office et se dispenser de tous développemens minutieux. Il serait donc difficile de séparer du code Napoléon l'idée d'une cour suprême, dont les arrêts, connus d'un bout de l'empire à l'autre, sans avoir l'autorité de la loi, en contiennent cependant l'application et l'interprétation, et servent de régulateurs aux tribunaux. L'influence salutaire de cette doctrine authentique est d'ailleurs consacrée par l'expérience. Lorsqu'une fois la cour de cassation a adopté une jurisprudence constante sur un point de droit, toute divergence d'opinion cesse le plus souvent entre les cours impériales ; celles qui tenaient pour le système de la cour suprême, fortes de son appui, maintiennent leur opinion ; celles au contraire qui, d'abord, ne l'avaient point partagée, cèdent peu à peu à une autorité aussi respectable ; et les parties, dans la prévoyance du résultat définitif de leur contestation, s'abstiennent de porter devant les tribunaux des prétentions qu'elles seraient certaines d'avance de voir proscrire. Pour prouver à l'évidence notre proposition, il suffira de rappeler à la mémoire le grand nombre de controverses qui s'étaient élevées d'abord sur l'application de certaines dispositions du code, et au sujet desquels la jurisprudence de la cour de cassation a fixé l'opinion des jurisconsultes (*).

Il existe des rapports non moins intimes entre le code Napoléon et la *juridiction volontaire des notaires* (**), institution parallèle à la *juridiction con-*

(*) Nous citerons dans la foule de ces controverses celles qui ont eu lieu sur l'adoption des enfans naturels, sur les formalités des testamens, sur les droits successifs des frères utérins ou consanguins. Il est incontestable que si le Code était promulgué dans un état qui n'aurait ni cour de cassation, ni autre institution analogue, il s'y formerait bientôt autant de jurisprudences qu'il y aurait de cours d'appel, à moins de revenir à la dangereuse jurisprudence des *arrêts du conseil,* ou au mode plus dangereux encore des *rescrits du Prince.*

(**) De toutes les institutions françaises, il n'y en a point contre lesquelles l'opinion publique, en Allemagne, ait

tentieuse exercée par les tribunaux institués par le prince. La défaveur avec laquelle la preuve testimoniale est traitée par le code, nécessite une institution qui procure aux parties illéttrées, le moyen de faire rédiger leurs conventions par des fonctionnaires capables d'inspirer de la confiance au public ; et la préférence accordée aux actes notariés sur les actes sous seing-privé, doit nécessairement engager les parties mêmes qui savent lire et écrire à se ménager, par un acte authentique, une preuve irrécusable de leurs transactions. Enfin, la force exécutoire de ces actes prévient les procès sans nombre par lesquels la chicane cherche à retarder ou à entraver l'exécution des actes privés.

La législation du code Napoléon se trouve dans

---

montré une plus grande répugnance, que contre le *notariat* et les *huissiers*. Il ne pouvait guères en être autrement dans un pays où la plupart des notaires sont de pauvres scribes, et les huissiers les valets du baillif. Aussi toutes les réclamations ne portent-elles que sur la difficulté de trouver des personnes instruites et intègres qui veuillent remplir ces fonctions, ainsi que sur les abus que l'on craint de la part de celles auxquelles on serait obligé de confier le pouvoir dont les notaires et les huissiers sont investis en France. Ces difficultés ne paraissent cependant pas insurmontables ; elles viennent du mépris dans lequel ces fonctions sont tombées : il faut donc commencer par les relever dans l'opinion publique ; on trouvera après des sujets propres à les remplir.

une

une harmonie non moins parfaite avec les principes
de la *procédure civile suivie en France,* dont les
caractères distinctifs nous paraissent consister :

1.º Dans la *limitation du nombre des instances*
à deux au plus.

2.º Dans la *publicité des débats* et dans les
plaidoiries.

3.º Dans la *séparation de la juridiction volontaire*
et de la juridiction contentieuse.

4.º Dans le contrôle du *ministère public,* qui
n'agit, en règle générale, que par *voie de*
réquisition, et qui agit, dans quelques cas seulement, par *voie d'action.*

5.º Dans l'instruction extrajudiciaire des causes
par des *officiers ministériels.*

6.º Dans l'institution d'huissiers pour l'*exécution*
des jugemens, qui se fait ailleurs par l'autorité
du magistrat.

Or, il nous semble qu'on ne saurait changer aucun de ces caractères de la procédure, sans porter
une atteinte plus ou moins directe à la législation
du code Napoléon. Supprimer le ministère public,
ce serait anéantir la garantie des actes de l'état civil,
qui résulte de la surveillance exercée par les procu-
reurs impériaux sur les officiers de l'état civil ; ôter
aux mineurs, aux interdits, aux absens et aux fem-
nes mariées leurs défenseurs nés; faciliter les divorces
concertés entre les parties, et les mariages contraires
aux prohibitions de la loi; débarrasser les notaires et

les conservateurs des hypothèques d'une surveillance si salutaire aux parties intéressées; compromettre enfin, dans des occasions innombrables l'ordre public et les bonnes mœurs (*). La publicité des débats empêche bien des femmes timides de recourir, dans un premier mouvement de mécontentement, au remède extrême du divorce, et élève une barrière insurmontable contre des interdictions injustes, que l'intrigue ou l'avidité des collatéraux pourrait tenter de surprendre. La limitation du nombre des instances à deux au plus, dont le motif se trouve si énergiquement développé dans l'avis du conseil-d'état, du 31 janvier 1806, ne pourrait être abolie, sans aug-

---

(*) Dans quelques états d'Allemagne on a voulu suppléer au ministère public, en déléguant ses fonctions, soit au président, soit au plus jeune des membres des cours de justice, soit aux cours de justice en corps. C'est méconnaître étrangement l'esprit de cette institution, et détruire la chose pour n'en conserver que le nom. Comment un tribunal peut-il se contrôler lui-même? Comment le président le pourrait-il, lui qui en est l'organe? Comment le plus jeune des membres d'une cour de justice conserverait-il son indépendance contre l'influence de son président et de ses collègues plus anciens? On n'a donc pas senti tous les avantages qui résultent de la position particulière des officiers du ministère public, fonctionnaires temporaires, agens du gouvernement, chargés de veiller sans cesse à l'exécution des lois, de dénoncer les contraventions, et de défendre les intérêts des personnes qui ont un droit spécial à la protection de l'état.

nenter considérablement les frais des contestations ur l'homologation des délibérations de famille et le celles qui peuvent s'élever dans le cours d'un parage judiciaire. L'exécution confiée aux huissiers, plus rapide et moins dispendieuse que celle qui est faite par le juge dont les fonctions expirent par le jugement qui termine la contestation, inspire aux parties plus de respect pour leurs engagemens, en leur ôtant tous les moyens d'en retarder l'accomplissement. Enfin, de même que dans le code Napoléon on trouve plusieurs règles de procédure, on trouve dans le code de procédure plusieurs dispositions de législation civile, parmi lesquelles nous ferons remarquer celle de l'article 126, qui autorise, dans certains cas non prévus par le code Napoléon, la prononciation de la contrainte par corps; celle de l'article 834, qui autorise les créanciers hypothécaires à faire inscrire leurs titres postérieurement à l'aliénation des immeubles hypothéqués; celle de l'article 883, qui veut que toutes les fois que les délibérations d'un conseil de famille ne sont pas unanimes, l'avis de chacun des membres soit mentionné dans le procès-verbal, et qui détermine en même-temps les personnes recevables à se pourvoir contre une pareille délibération; enfin, celle de l'article 905, qui désigne les personnes qui ne peuvent être admises au bénéfice de la cession de biens, en ajoutant, à cet égard, aux exceptions déjà consacrées par le code Napoléon.

TROISIÈME DIVISION.

Des rapports qui existent entre le Code Napoléon et la législation criminelle.

Les lois pénales sont la sanction de toutes les autres. Elles garantissent à chacun la jouissance de ses propriétés, et l'exercice de ses droits, qui sont les principaux objets des lois civiles. Tel est le rapport général entre les deux législations, mais qui n'est pas particulier à celle du code Napoléon.

Mais il existe entre ce code et le nouveau code pénal une corrélation particulière, qui résulte :

1.º De ce que le code Napoléon renferme plusieurs dispositions pénales, qui ont pour objet d'assurer l'exécution de ses dispositions prohibitives et qui complètent, dans les matières du droit civil, la législation criminelle (*).

2.º En ce que de plusieurs dispositions du code pénal, il résulte, sinon des modifications, du moins des règles d'application de différentes dispositions du droit civil.

______

(*) L'ordre historique de la discussion de ces deux codes explique pour quel motif ces dispositions pénales n'ont pas été renvoyées au code pénal. Il aurait alors fallu laisser, sans aucune sanction, les dispositions prohibitives du Code Napoléon, dans l'intervalle entre l'époque de sa promulgation et celle du code pénal.

PREMIÈRE SUBDIVISION.

Dispositions pénales renfermées dans le Code Napoléon.

Nous ne mettrons pas au nombre de ces diposi-tions les règles qui déterminent les effets de la mort civile. Comme il s'agit ici de l'influence d'une con-damnation criminelle sur les rapports privés du con-damné, ces règles ont dû nécessairement trouver leur place dans le code Napoléon.

Nous nous bornons de citer :

1.º La disposition de l'article 5o, qui punit d'une amende toute contravention aux règles sur la tenue des registres de l'etat civil, de la part des fonctionnaires dénommés dans les articles immédiatement précédens.

2.º Les dispositions des articles 156 et 157, qui prononcent une amende et la peine de l'em-prisonnement contre les officiers de l'état civil qui auraient procédé au mariage de fils ou de filles de famille, ou bien de mi-neurs, sans que le consentement des père et mère, celui des ascendans et celui de la famille, dans les cas où ils sont requis, aient été rapportés, ou sans que les actes respec-tueux prescrits par la loi aient été signifiés.

3.º L'art. 192, qui établit une pénalité pour le cas où un mariage aurait été célébré sans avoir été précédé de publications ré-gulières.

4.º Les art. 298 et 308, qui prononcent une peine correctionnelle contre la femme convaincue d'adultère, lorsque le divorce ou la séparation de corps a été demandée et obtenue par ce motif.

5.º Enfin, la disposition de l'art. 327, qui porte que l'action criminelle contre un délit de suppression d'état ne pourra commencer qu'après le jugement définitif sur la question d'état, et qui paralyse, dans ce cas particulier, l'action d'office confiée aux officiers du ministère public.

DEUXIÈME SUBDIVISION.

Des dispositions de la Législation pénale , qui sont d'une influence particulière sur le Droit civil.

Nous remarquerons comme telles,

L'art. 18 du code pénal, et le décret impérial du 6 avril 1809, qui déterminent les cas dans lesquels il y a lieu à la *mort civile*;

L'art. 29, qui prononce une *interdiction légale* pendant la durée de la peine, contre quiconque a été condamné à la peine des travaux forcés à temps, ou de la réclusion ;

L'art. 38, qui assure les droits des héritiers légitimaires, dans les cas où la loi criminelle autorise la confiscation générale de la fortune du condamné ;

L'art. 42 , qui autorise les tribunaux, jugeant correctionnellement, *d'interdire*, dans certains cas, en tout ou en partie, *l'exercice des droits civils et de famille suivans* :

6.º De vote et suffrages, dans les délibérations de famille.

7.º D'être tuteur, curateur, si ce n'est de ses enfans et sur l'avis seulement de la famille.

8.º D'être expert ou employé comme témoin dans les actes ;

Les art. 401 , 405 et 410, déterminent les cas dans lesquels cette interdiction partielle peut être prononcée, ainsi que le temps de sa durée (de cinq années au moins , et de dix au plus);

L'art. 192, qui prononce des peines correctionnelles, pour le cas de la contravention aux art. 40 et 52 du code Napoléon ;

L'art. 154, qui en prononce pour le cas de la contravention à l'art. 228 ;

L'art. 340, qui a pour objet d'assurer l'observation de la prohibition renfermée dans l'art. 147 du code Napoléon ;

Les art. 336 , 337 , 338 et 339, qui prononcent des pénalités contre la femme adultère , et le mar qui a tenu sa concubine dans la maison commune, et dont les dispositions ont modifié, sous plusieurs rapports, la législation existante sous l'empire du code Napoléon, en ce que :

1.º Il y a lieu aujourd'hui, même hors du cas d'une demande en divorce, à une action pour cause d'adultère, qui doit alors être

introduite devant les tribunaux correction-
nels, dans les formes déterminées au code
d'instruction criminelle, sans que cependant
cette action purement personnelle puisse jamais être intentée d'office.

2.º Que l'art. 338 ayant déterminé que les
seules preuves qui pourraient être admises
contre le prévenu de complicité de l'adultère,
seront, outre le flagrant delit, celles résultant de lettres ou autres pièces écrites par
le prévenu, il s'en suit, que hors le cas où
il existerait de pareilles preuves, les tribunaux ne seraient point autorisés à défendre,
par le jugement qui autoriserait le divorce
pour cause d'adultère, le mariage avec une
personne déterminée, que le juge serait
porté de regarder comme le complice de
l'adultère, d'après les enquêtes et autres
indices résultant de la procédure; parceque l'incapacité résultant de cette prohibition est une véritable pénalité, qui ne
peut être prononcée que lorsque le délit est
constant de la manière exclusivement admise
par la loi.

3.º Que la deuxième disposition de l'art. 337
cesse dans le cas où, par suite de la plainte
en adultère, le mari aurait demandé et obtenu
le divorce, art. 295 du code Napoléon.

L'art. 345 dirigé contre le crime de suppression d'état;

L'art 346, qui renferme des dispositions pénales contre ceux qui négligeraient de satisfaire aux obligations qui leur sont imposées par les art. 55 et 56 du code Napoléon ;

L'art. 347, qui renferme une sanction pénale de l'art. 58 du code Napoléon.

Finalement, nous remarquerons encore la liaison qui existe entre les art. 348 et suivans, et les obligations imposées par la loi civile aux parens, tuteurs et autres personnes chargées du soin de la personne d'un mineur;

Ainsi qu'entre les articles 354 et suivans et les dispositions du code Napoléon, sur la puissance paternelle et la nécessité du consentement des parens au mariage des mineurs, particulièrement l'art 357 qui dispose que, dans le cas où le ravisseur aurait épousé la fille qu'il a enlevée, il ne pourra être poursuivi que sur la plainte des personnes qui, d'après le code Napoléon, ont le droit de demander la nullité du mariage, ni condamné qu'après que la nullité du mariage aura été prononcée.

DEUXIÈME SECTION.

De l'influence de différentes considérations d'ordre public sur la rédaction du Code.

Parmi les dispositons du code Napoléon, il en est un grand nombre qui ont été dictées par des considérations d'ordre public, que nous réduirons à trois principales.

PREMIÈRE CONSIDÉRATION.

Il est de l'intérêt de l'État de favoriser la circulation des propriétés.

C'est en conséquence de ce principe, que le code traite avec une défaveur marquée toutes les conventions qui mettent des entraves à cette circulation, soit en atteignant les biens futurs, soit en limitant le droit de disposition, soit en rendant la propriété flottante entre plusieurs personnes.

C'est ainsi qu'on ne peut, même par contrat de mariage, renoncer à la succession d'un homme vivant, ni aliéner les droits éventuels que l'on peut avoir à une succession (art. 791 et 1130);

Que nul ne peut être contraint de rester dans l'indivision, et que les conventions suspensives du partage d'une propriété commune ne peuvent être obligatoires au-delà de cinq ans (art. 815);

Que plusieurs modes de disposition à titre gratuit admis par le droit romain (par exemple la donation à cause de mort), ont été abolis par l'art. 893;

Que les substitutions fidéi-commissaires, pupillaires et exemplaires ont été abolies par l'article 890;

Que la donation entre-vifs ne peut comprendre que les biens présens du donateur (art 943);

Que les époux ne peuvent faire aucune convention dont l'objet serait de changer l'ordre légal des successions , soit par rapport à eux - mêmes dans la succession de leurs enfans ou descendans, soit par rapport à leurs enfans entre eux (art. 1389 ;

Que la constitution de dot de tous les biens de la femme, en termes généraux, ne comprend pas les biens à venir (art. 1542);

Que la faculté de rachat ne peut être stipulée pour un terme excédant cinq années, et que ce terme ne peut être prolongé par le juge (art 1660 et 1661);

Que toute stipulation tendante à comprendre, dans une société de tous biens présens, la propriété des biens qui pouraient avenir aux associés par succession , donation ou legs, est prohibée (art. 1837);

Que les biens à venir ne peuvent pas être hypothéqués (art 2119), sauf les exceptions admises par les art. 2130 et 2131 ;

Qu'enfin, en règle générale, la revendication des choses mobilières n'a pas lieu contre le possesseur de bonne foi (art. 2279);

DEUXIÈME CONSIDÉRATION.

On a cherché à concilier le crédit le plus étendu avec la plus grande sûreté des créanciers (*).

C'est à cette considération d'ordre public qu'ont

dû céder toutes les objections faites contre le système de la *publicité et de la spécialité des hypothèques.*

On en reconnaît encore les effets dans la disposition de l'article 6̀18, qui autorise les créanciers de l'usufruitier poursuivi pour cause d'abus dans sa jouissance, à intervenir dans la contestation, et à offrir la réparation des dégradations commises, et des garanties pour l'avenir;

Dans celle de l'art. 622, en vertu de laquelle ces mêmes créanciers peuvent faire annuler la renonciation que l'usufruitier aurait faite à leur préjudice;

Dans celle de l'art. 1166, qui autorise le créancier à exercer tous les droits et actions de son débiteur, à l'exception de ceux qui sont exclusivement attachés à la personne;

Dans celle de l'art. 1167, qui l'autorise à attaquer, en son nom personnel, les actes faits par son débiteur en fraude de ses droits;

Dans celle de l'art. 788, qui autorise les créanciers à faire annuler la renonciation faite par leur débiteur à une succession ouverte à son profit;

Dans celle de l'art. 1464, qui les autorise à accepter de leur chef une communauté répu-

---

(*) *Exposé des motifs de la loi sur les Privilèges et Hypothèques.*

diée par la femme débitrice, en fraude de leurs droits;

Et enfin, dans les mesures de précaution prises par le législateur, dans l'intérêt des tiers, pour assurer la publicité des jugemens d'interdiction ou de séparation des biens.

Il nous paraît seulement à regretter qu'en dispensant de l'inscription un trop grand nombre de créances privilégiées, les intérêts des créanciers hypothécaires peuvent souvent se trouver compromis, et qu'en trop multipliant les formalités de l'inscription, on ait fait dépendre la fortune des particuliers de l'observation de ces formalités, souvent peu essentielles.

TROISIÈME CONSIDÉRATION.

Le législateur a cherché à prévenir et à abréger les procès.

La défaveur de la preuve testimoniale et la nécessité d'une date certaine dans les actes sous seing-privé, contribuent indirectement, mais d'une manière très-efficace à ce but, lequel s'annonce cependant bien plus directement ;

1.º Dans les dispositions qui restreignent à de brefs délais l'exercice de certaines actions.

C'est ainsi que l'action récursoire des créanciers d'une succession bénéficiaire, qui ne se sont présentés qu'après le payement du reliquat de compte, se prescrit par le laps de trois ans (art. 8o9);

Que le droit des créanciers d'une succession, de demander que le patrimoine du défunt soit séparé du patrimoine de l'héritier, se prescrit également, à l'égard des meubles, par le laps de trois ans (art. 88o);

Que l'action du mineur contre son tuteur, relativement aux faits de la tutelle, est restreinte à dix ans, à compter de la minorité (art. 475);

Qu'on a restreint à ce même délai, en règle générale, l'exercice de l'action en nullité ou en rescision d'une convention (art. 13o4); tandis que la demande en rescision d'une vente, pour cause de lésion, n'est recevable que pendant deux ans, à compter du jour de la vente (art. 1676);

Que nulle réclamation contre un règlement de part entre associés n'est admissible, s'il s'est écoulé plus d'un mois depuis que la partie qui se prétend lésée, a eu connaissance du règlement (art. 1854);

Enfin, c'est dans ces mêmes vues qu'ont été établies les nombreuses prescriptions de six mois, d'un an, de deux ans et de cinq ans, dont l'énumération se trouve dans la section IV, chapitre V du titre de la *Prescription*.

2.º Dans la règle qu'en fait de meubles, possession vaut titre (art. 2279), et dans l'application qui en est faite par les articles 1926 et 2076;

3.º Dans les dispositions qui n'admettent la prescription qu'à l'égard des servitudes continues et apparentes à-la-fois; dans celles qui règlent d'une manière précise les rapports dérivant du voisinage, et enfin dans celles qui suppriment plusieurs institutions, lesquelles, de leur nature, devaient occasionner de nombreuses contestations, comme le retrait lignager, l'action en recours contre les membres du conseil de famille, à raison de l'insolvabilité du tuteur, et un grand nombre d'autres institutions, consacrées par le droit romain, dont on trouvera le détail dans le titre suivant.

TROISIÈME SECTION.

Des rapports qui existent entre le Code Napoléon et les mœurs et les habitudes particulières de la Nation française.

Non-seulement il est de toute évidence que si les rédacteurs du code Napoléon, choisis dans toute autre nation, avaient vécu au milieu d'autres institutions organiques, et avaient été dirigés par d'autres principes d'économie politique, le résultat de leurs travaux n'aurait point été le même; mais il nous parait egalement incontestable que plusieurs règles du code se ressentent de l'influence des mœurs et des habitudes particulières de la nation française. Cette observation s'applique tout aussi bien à des matières entières qu'à des dispositions particulières. C'est ainsi qu'il nous semble que la force de l'habitude peut seule justifier le législateur, 1.º d'avoir fait de la *communauté légale* le droit commun de la France, au lieu de soumettre les droits des époux mariés sans contrat, aux règles infiniment plus simples du régime dotal; 2.º d'avoir appelé aux successions les parens collatéraux, même du douzième degré, concurremment avec les ascendans de l'autre ligne. Une grande partie des formalités dont on a entouré les actes, n'ont d'ailleurs pour but que de prévenir des genres de fraude qui sont presque particuliers à notre siècle, particulièrement le *faux*, fléau presqu'inconnu jusqu'à ce jour à nos voisins les allemands (*).

____

(*) C'est une observation très-judicieuse de M. de Malleville, que le spectacle des désordres de la capitale nuit à la bonté des lois pour les provinces. « On est sans cesse » occupé ici à prévenir des fraudes dont on n'a pas même » l'idée ailleurs. » C'est ainsi que la *prohibition absolue des mariages entre belle-sœur et beau-frère*, est motivée sur la crainte de provoquer des divorces. Il serait cependant facile de prouver que, dans les provinces, sur cent mariages contractés entre alliés, il n'y en a pas un seul qui soit la suite d'un divorce. Cette prohibition absolue est contraire aux habitudes des trois quarts de l'Empire; on a été obligé de l'abolir dans la Westphalie, et dans presque tous les états de la Confédération du Rhin, qui ont adopté le code. En France, où elle existe, l'expérience prouve tous les jours que, loin de diminuer la corruption des mœurs, effet

Parmi

Parmi les dispositions particulières, dans lesquelles on doit reconnaître l'influence des mœurs, nous citerons celle de l'art. 162, qui défend d'une manière absolue le mariage entre le beau-frère et la belle-sœur ;

Celle de l'art 250, qui n'admet l'adultère du mari comme cause de divorce, qu'autant qu'il a tenu sa concubine dans la maison commune ;

La défense de la recherche de la paternité, consacrée par l'art. 340 ;

Enfin, la disposition de l'art. 374, qui permet à l'enfant de quitter la maison paternelle sans la permission de son père, après l'âge de dix-huit ans révolus, pour cause d'enrôlement volontaire.

---

inévitable des fréquentations trop faciles, elle ne fait que substituer le concubinage au mariage, et prive par-là les enfans de tous les avantages qu'ils auraient pu retirer de l'affection d'une seconde mère, sans leur épargner aucun des malheurs dont ils ont quelquefois à gémir sous le gouvernement d'une marâtre. Au contraire, l'avidité de la concubine, qui n'a aucun refuge à espérer après la mort de son amant, et qui doit craindre sans cesse que l'amour paternel ne l'emporte tôt ou tard en lui sur le charme qui l'attache à elle, n'en est que plus insatiable. Tous ces inconvéniens disparaîtraient, si l'on permettait le mariage entre le beau-frère et la belle-sœur, *pour motifs graves et moyennant dispenses,* excepté dans le cas où le premier mariage aurait été dissous par le divorce ; cas où la prohibition resterait absolue.

TITRE VIII.

Des institutions du Droit romain abolies par le Code, et des principes nouveaux qu'il a consacrés.

PREMIÈRE SECTION.

Des institutions du Droit romain abolies par le Code.

Pour faire ressortir tous les avantages de la simplicité de la législation nouvelle, et pour faire apprécier en même temps la différence qui existe entre les législations romaine et française, nous commencerons par donner la nomenclature des nombreuses institutions que le code a élaguées du système du droit civil, « soit parcequ'elles étaient inutiles ou contraires » à l'esprit du siècle, soit parcequ'elles étaient des » sources de procès par la complication de leurs » formes, soit enfin parcequ'elles ont paru contraires » à la pudeur publique et à la dignité du nom » français (*). »

____

(*) *Discours du tribun Jaubert sur la loi du* 30 *ventose an* 12. « *L'action ab irato* mettait la mémoire du père » en jugement ; l'*exhérédation* établissait une lutte entre » l'intérêt pécuniaire du fils et l'honneur paternel ; la *néces-* » *sité d'institution d'héritier* n'était fondée que sur des

Nous terminerons cet essai dans la deuxième

« subtilités ; les règles sur la *fiducie* ne reposaient que sur
» des conjectures ; le *droit d'élire* ne conduisait que trop
» souvent à des traités immoraux ; les *substitutions fidei-*
» *commissaires*, exemplaires, pupillaires, compendieuses,
» engendraient tant de contestations ! Elles n'étaient qu'une
« extension désordonnée du droit de propriété, un aliment
» de l'orgueil, et un obstacle à la liberté des transactions
» et aux progrès de l'agriculture. Les *droits d'aînesse et de*
» *masculinité* outrageaient la nature ; la *légitimation par*
» *lettres* nuisait aux unions légitimes ; l'*interdiction pour*
» *prodigalité* attaquait le droit de propriété, et compro-
» mettait l'honneur du citoyen, en allumant les passions des
» collatéraux ; les *droits nobiliaires* de certains héritages
» leur imprimaient une espèce de servitude ; les *droits*
» *féodaux* étaient incompatibles avec les principes de la
» liberté publique ; le *retrait lignager* paralysait le droit
» de propriété ; les *rentes foncières* non rachetables attri-
» buaient une espèce de domination au créancier, et impo-
« saient une gêne trop onéreuse au propriétaire du sol ;
» l'*imprescriptibilité du domaine public* laissait les citoyens
» dans la crainte perpétuelle d'être poursuivis par le fisc ;
» la *distinction des biens en libres et propres* répugnait à
» la nature des choses, elle créait un procès dans chaque
» succession ; le *don mutuel* proprement dit, n'était qu'une
» occasion de captation ; le *douaire coutumier* assurait aux
» épouses des avantages qu'elles ne doivent tenir que de
» la volonté libre, réfléchie et reconnaissante ; le *privilége*
» *du propriétaire* de la maison, qui pouvait interrompre
» le bail, était souvent une occasion de fraude, et toujours
» une source d'embarras pour le père de famille, qui avait
» dû se reposer sur son contrat ; la *vente* rompait les baux
» au grand détriment de l'agriculture. »

section de ce titre, par une exposition succincte des nouveaux principes établis par le code.

Les institutions suivantes de l'ancien droit ont été entièrement abolies par le code ; savoir :

Dans les matières du livre I.er,

Les *fiançailles*, qui ne produisent plus aucun effet dans le for extérieur ;

La *dot forcée* ; le principe du droit coutumier, *ne dote qui ne veut*, ayant prévalu ;

La *légitimation par rescrit du prince*, PER OBLATIONEM CURIÆ, *et par testament* ;

La *caution et le serment du tuteur*, et la nécessité de la confirmation par le magistrat, ainsi que l'action récursoire contre ce dernier, en cas d'insolvabilité du tuteur (*actio tutelæ subsidiaria contra magistratum*).

Dans les matières du deuxième et troisième livre :

Les *fidéicommis*, la *fiducie* et les *pactes de succession* ;

Les *substitutions pupillaires et exemplaires* ;

La *nécessité d'une institution d'héritier* dans les testamens et la *querela inofficiosi* qui en était la suite, de même que l'*incompatibilité des successions légitime et testamentaire*, dont l'abolition donne aux testamens français le caractère *codicillorum ab intestato factorum* ;

Les *testamens noncupatifs* ;

Les *testamenta principi aut judici oblata* ;

Les *testamens réciproques* ;

Plusieurs *testamens privilégiés* ; par exemple , le *testamentum ad pias causas* , et le *testamentum posterius imperfectum* ;

La différence entre l'*institution d'héritier* et le *legs* ;

La *donation à cause de mort* ;

La *suité* et la nécessité d'instituer ou de déshériter certains héritiers , et le *beneficium abstinendi* qui en était la suite ;

La *clausula codicillaris* , la *quarta trebellianica* , la faculté de l'*exhérédation* ;

La *quarte falcidie* ;

La règle *catonienne* ;

La distinction des conventions en *pactes* et con-trats , les *pollicitations* et *votes* ;

La nécessité d'une *reconnaissance expresse des obligations naturelles* , comme condition de leur force exécutoire dans le for extérieur ;

Le sénatus-consulte Velléien , et l'authentique *si qua mulier* ;

Le sénatus-consulte *macédonien* ;

La défense de l'anatocisme (*) ;

(*) La prescription quinquennale des intérêts des capi-taux exigibles, a rendu inutile la défense d'adjuger des inté-rêts plus forts que le capital même. Si l'article 1154 permet de prendre l'intérêt de l'intérêt, ce n'est que lorsque le débi-teur a été constitué en demeure par une demande judi-

La *datio in solutum ;*

Le *bénéfice de compétence ;*

Enfin , plusieurs espèces de *sermens* (*), par exem-
le *juramentum calumniœ , credulitatis , diffessionis ,*
et le *juramentum in litem singularis interesse.*

DEUXIÈME SECTION.

*Des principes caractéristiques consacrés par le Code
Napoléon.*

Nous touchons à la fin de notre tâche , qui consiste à rechercher et à faire ressortir les *caractères
distinctifs* du code Napoléon.

A cet effet, nous avons commencé par établir le
système de cette législation.

Nous avons remonté *à ses sources ,* et nous avons
examiné *par quels principes on s'est dirigé dans sa
rédaction.*

---

ciaire, ou lorsqu'il s'y est volontairement engagé, et pourvu
que, dans l'un et dans l'autre cas , il s'agisse d'intérêts dus
au moins pour une année entière.

(*) Sauf le *serment d'ignorance*, expressément autorisé
par l'article 2275, n.º 2, dont la disposition peut même
être considérée comme une conséquence de l'article 1359,
en ce que l'ignorance est toujours un fait personnel à celui
auquel le serment est déféré.

Les caractères distinctifs du code s'annoncent alors comme le résultat nécessaire :

Des *changemens faits à la législation ancienne* dans les matières empruntées d'elle ;

De *la suppression absolue de certaines institutions* ;

De *la création d'institutions nouvelles.*

Nous connaissons ces dernières :

C'est la législation sur *les absens ;*

Celle sur *l'adoption* et *la tutelle officieuse ;*

Celle sur *la portion indisponible.*

Nous avons également fait remarquer comme organisés sur des bases nouvelles ;

Le *système du mariage civil et la sécularisation des actes de l'état civil ;*

Le *divorce ;*

Le *conseil judiciaire du prodigue* (*), et celui qui est nommé au défendeur en interdiction, dans le cas prévu par l'article 499;

L'institution du *conseil de famille* et du *subrogé-tuteur ;*

La législation sur les *droits des enfans naturels ;*

Le *régime hypothécaire.*

(*) Les bornes de ce cette introduction ne nous permettent pas d'entrer dans le développement des principes qui prédominent dans la législation de chacune de ces matières ; ces principes sont d'ailleurs exposés dans tous les ouvrages sur le droit nouveau.

Nous connaissons également les institutions du droit romain rejetées par le code.

Il ne nous reste donc qu'à établir les principes nouveaux qu'il a consacrés, et par lesquels les autres institutions du droit civil ont été modifiées d'une manière caractéristique.

Et d'abord, pour completter la conférence succincte avec le droit romain, rappelons les principes les plus importans empruntés de *l'ancien droit national*, soit général, soit particulier, et par lesquels ce droit avait déjà essentiellement modifié la législation romaine sur certaines institutions ; ces principes sont :

1.º La *proscription de la preuve testimoniale* dans toutes choses excédant cent cinquante francs (art. 1341) ; principe qui entraîne l'inadmissibilité de la preuve d'un aveu extrajudiciaire (art. 1355), et de la preuve par simples présomptions de fait (art. 1353), mais qui n'exclut pas le serment décisoire (art. 1358). Les articles 1342 et suivans déterminent l'étendue de cette règle, à laquelle les articles 1347 et suivans apportent quelques exceptions ;

2.º Le principe *qu'en fait de meubles possession vaut titre* ; il est établi par l'art. 2279, autant dans l'intérêt du commerce, que parceque souvent il est impossible de constater l'identité des choses mobilières.

Les art. 1141, 2102, 2119, 2166, 950, 1926, renferment des règles d'application de ce principe, auquel l'article 2280 déroge dans quelques cas particuliers.

3.º Le principe que le *mort saisit le vif*, consacré par l'article 724 ;

4.º Le principe de *la nécessité d'une date certaine dans les actes sous seing-privé*, établi d'abord par la loi des 8 et 15 mai 1791, et consacré depuis par la loi du 22 frimaire an 7, et par l'art. 1328 du code Nap. (*). Il nous fournit une transition naturelle aux principes nouveaux établis par le code, et qui ont apporté des changemens plus ou moins essentiels aux matières suivantes.

Tutelle.

Le système de la législation romaine sur les tutelles a été modifié dans son principe fondamental par l'article 450 du code, d'après lequel *le tuteur représente le mineur dans tous les actes civils*, tan-

----

(*) Il résulte de la combinaison des articles 1322 et 1328, qu'il faut nécessairement admettre, dans chaque acte sous seing-privé, *une double date*, parceque, à l'égard de ceux qui ont souscrit un pareil acte, et à l'égard de leurs héritiers et ayans-cause, il fait foi de la date qu'il porte ; tandis qu'à l'égard des tiers, il est réputé avoir été passé le jour même de son enregistrement, du décès de l'un des signataires, ou de sa relation dans un acte authentique. Les dispositions des articles 1743, 1750, 1409, 1410, 2102, 1558, ne sont que des conséquences de cette règle.

dis que dans le droit romain l'interposition d'autorité de la part du tuteur, formait le caractère distinctif de la tutelle. En conséquence, le législateur romain
avait moins cherché à garantir le mineur des pertes
qu'il pouvait éprouver par la mauvaise administration du tuteur, qu'à lui assurer les moyens de recouvrer les dommages-intérêts encourus par sa négligence; de là, la nécessité de la caution du tuteur, le
bénéfice de la restitution en entier et l'action subsidiaire de tutelle.

Le législateur français, au contraire, prend toutes
les mesures de précautions nécessaires pour prévenir
les dommages du pupille;

En conséquence, il le dépouille de toute administration, pour en remettre exclusivement le soin
au tuteur ;

Il fait surveiller ce dernier par le conseil de famille; il le fait contrôler par le subrogé-tuteur; il
lui refuse le droit de faire seul aucun acte, autre
que de simple administration ; il détermine avec précision la marche à suivre dans toutes les occasions
où il s'agit de mesures dont les effets pourraient
porter atteinte aux capitaux du mineur; il y fait
intervenir le conseil de famille, obligé d'entendre
préalablement le contradicteur légal établi dans la
personne du subrogé-tuteur, et exige, en outre,
dans les occasions majeures, l'homologation des tribunaux ; enfin, pour lui tenir lieu de caution, il accorde au mineur une hypothèque légale et indépen-

dante de toute inscription sur les biens du tuteur , à raison de la recette confiée à ce dernier , et de l'emploi des deniers.

Mais aussi toutes les fois que les formalités prescrites pour prévenir le dommage du mineur ont été observées dans un acte, le code établit une *présomption juris et de jure, qu'effectivement le mineur n'a éprouvé aucune lésion ;* la preuve contraire est dès lors inadmissible ; et le mineur ne peut l'offrir pour demander la restitution en entier contre les actes faits par son tuteur (*); il n'a d'autre action contre ces actes que celle en nullité , à raison de l'inobservation des formalités légales. De là , la règle :

> *Que tous les actes passés avec le tuteur d'un mineur ou d'un interdit, dans lesquels les formalités spécialement prescrites par la loi pour ces sortes d'actes ont été observées , ont la même force que s'ils avaient été passés avec un majeur.*

Les articles 463, 466 et 467 ne sont que des conséquences de ce principe.

Successions.

La différence qui existe entre les deux législations

____

(*) Observez qne l'article 1305 n'est relatif qu'aux conventions passées par le *mineur même ;* car bien que son tuteur le représente dans tous les actes civils , il est néanmoins capable par lui-même de toutes les conventions qui sont de droit naturel.

française et romaine, relativement à la *légitime*, n'est que la conséquence de celle qui se trouve entre ces deux législations, relativement au système entier des successions. Dans le droit romain, *la succession ab intestat* est regardée comme *subsidiaire*, et le législateur n'a eu en vue, dans les règles y relatives, que de suppléer au testament du défunt, selon sa volonté présumée. Dans le droit français, au contraire, *la succession légitime forme la règle ;* le testateur peut la modifier, il est vrai, mais ces dispositions sont considérées alors comme des exceptions à cette règle ; d'ailleurs, elles ne peuvent sortir des bornes que la loi a déterminées. En partant de ces principes, la *légitime*, en droit romain, est cette partie des biens dans laquelle le testateur est obligé, en règle générale, d'instituer certaines personnes, ou dans laquelle la loi les institue à son défaut, tandis que la *réserve du droit français* est cette portion de la fortune du défunt sur laquelle il n'a aucun droit de disposition, à titre gratuit, s'il laisse certains parens (*quotité indisponible*). Il s'ensuit qu'on a pu rejeter dans le droit français le système des héritiers nécessaires ; que l'héritier lésé dans sa réserve n'a pas besoin d'attaquer de nullité le testament d'où résulte la lésion, et que le renonçant à la succession peut néanmoins demander la réduction des donations entre-vifs pour obtenir sa réserve. Enfin, le droit français diffère encore du droit romain, relativement aux personnes auxquelles la légitime est due, et relativement à la manière de la déterminer.

Donations entre-vifs.

Le droit romain applique à la donation entre-vifs toutes les règles des *contrats*; le code, au contraire, l'assimile, sous beucoup de rapports, aux *dispositions de dernière volonté*, dont elle ne diffère principalement, en droit français, que relativement à l'époque où elle devient irrévocable : c'est pour cela qu'on a traité dans le même titre de ces deux institutions, et qu'elles sont régies par les mêmes principes, en tant que la différence dont nous venons de parler n'y apporte aucune modification. C'est-là la source de plusieurs dissemblances entre la donation française et la donation romaine.

Contrats.

Dans le droit romain, l'inexécution d'un contrat synallagmatique, de la part de l'une des parties contractantes, ne dégage point l'autre de ses obligations, et ne lui donne pas même le droit de réclamer ce qu'elle a payé en vertu de la convention; seulement elle lui accorde la faculté de poursuivre le débiteur en exécution du contrat, ou en dommages-intérêts, si cette exécution est devenue impossible, et de suspendre provisoirement le payement de ce qu'elle aurait encore à livrer en exécution de l'engagement. La résiliation du contrat n'y peut avoir lieu qu'en vertu d'une clause expresse (*pacte commissoire*). Ces principes se trouvent renversés par la disposition de l'art. 1184, d'après laquelle *la condition résolutoire est sous-entendue dans tous les contrats synallagmatiques pour le cas de la non-exécution de la convention par l'une des parties;* les art. 1616, 1654, 1741, 1764, 1891 et 1912, renferment des conséquences de ce principe, auquel l'art. 1978 fait exception, par rapport à la rente viagère.

D'après le droit romain, *la propriété des choses* ne passe pas à l'acquéreur par l'effet de la convention, mais seulement par la *tradition réelle;* le contrat ne lui donne qu'une action personnelle contre le vendeur. Ce principe a été modifié par le code, d'après lequel *l'obligation de livrer une chose est parfaite par le seul consentement des parties, et rend le créancier propriétaire dès l'instant où elle a dû être livrée* (art. 1138).

Par suite de ce principe, l'article 938 porte que la donation est parfaite par le seul consentement des parties, et que la propriété des objets donnés est transférée au donataire, sans qu'il soit besoin d'autre tradition;

Et l'article 1583, que la vente est parfaite entre les parties et la propriété acquise de droit à l'acheteur, *à l'égard du vendeur,* dès qu'on est convenu de la chose et du prix, quoique la chose n'ait pas encore été livrée.

L'article 1141 maintient cependant le principe de la loi romaine, par rapport aux choses purement mobilières.

Serment.

Outre l'abolition de plusieurs espèces de sermens, le code a encore consacré deux principes nouveaux en cette matière.

Le premier, c'est que *lorsque le serment déféré a été prêté, l'adversaire n'est plus recevable à en prouver la fausseté* (art. 1362).

Le deuxième, c'est que *ceux auxquels on oppose les prescriptions établies par les articles 2271 et suivans, peuvent déférer le serment à ceux qui les opposent*, sur la question de savoir si la chose a été réellement payée, et à leurs veuves et héritiers, pour qu'ils aient à déclarer s'ils ignorent ou non que la chose soit due (art. 2275).

Il est cependant à observer, relativement au premier de ces principes, que l'art. 366 du code pénal ayant établi une peine contre celui à qui le serment a été déféré ou référé en matière civile, et qui a fait un faux serment, il n'y a d'autre moyen de concilier cette disposition avec l'article 1362 du code Napoléon, qu'en admettant que le faux serment en matière civile donne lieu à une action publique de la part du ministère public, quoique le législateur ait cru devoir refuser cette action à la partie lésée, liée par le contrat judiciaire.

Il faut observer aussi, sur le deuxième principe, qu'il dépouille entièrement du caractère de véritables prescriptions celles qui sont qualifiées ainsi par les art. 2271 et suivans du code, puisque c'est le serment ou le refus de le prêter qui sert de base au jugement sur les contestations relatives aux fournitures, à l'égard desquelles ces presciptions ont été établies.

TITRE IX.

De l'Etude du Code Napoléon.

Le rétablissement des écoles de droit a accompagné la promulgation du code civil. Il ne suffit pas de donner de bonnes lois à une nation, il faut encore des magistrats instruits et éclairés pour en faire l'application : *scire leges, non est verba earum tenere, sed vim et facultatem*, comme s'exprime le jurisconsulte romain ; et la meilleure loi peut devenir un instrument d'iniquité éntre les mains d'un intrigant astucieux, ou d'un juge corrompu ou ignorant.

La loi du (22 ventose an XII) 13 mars 1804, sur le rétablissement des écoles de droit, porte qu'on y enseignera :

1.° Le droit civil français, dans l'ordre établi par le code Napoléon ; les élémens du droit naturel et du droit des gens, et le droit romain dans ses rapports avec le droit français.

2.° Le droit public français, et le droit civil dans ses rapports avec l'administration publique.

3.° La législation criminelle, et la procédure civile et criminelle.

Cet enseignement a été organisé par le décret du 4.eme jour complémentaire, de la manière suivante :

» *Art.* 10. Un professeur enseignera tous les ans » les institutes de Justinien et le droit romain.

» Trois professeurs feront chacun, en trois ans, un
» cours complet sur le code civil des français,
» de manière qu'il y ait un cours qui s'ouvre
» chaque année.

» Dans la seconde et dans la troisième année,
» outre la suite du code des français, on en-
» seignera le droit public français, et le droit
» civil dans ses rapports avec l'administration
» publique.

» Un professeur fera un cours annuel de législa-
» tion criminelle, et de procédure criminelle
» et civile.

» *Art.* 33. Les étudians qui n'aspireront qu'à un
» certificat de capacité, seront tenus de suivre le
» cours sur la législation criminelle et la pro-
» cédure criminelle et civile.

» *Art.* 37. Les étudians qui aspireront au grade
» de bachelier, devront faire deux ans d'études.

» La première année, ils suivront le cours sur le
» code civil et le cours du droit romain.

» La seconde, ils continueront le cours sur le
» code civil, et ils suivront le professeur de
» législation criminelle, et de procédure cri-
» minelle et civile.

» *Art.* 41. Ceux qui aspireront au grade de li-
» cencié, feront une troisième année d'études,
» pendant laquelle ils termineront le cours sur
» le code civil, et suivront en outre, à leur
» choix, un professeur de l'une des deux pre-

» mières années du cours, sur le code civil,
» ou le professeur du droit romain.

» *Art.* 45. Une quatrième année d'études sera
» exigée pour le doctorat. Les aspirans de-
» vront suivre, dans cette année, le profes-
» seur de droit romain et deux des professeurs
» du code civil ».

Ce ne peut être ici la place d'examiner la question si ce plan est encore susceptible d'améliorations. On trouve dans la Bibliothèque du Barreau,
première partie, année 1808, des idées sur l'enseignement approfondi de la science des lois, par
mon collègue Arnod, qui méritent de fixer l'attention des premiers fonctionnaires de l'Université,
appelés à décider un jour cette importante question.

Les bornes qui nous sont fixées par le plan de cet
ouvrage, ne nous permettent pas d'étendre cette discussion au-delà des trois questions suivantes :

Quelle est la distribution des matières la plus convenable pour le cours triennal du code Napoléon ?

Quelle est l'influence que la jurisprudence des
arrêts doit obtenir dans l'enseignement du code
Napoléon ?

Quelles sont les dispositions que les élèves doivent
apporter dans l'étude du code Napoléon ?

PREMIÈRE SECTION.

Quelle est la distribution des matières la plus convenable à suivre pour le cours triennal du Code Napoléon.

Cette question a partagé, depuis le premier moment de l'organisation des écoles de droit, les jurisconsultes appelés à enseigner le code.

Les uns ont divisé cet enseignement en trois parties égales, en consacrant la première année à l'exposition du livre Ier; la seconde, à l'explication du livre II et des deux premiers titres du livre III; la troisième, à celle du reste du IIIe livre jusqu'à la fin.

D'autres, au contraire, ont consacré la première année à un cours d'institutes, qui embrasse la totalité des matières traitées dans le code, pour donner, pendant les deux années suivantes, un *cours approfondi*, divisé en deux parties égales, dont la première comprend les livres I et II et les deux premiers titres du livre III; et la seconde, le reste du livre III jusqu'à la fin.

Cette dernière méthode a obtenu l'approbation de MM. les inpecteurs-généraux des écoles de droit, et de S. E. le grand-juge, chargé de la surveillance de l'enseignement dans ces écoles avant leur agrégation à l'Université impériale, ainsi qu'il résulte de l'art. 43 de l'instruction arrêtée par MM. les inspecteurs-généraux, le 16 février 1807, approuvée le 19 mars suivant par le grand-juge, qui porte ce qui suit :

« *Art.* 43. Chaque professeur du droit français
» divisera son cours triennal sur le code civil,
» ainsi qu'il suit : La première année, après un pré-
» cis historique des variations de notre droit fran-
» çais, il expliquera, d'une manière purement élé-
» mentaire, la totalité des matières de notre code
» civil. Il suffira, pour cette première année, que
» l'étudiant entende bien le texte, et connaisse par-
» faitement les principes généraux, l'ordre et la
» liaison des matières.

» *Art.* 44. Après cette première année, le pro-
» fesseur fera un cours plus approfondi du code
» civil ; mais il en partagera les matières en deux
» cours, qui auront lieu les deux années suivantes.
» Dans le premier, il expliquera les deux premiers
» livres du code et les deux premiers titres du troi-
» sième livre ; dans le deuxième, il continuera l'ex-
» plication du code, à commencer du troisième
» titre du troisième livre jusqu'à la fin. Dans ces
» deux derniers cours, le professeur pourra se livrer
» à tous les développemens qu'il jugera néces-
» saires, et qui auront pour objet de bien faire
» connaître les motifs de la loi, son esprit, son
» origine et son application, en la conférant avec
» le droit romain, et même, autant qu'il sera né-
» cessaire, avec les législations étrangères. »

Cependant un grand nombre de professeurs con-
tinuent à donner la préférence à l'autre méthode.
Comme il serait pourtant à desirer que l'enseigne-

ment fût uniforme dans tout l'empire, il nous a paru intéressant d'examiner ici quels sont les avantages particuliers à chaque méthode, et jusqu'à quel point les reproches faits à chacune d'elles peuvent être fondés.

Observons d'abord que la division du cours triennal en cours d'institutes et cours approfondi, a trois avantages, que ceux mêmes qui rejètent cette division ne sauraient lui contester.

Examinons ensuite si les inconvéniens qu'ils lui reprochent sont réels, et surtout s'ils sont assez graves pour balancer le sacrifice de ces avantages.

Premier avantage. D'abord cette première méthode est incontestablement plus conforme à la marche progressive de l'esprit humain, qui consiste à procéder du connu à l'inconnu, des choses faciles aux choses plus difficiles. Elle a été appliquée avec le plus grand succès à l'enseignement du droit romain, que l'on a toujours divisé dans un cours d'institutes et un cours de pandectes : elle facilite à la jeunesse les premiers pas dans une carrière difficile, en dégageant la science des lois des difficultés et des subtilités, qui forment l'intérêt d'un cours approfondi, mais qui, étant au-dessus de la portée d'un jeune homme à peine sorti des bancs de l'école et étranger aux premiers élémens du droit, lui font regarder la science des lois comme abstraite, ingrate et aride.

Deuxième avantage. Le professeur, en donnant

son cours approfondi devant des auditeurs qui connaissent le texte du code Napoléon, pourra adopter une marche plus assurée, et ne sera point forcé de s'interrompre à tout instant pour anticiper sur d'autres matières, ou pour expliquer le sens d'un terme. Comment expliquer, *p. e.*, d'une manière approfondie la section de l'administration du tuteur, à des élèves qui ignorent encore ce que c'est qu'une aliénation, une revendication, une hypothèque ? les dispositions du titre du mariage, sur la nécessité de l'autorisation maritale, à des élèves qui ne connaissent pas encore les principes généraux sur la force des conventions ?

Troisième avantage. Beaucoup de jeunes gens qui se destinent au notariat, ou même à la partie des finances, font un cours d'une seule année dans une école de droit. Si l'enseignement y est divisé en cours élémentaire et cours approfondi, ils acquièrent, pendant cette seule année, des notions élémentaires sur toutes les matières du droit civil. Ce cours offre le même avantage aux jeunes gens qui se destinent à l'état d'avoué, et qui ne sont obligés de suivre que le cours de procédure. Le cours divisé en trois parties, au contraire, ne leur procurera que des notions incomplètes sur quelques matières du code, en les laissant dans une entière ignorance à l'égard de celles qui sont expliquées pendant les deux autres années.

Après avoir exposé ces avantages, il nous reste

à discuter les objections qu'on a faites contre la méthode que nous essayons de défendre. Elles se réduisent également à trois principales.

La première tombe sur la difficulté de tirer une ligne de démarcation bien marquée entre les bornes du cours élémentaire et celles du cours approfondi. Il est possible, en effet, que plusieurs personnes se forment, d'après la disposition différente de leur esprit et l'état de leurs connaissances, des opinions différentes à cet égard; mais il nous semble également qu'il y a une règle infiniment simple, suffisante pour faire disparaître cette difficulté; c'est la clarté, la précision, et conséquemment la briéveté qui doivent distinguer le cours élémentaire; la profondeur et le savoir doivent être réservés pour le cours approfondi. Dans le premier, on doit tâcher de ramener la science des lois à des principes généraux, uniformes, succincts; dans le second, on doit prouver combien ces principes, qui paraissent si simples, sont féconds en conséquences, et combien on rencontre de difficultés dans leur application. Alors le cours élémentaire se bornera à expliquer, dans un ordre systématique, le texte de la loi, à faire connaître la valeur des termes de barreau, qui sont les termes techniques de la science des lois, à suppléer les définitions que le législateur a abandonnées à la doctrine, et à combiner avec le texte du code les lois supplémentaires et interprétatives, ainsi que les lois d'exceptions. Dans le cours approfondi, on fera connaître aux élèves, familiarisés avec le texte, l'esprit de la loi, ou la pensée du législateur ; on développera le motif des dispositions ; on leur indiquera les sources d'où elles sont tirées, ainsi que les changemens faits à l'ancienne législation, et les motifs de ces changemens ; on cherchera à résoudre les doutes plausibles qui peuvent s'élever sur le sens d'une disposition et la manière de la concilier avec d'autres dispositions contradictoires en apparence ; enfin, en appliquant la loi à des hypothèses données ou imaginées, en la montrant dans son action, ce cours servira en même temps d'instruction à la pratique à laquelle le licencié sorti de l'école devra consacrer quelques années encore, avant de pouvoir s'asseoir parmi les magistrats, ou se charger de la défense des intérêts les plus importans de la vie civile.

La seconde objection porte principalement sur les difficultés de l'exécution de notre méthode, et c'est ici que les reproches qui lui sont faits se détruisent respectivement : car tandis que les uns prétendent qu'il est impossible de faire, pendant une seule année, un cours même purement élémentaire sur toutes les matières renfermées dans le code, les autres assurent, au contraire, que le terme de deux années est trop court pour achever le cours approfondi. Nous pourrions invoquer contre cette objection notre propre expérience ; mais il suffit de l'analyser pour la faire disparaître. Il est possible que

!e plan que nous venons de tracer soit trop vaste, pour le pouvoir remplir dans le nombre de leçons prescrit par le règlement actuel ; mais lorsqu'une fois un professeur s'est tracé le plan de son cours, qu'il s'est décidé sur l'étendue qu'il veut lui donner , alors il ne faut pas plus de temps pour extraire de ce cours la partie élémentaire , et lui faire succéder les explications plus approfondies, que pour entremêler les unes et les autres. A la vérité, cette première distribution cause au professeur un travail de plus , mais ce travail facilite, dans la même proportion, celui des élèves.

La troisième objection s'identifie presque avec la précédente.

On prétend qu'il est impossible d'éviter, dans le cours approfondi , la répétition de ce qui aura déjà été enseigné dans le cours élémentaire, ce qui ferait nécessairement perdre un temps précieux.

Cette objection paraît d'autant plus plausible, que les personnes qui suivent le cours approfondi, ne seront pas toujours les mêmes que celles qui auront suivi le cours élémentaire, et qu'en conséquence on ne pourra point les supposer connaître tout ce qui aura été enseigné dans ce dernier. Nous avons deux réponses à opposer à cette objection ; en premier lieu, c'est le grand art du professeur d'éviter les répétitions, art que sans doute notre méthode requiert plus impérieusement que celle qu'on voudrait lui substituer : mais il n'en résulte nullement, que parcequ'elle est la plus difficile pour le professeur, elle ne soit pas la meilleure pour les élèves, comme plus adaptée à leur intelligence.

En second lieu, nous avons dit plus haut que nous n'exigeons, de la part des élèves qui ont fréquenté le cours élémentaire, que la connaissance et l'intelligence du texte. Le professeur chargé de donner le cours approfondi, ne supposera donc que cette connaissance dans les élèves qui suivent ses leçons; il devient alors indifférent qu'ils aient suivi précisément son cours élémentaire, ou qu'ils se soient familiarisés de toute autre manière, pendant la première année de leurs études, avec le langage et les dispositions du code. Par ce motif, nous avons toujours préféré la forme de traité pour le cours élémentaire, autant parceque des règles présentées dans un ordre logique et systématique s'impriment plus facilement dans la mémoire, que celles présentées dans l'ordre de la loi, rédigée dans un ordre plus convenable pour la pratique que pour la doctrine, que parcequ'en suivant ce dernier ordre, il devient quelquefois inévitable de dicter aux élèves le texte de la loi même; tandis que nous préférons, pour le cours approfondi, la forme de commentaire, pour la commodité des élèves qui ne seraient pas familiarisés avec le système suivi dans le cours élémentaire.

DEUXIÈME SECTION.

Quelle doit être l'influence de la Jurisprudence des Arrêts sur l'Enseignement du Code Napoléon.

Nous avons déjà remarqué dans le titre VII de cette introduction , que de tout temps la jurisprudence des arrêts avait formé en France le complément de la législation. Il n'est donc pas permis au professeur de l'ignorer , ni même d'en faire abstraction dans ses explications ; mais d'un autre côté aussi , ce n'est qu'avec une grande circonspection , qu'il doit en offrir ses décisions à ses élèves. Il faut que le corps judiciaire et le corps enseignant conservent respectivement leur indépendance ; qu'ils se prêtent un appui mutuel ; et qu'en profitant des lumières de l'un , l'autre ne se voie pas forcé d'y souscrire aveuglément.

L'éclat dont la magistrature est environnée en France , l'indépendance dont elle jouit , le nombre de corps dont elle se compose , l'autorité dont elle est dépositaire , tout s'oppose à ce que jamais les facultés de droit puissent avoir une influence directe sur ses décisions. Elles doivent se borner à cette influence indirecte , moins brillante , mais plus utile , que leur assure la nature de leurs fonctions ; influence qu'elles obtiendront , en communiquant à leurs élèves , avec la connaissance des lois , l'amour de la science, et la persuasion qu'en finissant leurs cours, ils ne doivent pas finir leurs études.

Mais les facultés de droit n'en doivent pas moins être jalouses de conserver leur indépendance. Le professeur doit surtout se garder d'enseigner qu'une question a été jugée en tel sens, au lieu de prouver à l'élève qu'elle doit être décidée ainsi.

Au moyen de la publicité que nos constitutions assurent aux décisions des cours de justice, et de l'obligation imposée à ces cours d'en exposer les motifs, chaque arrêt renferme à-la-fois une sentence à laquelle les parties sont tenues de se conformer, et l'interprétation doctrinale d'un principe de législation. La maxime, *res judicata pro veritate habetur*, ne peut être opposée qu'aux parties engagées dans la contestation ; elle doit être restreinte, même entre ces parties, au dispositif de l'arrêt, à l'exclusion des considérans, dont le contenu ne donne jamais ouverture à la cassation, quand la décision ne blesse en elle-même aucun principe législatif. Parmi les arrêts, ceux de la cour de cassation méritent une attention particulière, tant en raison de la haute réputation des magistrats qui y siégent, qu'à raison de l'autorité que le rang suprême de cette cour dans la hiérarchie judiciaire assure à ses décisions. Lorsqu'une fois elle a adopté une jurisprudence constante sur un point de droit, toute divergence d'opinions cesse le plus souvent dans les cours d'appel. Celles qui tenaient pour le système

de la cour suprême, fortes de son appui, maintiennent dans sa rigueur leur opinion primitive ;
celles, au contraire, qui d'abord ne l'avaient point
partagée, cèdent peu-à-peu à une autorité aussi respectable ; et les parties, dans la prévoyance du résultat définitif de leur contestation, s'abstiennent
même de porter devant les tribunaux des prétentions qu'elles seraient certaines de voir proscrire.

Mais quelque respectable que soit l'autorité des
arrêts, ils ne sont cependant, pour le jurisconsulte,
que des avis discutés et arrêtés dans une réunion
d'autres jurisconsultes; quelque soit le poids que
leur donnent les délibérations qui les précédent, et
les fonctions importantes confiées aux délibérans,
l'erreur est tellement inséparable des opérations
humaines, que non-seulement on a vu les premiers
corps de la magistrature avoir le noble courage d'a-
vouer qu'ils s'étaient trompés, mais qu'il y a encore
un grand nombre de questions sur lesquelles ils sont
partagés d'opinions. Un arrêt isolé ne peut jamais
fixer la jurisprudence; plusieurs préjugés sont quelquefois contrebalancés par des préjugés contraires:
il y a même des questions qui, à raison de leur
nature, ne peuvent jamais être soumises à la connaissance de la cour suprême, et sur lesquelles
il ne peut même se former une jurisprudence
uniforme.

En partant de ce point de vue, je crois pouvoir
établir les propositions suivantes:

1.º Toutes les fois qu'il y a, sur une question de droit, une jurisprudence constante et généralement reçue, le professeur doit en respecter la décision daus la discussion théorique de la même question. Non-seulement il y aurait présomption de sa part de ne point sacrifier son opinion personnelle à l'avis unanime des cours de justice ; mais leurs décisions répétées sur tous les points de l'empire, prennent le caractère d'une coutume légale, complément nécessaire de toute législation humaine.

Enseigner le contraire de ce qui est universellement jugé, ce serait égarer les élèves dans le labyrinthe dangereux des paradoxes ; ce serait les rendre peu propres à l'état auquel ils se destinent, et leur donner des préceptes qu'ils ne pourraient transporter dans la pratique, sans causer aux plaideurs des frais inutiles.

2.º Hors le cas d'une jurisprudence constante, le professeur doit être extrêmement réservé dans l'application de la jurisprudence des arrêts à l'enseignement public. Il doit recueillir les décisions qui la constituent, en peser les motifs, les discuter dans le silence de son cabinet, et enseigner l'opinion qui lui paraît la plus conforme aux principes généraux de la législation et au texte de la loi. Il ne doit ni étayer son opinion d'un arrêt isolé, ni la justifier en réfutant les motifs allégués dans un arrêt favorable à l'opinion contraire. La magistrature doit être respectée jusque dans ses erreurs. A la vérité, les membres du corps enseignant ne doivent ni les adopter, ni les propager ; mais si l'irrégularité d'un arrêt est démontrée à l'évidence, soit par une interprétation officielle, soit par une jurisprudence générale, formée postérieurement, il ne peut être d'aucune utilité d'en faire mention ; et s'il y a encore diversité d'opinions entre les jurisconsultes sur la question, c'est un motif pour que chacun se défie de la sienne. Enfin, la citation de quelques arrêts à l'appui de chaque proposition, a le grand inconvénient de faire supposer à l'élève, que c'est dans les recueils des arrêts que le professeur a puisé les principes mêmes à l'appui desquels il les cite, et que parcourir ces recueils, c'est faire un cours de droit. Cette dernière opinion, malheureusement déjà trop accréditée, aurait le triste résultat d'augmenter encore le grand nombre de ces jurisconsultes à dictionnaire, que la révolution a fait éclore, et qui ne voient qu'avec peine la régénération des études et le rétablissement de la véritable science dans ses droits.

TROISIÈME SECTION.

De la manière d'étudier avec fruit le Code Napoléon.

Les élèves, en se présentant pour la première fois

dans

dans la carrière de l'étude des lois, doivent surtout s'attacher à éviter deux écueils également dangereux. Le premier perd le plus souvent ceux qui, moins favorisés par la nature, se laissent facilement décourager par les premiers essais, et, au lieu de vaincre par le travail des difficultés inséparables de la science, renonçant à une entreprise qu'ils croyent au-dessus de leurs forces, se bornent à apprendre la loi par cœur, sans se pénétrer de son esprit. Ils ne s'appliquent à l'étude qu'autant qu'il faut pour pouvoir soutenir les examens et obtenir les grades, et oubliant bientôt ce dont leur esprit n'avait été que superficiellement imbu, il ne leur reste de leur cours qu'un titre dangereux entre les mains d'un ignorant.

D'autres, avec plus de talens et de moyens, n'en font pas un meilleur usage. Négligeant les élémens de la science, ils voudraient, au premier abord, en approfondir les difficultés, comme si l'on pouvait construire un palais sans fondemens; ils se perdent dans les paradoxes, les contradictions des controverses et les détours de la chicane, étudiant par goût et par caprice, et non par système; connaissant toutes les subtilités d'une matière, ils ignorent les premiers principes d'une autre. Plaidant des causes, ils demeurent court dans les examens; et au sortir de l'école, ils compromettent souvent la fortune de leurs clients par des conseils téméraires, et leur propre réputation, par une présomption destituée de véritable science.

Une seule règle suffit pour faire éviter également ces deux écueils : lire peu de livres et écrire soigneusement les cahiers des professeurs. Que ceux auxquels ils paraissent inintelligibles les parcourent deux à trois fois; s'ils ne peuvent parvenir à les comprendre par leur propre réflexion, ce qui est toujours préférable, qu'ils recourent aux lumières de leurs confrères; qu'ils ne craignent pas même de consulter le professeur. Que ceux qui les trouvent, au contraire, au-dessous de leur portée, ne laissent également pas d'en parcourir une seconde fois les pages : le principe le plus simple en apparence, est souvent le plus fécond en conséquences; et plus d'une fois ils seront étonnés de l'importance de celles qui avaient d'abord échappé à leur pénétration.

En suivant la méthode exposée dans la première section de ce titre, deux cours seront obligatoires pendant la première année, le cours du droit romain et le cours élémentaire sur le code Napoléon. Que les élèves se gardent de suivre le premier comme un cours de curiosité et d'antiquité. Le droit romain, éternel monument de la sagesse humaine, source et meilleur commentaire du droit français dans un grand nombre de matières, est d'une bien plus haute importance pour le succès de leurs études : cependant ils ne doivent pas voir dans la législation romaine l'objet unique ou principal de ces dernières. Cet objet, c'est le droit national, le droit qui régit notre association sociale, qui garantit la sûreté de nos propriétés , d'après lequel doivent être décidées les contestations entre les citoyens.

Une des plus grandes difficultés de l'étude du droit consiste , pour les commençans, à bien entendre le langage de la loi. En effet, chaque terme y a une acception précise, et souvent fort différente de celle dans laquelle il est usuellement employé. Une autre consiste en ce que beaucoup de jeunes gens commencent par étudier quelques branches de la législation , sans connaître l'ordre des différentes lois , les liaisons qui existent entre les unes et les autres, et la place que chaque espèce de lois occupe dans le système général. Qu'ils suivent donc avec la plus grande attention les explications préliminaires , qui précèdent ordinairement l'exposition des dispositions positives , et qui est trop souvent négligée, ou écoutée avec tiédeur et impatience.

Les élèves de la seconde année commencent le cours approfondi sur le code Napoléon , en y joignant celui de la législation criminelle et de la procédure civile et criminelle. C'est dans le premier de ces cours qu'ils peuvent donner un libre essor à leur pénétration : expliquer la loi, était l'objet du cours élémentaire; la montrer dans son action, sera l'objet du cours approfondi : chercher des difficultés pour les résoudre; créer des hypothèses pour les décider ; appliquer la règle générale à des hypothèses particulières, telle sera leur occupation du

rant cette année. Après avoir vu quelles sont les actions qui naissent des rapports entre les hommes, le cours de procédure leur fera connaître de quelle manière il faut intenter et poursuivre ces actions, et quelles sont les garanties offertes par la loi, contre les attentats à la propriété et la sûreté individuelle.

L'étude sommaire du droit public français termine le cercle des études de cette année. Il ne s'agit point ici d'un cours approfondi propre à former des publicistes et environné de tout l'appareil des sciences auxiliaires, mais d'une exposition succincte des rapports entre le souverain et les citoyens et entre les différents corps politiques de l'état.

Les élèves de troisième année, après avoir completté le cours approfondi du code Napoléon et fortifié leur mémoire par la répétition de l'un des cours du droit romain ou français ; après s'être familiarisés avec les rapports qui existent entre le droit privé et l'administration publique, peuvent aspirer à la fin de cette année aux honneurs de la licence. Le reste de leur temps sera utilement rempli à se préparer aux examens et à leur acte public, dans lequel ils doivent chercher surtout à se distinguer par la clarté et la précision des idées, plutôt que par des paradoxes mal soutenus, ou une érudition déplacée.

. Il serait à desirer que ceux-là seuls aspirent au doctorat qui réunissent à un grand zèle pour

la science, des talents éminens et une vocation intérieure pour l'enseignement, afin que ce grade suprême dans les sciences ne devienne pas de nouveau
un vain titre et une distinction honorifique, qui perd
tout son mérite dès quelle n'annonce pas le véritable
savant. On n'a pu établir des cours particuliers
pour le doctorat qu'à l'école de Paris ; dans les
autres facultés, le nombre des élèves de quatrième
année sera toujours très-faible : ils répètent les
cours de droit romain et français ; les esprits supé-
rieurs y trouveront assez de matière pour des mé-
ditations nouvelles. Ce grade n'est pas fait pour les
esprits faibles ou médiocres.

Mais que surtout les élèves se mettent en garde
contre la présomption dangereuse , d'avoir terminé
leur apprentissage en quittant les bancs de l'école
de droit. Il leur suffira d'y avoir appris à se diriger
eux-mêmes dans la continuation de leurs études.
En s'approchant des tribunaux, ils entrent dans une
nouvelle école , qu'ils suivront jusqu'à la fin de
leur carrière. La vie humaine est trop courte pour
approfondir la science ; et à mesure que nous appro-
chons du terme , vers lequel sont dirigés nos efforts,
nous nous appercevons davantage de l'immense distance qui nous sépare du sanctuaire ; mais s'il est donné à peu d'élus d'y entrer , il y a assez de palmes à
cueillir sur la route, pour que celui-là même qui
reste dans l'éloignement , n'ait pas lieu de regretter
les efforts qu'il aura faits pour s'en approcher.

TITRE X.

Bibliothèque choisie du Droit français.

CHAPITRE PREMIER.

Bibliographie.

1 Nouvelle bibliothèque historique et chronologique des principaux auteurs et interprètes du droit. — Par Denis Simon, conseiller au présidial et assesseur en la maréchaussée de Beauvais. Nouv. éd. vol. 12. Paris, 1692, 1695. in-12.

2 Monumens des coutumes du pays coutumier et du pays de droit écrit, dans l'ouvrage intitulé : *De la Monarchie française ou de ses lois ;* par Pierre Chabrit, t. 2, (1785, 8 7) p. 144—223.

3 Lettres sur la profession d'avocat, et bibliothèque choisie des livres de droit, qu'il est le plus utile d'acquérir et de connaître ; par M. Camus, ancien avocat, garde des archives nationales, membre de l'Institut et du conseil d'administration des hospices. 3.e édit., t. 1 , 2. Paris, chez Gilbert, 1805, p. 325 et 432. in-12.

Les lettres au nombre de sept ne remplissent que la moitié environ du 1.er volume ; le reste de ce volume et le deuxième en entier sont consacrés à la bibliothèque, pour laquelle l'auteur a souvent mis à profit l'ouvrage cité ci-dessus, n° 2 ; elle est très-complète pour la littérature des coutumes et des arrêtistes, et presque nulle pour le droit nouveau, puisqu'elle ne note que jusqu'en l'an 1805.

4 Notice bibliographique des principaux recueils de législation et traités de jurisprudence, qui peuvent être regardés comme livres élémentaires des étudians en droit, dans la bibliothèque des étudians en droit. t. 1. (à Paris, chez Rondonneau, 1805. in-12), p. 214—346.

(*Extrait de la Bibliothèque choisie de M. Camus.*)

CHAPITRE II.

Histoire du Droit français.

5 Histoire abrégée du Droit français, par l'abbé Fleuri, imprimée en tête de l'institution au droit français, par Argou ; réimprimée au 4.ᵉ volume de la collection des Opuscules de l'abbé Fleuri. Nîmes, 1781. 5 vol. in-8º.

6 Histoire du Droit publie ecclésiastique français, où l'on traite de sa nature, de son établissement, de ses variations, et des causes de sa décadence ; on y a joint quelques dissertations sur les articles les plus importans et les plus contestés ; par M. D. B. (du Boulais), tit. 12. A Londres, chez Harding, 1740, n.º 8.

7 *Historiæ juris Gallici epitome, auctore* J. Mart. Silberradio.

Inséré dans le supplément des éditions de *l'historia juris civilis d'Heineccius*, publiées par Ritter et Silberrad. Argentor, 1765. Pierre Licet, professeur en droit à Strasbourg, est l'auteur de cet abrégé.

8 Recherches pour servir à l'histoire du Droit français; par Grosley, avocat à Troies. Paris, 1752. 1 vol. in-12.

9 Histoire et élémens du Droit français, principalement pour les provinces du ressort du parlement de Flandres; par Dumeis, procureur du roi de la ville d'Avesnes. Douay, 1753. 1 vol. in-12.

10 Essais sur les révolutions du Droit français, pour servir d'introduction à l'étude de ce droit; par Bernardi. Paris, 1785. 1 vol. in-8.º

11 De la Monarchie française, ou de ses lois; par Pierre Chabrit, conseiller au conseil souverain de Bouillon, et avocat au parlement de Paris. A Bouillon, et se trouve à Paris, chez Belin. T. 1, 1783, t. 2, 1785. in-8.º

12 Histoire du gouvernement de la France, de l'origine et de l'autorité des pairs du royaume et du parlement; par Lelaboureur. La Haye, 1743. vol. in-12.

13 Histoire du conseil du roi, depuis le commencement de la monarchie, jusqu'à la fin du règne de Louis-le-Grand; par Guillard. Paris, 1718. in-4.º

14 Mémoires du parlement de Paris, ou recueil de ses délibérations secrètes, arrêtés et remontrances, avec les lits de justice qui ont été tenus, depuis que Philippe-le-Bel l'a rendu sédentaire, jusqu'au moment où il a été supprimé par l'assemblée constituante; par J. J. Blondel, homme de loi, bibliothécaire de feu M. le duc de Penthièvre; t. 1 à 4. Paris, Laurens l'aîné, 1803. in-8.º

15 Forme générale et particulière de la convocation et de la tenue des états-généraux de France, justifiée

par pièces authentiques ; première et seconde partie. Paris, Barrois l'aîné, 1789. 3 vol. in-8.º

16 Recueil de pièces originales et authentiques concernant la tenue des états-généraux. *Ibid. eod.*, 9 vol. in-8.º

17 Recueil des cahiers généraux des trois ordres aux états-généraux, d'Orléans 1560, Blois 1576, Blois 1588, Paris, 1614, *ibid. eod.* 4 vol. in-4.º

18 Des états-généraux et autres assemblées nationales. La Haye (Paris). Buisson, 1788, 1789. 18 vol. in-8.º

CHAPITRE III.

Législation nationale en général.

19 Gazette nationale ou moniteur universel. Paris, Agasse, fol. 1789—1811.

20 Collection générale des décrets rendus par l'assemblée, et sanctionnés ou acceptés par le roi. A Paris, chez Baudouin, imprimeur de l'assemblée nationale.

Collection générale des décrets rendus par l'assemblée nationale, faisant suite à la collection des décrets sanctionnés ou acceptés par le roi. *Ibid. eod.*

Collection générale des décrets rendus par la première assemblée nationale législative, avec la mention des sanctions et mandats d'exécution donnés par le roi. Tit. 1, octob., novemb. et décembre 1791 ; tit. 2, 1792, janv., fév. ; tit. 3, 1792, mars, avr. ; tit. 4, 1792, mai, juin ; tit. 5, 1792, juillet jusqu'au 10 août ; tit. 6, 1792, 10 août jusqu'au 1er sept. ; tit. 7, 1792, jusqu'au 20 sept. *Ibid. eod.*

Collection générale des décrets rendus par l'assemblée nationale, avec la mention des sanctions et des mandats d'exécution. *Ibid. eod.*, 35 vol. in-8.º

Collection des arrêtés des comités de la convention nationale. Imprimerie exécutive nationale, 101 numéros, formant 2 vol. in-8.º

Collection générale des lois et actes du corps législatif et du directoire exécutif. Paris, Baudouin, 8 vol. in-8.º (compris prairial an V.)

Collection, etc. de messidor an V à prairial an VI. *Ibid. eod.* 4 vol. in-8.º

Collection, *etc.* de messidor an VI à prairial an VII. *Ibid. eod.* 4 vol. in-8.º

Collection , etc. de messidor an VII au 5 nivose an VIII. *Ibid. eod.* 2 vol. in-8.º

Collection, etc. de nivose an VIII au 10 germinal an IX. *Ibid. eod.* 2 vol. in-8.º

21 Collection générale des lois, proclamations, instructions et autres actes du pouvoir exécutif, publiés, pendant l'assemblée constituante et législative, depuis la convocation des états-généraux jusqu'au 31 décembre 1791, avec tables chronologique et de matières. Paris, imprimerie Royale, 1792. 7 vol. in-12, tom. 4.

Collection générale des lois, etc., depuis le 1.er janvier jusqu'au 31 décembre 1792, avec tables, etc. Paris, de l'imprimerie nationale exécutive du Louvre. 1793. 5 vol. in.4.º

Collection générale des lois, etc., etc., depuis le 1er janvier 1793, jusqu'au 18 prairial de l'an II (7 juin 1794). Paris, de l'imprimerie nationale du Louvre, an II; et de la même imprimerie, dénommée imprimerie de la République, an 3 6 vol. in-4.°

Bulletin des lois, première série. Paris, de l'imprimerie de la République. 6 vol. in-8.° Cette série contient 205 numéros, du 22 prairial an II jusqu'au 3 brumaire an IV. Le n.° 204 est le Code des délits et des peines.

Bulletin des lois, deuxième série. Paris, de l'imprimerie de la République 9 vol. in-8.° Cette série contient 343 numéros, depuis le . . brumaire an IV jusqu'au 27 nivose an VIII inclusivement.

Bulletin des lois de la république française, troisième série. Paris, de l'imprimerie de la République. 9 vol. in-8°. Cette série contient 362 numéros, depuis le   brumaire an IX jusqu'au floréal an XII, selon le titre, mais selon le texte, depuis le 8 nivose an VIII jusqu'au 30 ventose an XII.

Bulletin des lois de l'empire français, quatrième série. Paris, de l'imprimerie Impériale.

22 Lois et actes du gouvernement (depuis 1789 jusqu'au 22 prairial an II). Paris, de l'imprimerie Impériale. Baudouin, an XII. 8 vol. in-8.°

23 Ordonnances des rois de France de la troisième race, dites ordonnances du Louvre. Edit. de l'imprimerie Royale, 15 vol. in-fol. (Voir la page 210.)

24 Répertoire universel et raisonné de jurisprudence, 4.ᵉ édition, corrigée, réduite aux objets dont la connaissance peut encore être utile, et augmentée 1.° d'un grand nombre d'articles ; 2.° de notes indicatives des changemens apportés aux lois anciennes par les lois nouvelles ; 3.° de dissertations, de plaidoyers et de réquisitoires de l'éditeur sur les unes et les autres ;

Par M. Merlin, conseiller d'état, procureur-général-impérial à la cour de cassation , commandant de la légion d'honneur , et membre de l'institut de France. 13 vol. in-4.º Paris, chez Garnery, 1812.

25 Questions de droit, par le même auteur. 5 vol. in-4.º, 2ᵉ édit., 1812.

26 Recueil général, analytique et raisonné des lois qui régissent l'empire français , relativement aux objets divers sur lesquels s'étendent l'inspection et l'action de l'autorité publique ; ouvrage de plusieurs jurisconsultes , mis en ordre alphabétique , et publié par M. Guyot , éditeur, et l'un des auteurs des deux premières éditions du Répertoire de jurisprudence. Paris, Vanraest et Lapeyre. 8. Les trois premiers volumes paraissent.

Les auteurs sont : MM. Bernardi , Broyart , de Comberousse , Dejean , Derché , Duport, Garan de Coulon , Guyot, éditeur de l'ouvrage , et le Graverend.

27 Répertoire alphabétique, chronologique et par classement de matières , des sénatus-consultes , lois , instructions ministérielles, etc. de vendémiaire an II à janvier 1810 ; par L. Rondonneau. — Rondonneau et Decle. Paris, 1810. 1 vol. in-8.º

Supplément au Répertoire des lois pour 1810 ; par L. Rondonneau.

28 Collection des lois françaises constitutionnelles. 6 vol. in-8.º Ange Clô. Paris, 1811.

29 Recueil des lois de l'empire français , des actes du gouvernement, etc. format in-8.º Braecknier, Bruxelles. 12 vol.

CHAPITRE IV.

Droit naturel et des gens.

3o Elémens de législation naturelle ; par Perreau, membre du tribunat, professeur de législation à l'école centrale du Panthéon. Paris, Baudouin, an IX. 1 vol. in-8.º

3r Du droit de la nature et des gens, ou principes d'association civile ou politique, suivis d'un projet de paix générale et particulière ; par M. J. J. B. Gondon. Paris, 1807. 3 vol. in-8º. Brasseur aîné.

3a Abrégé de l'histoire des traités de paix entre les puissances de l'Europe, depuis la paix de Westphalie ; par Koch. A Bâle, 1796, 1797. 4 vol. in-8.º

33 Système universel des principes du droit maritime de l'Europe ; par Azuni, trad. de l'italien, avec des additions du même auteur. Paris, 1798. 2 vol. in-8º.

34 Histoire générale et raisonnée de la diplomatie française depuis la fondation de la monarchie jusqu'à la fin du règne de Louis XVI, avec des tables chronologiques de tous les traités conclus par la France ; par M. de Flassan. Paris, 1811. 7 vol. in-8.º

35 Code diplomatique ; par Portier (de l'Oise) ; ou recueil des traités de paix depuis 1789. 4 vol. in-8.º

36 Table des traités entre la France et les puissances étrangères, suivie d'un recueil des traités et actes diplomatiques qui n'ont pas encore vu le jour ; par Koch. A Bâle, 1802, tom. 1, 2 vol. in-8.º

37 Recueil des principaux traités d'alliance, de paix,

de trèves, etc., conclus par les puissances de l'Europe, tant entre elles qu'avec les puissances et états dans d'autres parties du monde, depuis 1761 jusqu'à présent; précédé des traités du treizième siècle, antérieurs à cette époque, et qui ne se trouvent pas dans le corps universel diplomatique de MM. Dumont et Rousset; par G. F. de Marteney. 9 vol. in-8.º 1791 à 1802.

38 Recueil des traités conclus entre la république française et les différentes puissances de l'Europe, depuis 1792, jusqu'à la paix générale. 4 vol. in-8.º

CHAPITRE V.

Droit public français.

39 La constitution française, présentée au roi le 3 septembre 1791, et acceptée par sa majes téle 14 du même mois. Paris, imprimerie nationale (Baudouin), 1791. 1 vol. petit in-12, ou in-18.

40 Constitution de la république française (décrétée en l'an III, proclamée le premier vendémiaire au IV), et lois y relatives. Paris, de l'imprimerie de la république, an IV. 1 vol. in-18.

41 Constitution de la république française, du 22 frimaire an VIII. Paris, de l'imprimerie nationale (Baudouin). 1 vol. in-18, avec les règlemens du tribunat et du corps législatif.

42 Droit public français, ou code politique contenant les constitutions de l'empire, avec les actes qui s'y rattachent; c'est-à-dire, tout ce qui constitue et règle

les élections, la puissance impériale, les grandes dignités, le conseil-d'état et le ministère, le sénat, le corps législatif, les autorités administratives et judiciaires, les institutions de la légion d'honneur et des majorats, la liberté des cultes ; avec carte géographique, politique, et constitutions des états fédérés de la France ; coordonné par l'auteur des Principes d'administration publique. Paris 1809. in-8.º

43 Du conseil-d'état, de sa composition, de ses attributions, de son organisation intérieure, de sa marche et du caractère de ses actes ; par Locré. Paris, 1 v. in-8.º

44 Code administratif, ou Recueil par ordre alphabétique des matières de toutes les lois nouvelles et anciennes, relatives aux fonctions administratives et de police des préfets, sous - préfets, maires et adjoints, etc. ; par Fleurigeon. Nouvelle édition. Paris, 1809, 7 parties (en deux tomes), in-8.º

45 Cours de législation administrative, contenant l'exposé de l'organisation des diverses fonctions publiques, le tableau des attributions inhérentes à chacune de ces fonctions, leur compétence, le dispositif, et l'application des lois qui leur sont particulières, sous le double rapport de l'état civil et du régime administratif ; par Portier (de l'Oise), ex-tribun, professeur-directeur de l'école de droit de Paris. Paris, Garnery, 1808. 2 vol. in-8.º

46 Répertoire raisonné pour les préfets, sous-préfets, maires, adjoints, conseillers-municipaux, juges de paix, commissaires de police, officiers de gendarmerie, gardes champêtres et forestiers ; ou Dic-

tionnaire administratif ; par Dufour. Paris , 1808.
2 vol. in-8.º

47 Mémorial constitutionnel, ou Recueil des constitutions de la France de 1791 et 1793 , et des années
2 , 3 , 8 et 12 , avec les sénatus-consultes organiques.
3 vol. in-18.

48 Code impérial des français , ou Recueil contenant
tous les sénatus-consultes, statuts et décrets impériaux,
lois et actes relatifs à la mise en activité du gouvernement impérial , avec tous les discours, opinions,
rapports, etc. in-8.º

49 Code constitutionnel, ou Recueil des statuts impériaux , sénatus-consultes, lois, arrêtés et décrets impériaux, depuis l'an 8 , jusqu'à ce jour , relatifs à la
constitution de l'empire français , aux listes d'éligi-
bilité et de notabilité , à la formation et aux attributions des assemblées de canton et de colléges élec-
toraux , aux nominations des membres du sénat , du
corps législatif et du tribunat, etc. 1 vol. in-4.º

CHAPITRE VI.

Code Napoléon.

N.º I. Texte.

50 Code Napoléon , nouvelle édition officielle. Paris,
1810. in-4.º, in-8.º, in-32.

51 Edition des archives du Droit français, contenant les
lois transitoires et les lois supplémentaires jusqu'en
1807, inclusivement. In-8.º , in-32 , et une autre
à mi-marge (ne contenant que les transitoires), in-4.º

Édition

52 Edition stéréotype d'Herhan, in-8.º, in-12 et in-18.

53 Edition stéréotype de Firmin Didot (avec l'exposé des motifs sur chaque loi, présentés par les orateurs du gouvernement; les rapports faits au tribunat au nom de la commission de législation, et les opinions émises dans la discussion.) 10 volumes in-12.

54 *Codex gallorum civilis, è patrio in latinum sermonem translatus, quádam addita legum è jure romano conferendarum indicatione. Studio H. B. Gibault.* 1 vol. in-8.º

55 Corps de Droit français, civil, commercial et criminel; par L. Rondonneau, Vanraest et Lapeyre. Paris, 1810. 4 vol. in-4.º, contenant le texte des cinq codes, avec les notes qui indiquent, 1.º la concordance des articles dont le législateur a déterminé la relation; 2.º les dates des sénatus-consultes, des lois, des décrets, des avis du conseil-d'état, des décisions et circulaires ministérielles qui ont expliqué, changé ou modifié les dispositions des différens codes; 3.º les dates des arrêts de la cour de cassation qui ont fixé la jurisprudence sur les dispositions les plus controversées de ces mêmes codes.

56 Codes de l'Empire français, édition stéréotype d'Herhan, 1 vol. in-12, contenant les codes Nap. de Proc., du Comm., d'Inst. crim. et le code Pénal, réunis.

N⁰. II. *Interprétations officielles, lois supplémentaires.*

57 Projet du code civil, présenté en l'an 10 par la

commission composée de MM. Portalis, Bigot, Tronchet et Malleville. In-8.º

58 Observations des tribunaux d'appel et du tribunal de cassation, sur le projet du code civil. 5 vol. in-4.º

59 Procès-verbaux du conseil-d'état, contenant la discussion du code Napoléon; deuxième édition (officielle). 1808. 5 vol. in-4.º

60 Supplément aux codes Napoléon et de procédure civile, ou Recueil des sénatus - consultes, des lois, des décrets impériaux, des avis du conseil-d'état, des circulaires et instructions ministérielles, contenant des explications de ces deux codes, et rendus depuis l'an X jusqu'en 1807 inclusivement. In-4.º et in-18.

61 Discussion du code civil dans le conseil-d'état; précédée des articles correspondans du texte et du projet; par MM. Jouanneau, L. C., et Solon. 3 vol. in-4.º, dont le troisième a pour auteur M. Delaporte.

62 Conférences du code Napoléon, avec la discussion particulière du conseil-d'état et du tribunat, avant la rédaction définitive de chaque projet de loi; par un jurisconsulte qui a concouru à la confection du code (M. Favard, ex-tribun). 8 vol. in-12.

N.º III. *Ouvrages publiés sur l'universalité du Code.*

63 Analyse raisonnée de la discussion du code civil au conseil-d'état; par Jacques de Malleville, l'un des rédacteurs du code. 4 vol. in-8.º Paris, 1805.

64 Notions élémentaires du nouveau Droit civil, ou Expo-

sé méthodique des dispositions du code civil pour en faciliter l'intelligence; par M. Pigeau, professeur à l'école de droit de Paris. 4 vol. in-8.º Paris, 1803.

65 Esprit du code Napoléon; par M. Locré, secrétaire-général du conseil-d'état. Paris, 1805. in-4.º 5 vol.; in-8.º 6 vol.

66 Principes généraux du Droit civil privé; par A.-J. Perreau. 1 vol. in-8.º

67 Institutes du Droit civil français, conformément au code Napoléon ; par M. Delvincourt, professeur de l'école de droit de Paris. Deuxième édition, corrigée. 3 vol. in-8.º Gueffier. Paris, 1810.

68 Cours complet de Droit civil français; par Bernardi. 4 vol. in-8.º Paris, 1804.

69 Analyse raisonnée du Droit français, par la comparaison des dispositions des lois romaines, de celles de la coutume de Paris, et du nouveau code des français ; par P.-L.-C. Gin. 6 vol. in-8.º

70 Explication du code civil; par Bousquet. 5 vol. in-4.º Avignon, 1804.

71 Code Napoléon, expliqué par lui-même ; par Braillard. 5 vol. in-8.º Angers, 1807.

72 *Institutiones juris civilis Napoleonei, in usum prælectionum conscriptæ ; auct.* Ernest. Spangenberg. Gœttingue, in-8.º 1808.

73 Cours de Droit français, première partie, sur l'état des personnes et sur le titre préliminaire du code Napoléon; par Proudhon, doyen de la faculté de droit de Dijon. 2 vol. in-8.º Dijon, 1809.

74 Pandectes françaises, ou Commentaires sur le code Napoléon; par MM. Riffé-Caubray et Delaporte.

15 vol. Le premier volume d'une seconde édition a paru en 1812.

75 Conférences sur le Code Napoléon ; par Hua. 5 vol. in-12. Rondonneau, 1812.

76 Le Droit civil français, suivant l'ordre du code Napoléon ; ouvrage dans lequel on a tâché de réunir la théorie à la pratique ; par Touillier, professeur du code Napoléon à l'académie de Rennes. 1811. in-8°. (Les trois premiers volumes paraissent).

N.º IV. *Ouvrages qui ont principalement pour objet la conférence du Code avec les Legislations anciennes et intermédiaires.*

77 *Elementa juris civilis Justinianei cum codice Napoleoneo et reliquis qui in imperio Francogallico obtinent legum codicibus, juxtà ordinem institutionum collati, auct. G. D. Arnold, in academ. Argentor facultat. jur. Prof. 1812. in-8.° Paris, Lenormant. Argentor. Levrault.*

78 Code civil des français, avec des notes indicatives des lois romaines, coutumes, ordonnances, édits, déclarations qui ont rapport à chaque article ; par H.-J. Dard. In-4.°, deuxième édition, 1809.

79 *D. Justiniani institutionum libri quatuor, observationibus perpetuis illustrati, additis earum institutionum cum codice Napoleoneo collationibus; auct. S. - F. Berthelot, juris romani antecessore in univers. imp. consultiss. jurium facult. Parisiensi.* Paris, 1809. 2 vol in-8.°

80 Questions transitoires sur le code Napoléon ; par

Chabot, de l'Allier. Paris, 1809. 2 vol. in-4.º

81 OEuvres de Pothier, mises en rapport avec le code civil et le code de procédure civile, contenant l'extrait des lois rendues depuis 1791, les arrêts les plus notables sur les matières qui y sont traitées, des notes sur les changemens survenus dans notre législation pendant la révolution, etc. ; par MM. Hutteau et Bernardi. 21 vol. in-8.º

Volumes qui ont déjà paru. — Traité des Obligations, 2 vol. in-8.º — De la Communauté, 2 vol. in-8.º — Du Contrat de vente, 1 vol. in-8.º — Du Contrat de louage, 1 vol. in-8.º — Du Contrat de constitution de rente et du Contrat de bail à rente, 1 vol. in-8.º — Des Droits du domaine de propriété, 1 vol. in-8.º — Du Contrat de société, des Obligations qui naissent de la communauté formée sans contrat de société, etc., 1 vol. in-8.º — De la Possession, de la Prescription (extrait de la coutume d'Orléans, sur la prescription), 1 vol. in-8.º — Du Contrat de bienfaisance, 2 vol. in-8.º — Sur les Hypothèques, l'Antichrèse et le Nantissement, 2 vol. in-8.º — Traité du Contrat de change, 1 volum. in-8.º — Traité des Donations, 2 volum. in-8.º. Traité du Testament. 1 vol. in-8.º Traité du contrat d'assurance. 1 vol. in-8.º Traité des successions. 2 vol. in-8.º

82 Le Droit romain dans ses rapports avec le Droit français ; par M.-O. Leclercq, juge à la cour d'appel séante à Liége. Duvivier. Liége, 1810, et anneés suivantes. 6 vol. in-8.º

N.º V. *Traités, Commentaires, etc., sur différentes parties du Code.*

83 Code des Droits civils et politiques, et de l'état civil ; par M. Fleurigeon. 1 vol. in-8.º

84 Traité des enfans naturels, adultérins et incestueux, et abandonnés ; par M. Loiseau, avocat à la cour de cassation. Bavoux. Paris, 1811. 1 vol. in-8.º

85 Traité des enfans naturels, d'après les principes du code Napoléon, et ceux de l'ancienne et de la nouvelle jurisprudence ; par le rédacteur du Journal des Notaires. 1 vol. in-8.º Nicolas Vaucluse. Paris, 1811.

86 Etudes du code Napoléon, considéré particulièrement en ce qu'il intéresse les tutelles et les curatelles ; par M. Delahaye, ancien avocat. Paris, 1810. 1 vol. in-8.º

87 Traité des servitudes, suivant les principes du code Napoléon ; par M. Pardessus. Paris, Durand, 1812.

88 Lois des bâtimens, ou le nouveau Desgodest, traitant, suivant les codes Napoléon et de procédure, 1.º des servitudes en général, 2.º des réparations occasionnées par vice de construction, par accident et par vétusté ; ce qui comprend la garantie des architectes, entrepreneurs et ouvriers ; les devis et marchés ; le privilége sur les constructions, les cas fortuits, les travaux faits chez le voisin ; les incendies, etc. ; 3.º des formes prescrites pour les visites des lieux, et rapports d'experts, avec des modèles

d'actes ; par Lepage, ancien avocat. Edition stéréotype, procédé d'Herhan. Paris, 1811. 2 vol. in-8.º

89 Traité du voisinage, considéré dans l'ordre judiciaire et administratif, et dans ses rapports avec
le code civil; par Fournel. Paris, 1805. 2 vol. in-12.

90 Tableau de la législation ancienne sur les successions, de la législation nouvelle établie par le code
civil, et commentaire sur la loi du 29 germinal an
11, sur les successions ; par Chabot, de l'Allier.
Paris, 1805. 3 vol. in-8.º

91 Manuel pour l'ouverture et le partage des successions, avec l'analyse des principes sur les donations
entre-vifs , les testamens et les contrats de mariage ;
par M. Favard-de-Langlade , conseiller à la cour
de cassation. Firmin Didot. Paris, 1811. 1 vol in-8.º

92 Traité des donations , des testamens et de toutes
autres dispositions gratuites, suivant les principes du
code Napoléon ; suivi du traité de l'adoption et de
la tutelle officieuse ; par J. Grenier. Clermont, 1807.
3 vol. in-8.º 2.ᵐᵉ édit., augmentée. 1812, 2 vol. in-4.º

93 Portion disponible, ou traité de la portion de biens
dont on peut , suivant le code Napoléon , disposer,
à titre gratuit, au préjudice de ses héritiers ; par
Levasseur. 1 vol. in-8.º

94 Le nouveau Furgole, ou traité des testamens à titre
gratuit , mis en rapport avec les principes du code
Napoléon ; par M.-A.-T. Desquiron , jurisconsulte.
Paris, 1810. Clament, frères. 2 vol. in-4.º

95 Nouveau traité des testamens ; par Charles Roux,
substitut du procureur - général près la cour d'appel
de Turin. Turin, 1807. 1 vol. in-8.º

96 Traité de la preuve par témoins en matière civile, suivant les principes du code Napoléon, du code de commerce, et du code de procédure civile; par M.-A.-T. Desquiron, jurisconsulte. 1 vol. in-8.º Veuve Dumimil-Lesueur. Paris, 1811.

97 Commentaire sur la loi du 20 pluviose an 12, relative aux contrats de mariage et aux droits respectifs des époux; par Bernardi. Paris, 1804. in-8.º

98 Traité de la contrainte par corps en matière civile, de commerce, criminelle, correctionnelle et de simple police, telle qu'elle s'exerçait chez les Romains, telle qu'elle l'a été en France, avant et pendant la révolution, avec les changemens opérés en cette partie par les codes Napoléon, de procédure et du commerce; suivi des lois organiques de la banque de France, et terminé par le texte du code de commerce; par Maugeret, avocat. In-8.º

99 Législation hypothécaire, ou recueil méthodique et complet des lois, décrets impériaux, avis du conseil-d'état, et instructions législatives sur le nouveau système hypothécaire, avec des notes de concordance et de rapprochement; par M.-A.-C. Guichard. Paris, Garnery 1810. 3 vol. in-8.º

100 Jurisprudence hypothécaire, ou Recueil alphabétique de questions et décisions sur les points les plus importans de la matière des hypothèques, priviléges, nantissemens, inscriptions, ventes, transcriptions, saisies, expropriations, ordres, contributions; par le même auteur. Paris, 1811. Garnery. 3 vol. in-8.º

101 Régime hypothécaire, ou commentaire sur le 18.ᵉ

titre du livre 3 du code Napoléon ; par Persil. Paris, 1809, in-8.⁰

102 Questions sur les priviléges et hypothèques , saisies immobilières ; par le même auteur. 2 vol. in-12. Paris, chez Gueffier, 1811.

103 Notions élémentaires sur le régime hypothécaire ; par Hua. Paris, 1812. In-8.⁰

CHAPITRE VII.

Code de Procédure Civile.

N.⁰ I.ᵉʳ *Texte et interprétations officielles.*

104 Edition officielle (avec la table), avec le tarif des frais et dépens. Paris, 1810. in-4.⁰, in-8.⁰ et in-32.

105 Edition stéréotype de Firmin Didot ; 1 vol. in-8.⁰ et in-12, avec le tarif et un formulaire pour la poursuite de saisie immobilière.

106 Edition stéréotype d'Herhan. — Texte, avec la taxe des frais. in-18 et in-12. — Avec l'exposé des motifs des conseillers d'état, et les rapports du tribunat au corps législatif, 2 vol. in-12 et in-18.

107 Projet du code de procédure, avec les motifs. In-4.⁰

108 Observations des tribunaux sur ce projet. In-4.⁰

109 Décrets impériaux sur les frais et dépens en matière judiciaire. In-4.⁰ in-8.⁰ et in-32.

N.⁰ II. *Ouvrages publiés sur la généralité du Code.*

110 Traité de la procédure civile ; par Thomines-Desmasures, professeur en la faculté de droit de Caen.

111 Commentaire sur le code de procédure civile; par

M. Delaporte. 2 vol. in-8.º (formant les vol. 17 et 18 des Pandectes françaises).

112 Nouveau traité et style de la procédure civile ; cinquième édition, entièrement revue et corrigée d'après le travail et les observations de la chambre des avoués de Paris, etc. in-4.º Hacquart Paris, 1811.

113 La procédure civile des tribunaux de France ; par M. Pigeau ; deuxième édition corrigée et augmentée. 2 vol. in-4.º. Valade. Paris, 1811 et 1812. (Cet ouvrage a été traduit en italien sur la première édition. Florence, chez Pagani.)

114 Questions sur le code de la procédure civile ; par M. Lepage 1 vol. in-4.º

115 Le praticien français ; par MM. Bavoux et Loiseau. 5 vol in-8.º

116 Cours de procédure civile fait à la faculté de droit de Grenoble ; par M. Berriat-Saint-Prix ; seconde édition. Alfeis. Grenoble, 1811. 1 vol. in-8.º

117 Analyse raisonnée et conférences des opinions des commentateurs et des arrêts des cours, sur le code de procédure civile ; par Carré, professeur à la faculté de droit de Rennes. 1812. 1 vol. in-4.º

N.º III. *Ouvrages publiés sur différentes procédures.*

118 Manuel des justices de paix, avec les formules ; par M. Levasseur. Paris, 1807 ; 1 vol. in-8.º

119 De la compétence des juges de paix ; par M. Henrion-de-Pansey. 2.me édit. Paris, 1812. Barrois, in-8.º

120 Manuel des justices de paix, ou traité des servitudes foncières, et des tutelles, à l'usage des juges de paix ; par le tribun Tarrible. 1 vol. in-8.º

121 Manuel pratique, et nouveau style des huissiers, avec formules ; par M. Lepage. 1 vol. in-12.

122 Nouveau manuel, ou style des huissiers, avec formules et tarifs (ouvrage approuvé par la chambre des huissiers de Paris); troisième édition ; par A.-G. Daubanton. 1 vol. in-8.º

123 Les deux vérificateurs d'écritures pour la reconnaissance des faux ; le premier, applicable aux billets de banques publiques ; l'autre, aux signatures et à toutes sortes d'écritures ; par Charles-François Badini. 1 vol. grand in-8.º

124 Manuel des experts, traitant, 1.º des experts, de leur choix, de leurs devoirs, etc. ; 2.º des biens et des différentes espèces de propriétés ; 3.º de l'usufruit, des servitudes, des réparations locatives, de la garantie et des défauts de la chose vendue, etc. ; deuxième édition, augmentée. Arthus Bertrand. Paris, 1810. 1 vol. in-8.º

125 Traité des saisies et des contraintes, avec formules et tarifs ; par M. Lepage. 2 vol. in-8.º

126 Traité sur l'art de vérifier les écritures et signatures contestées; par L. P.-Flambart. Toulouse, Devers, père et fils. 1 vol. in-8.º

CHAPITRE VIII.

Code de Commerce.

N.º I.ᵉʳ *Texte et interprétations officielles.*

127 Nouvelle édition officielle. Paris, 1810, imprimerie impériale. In-4.º , in-8.º et in-32.

128 Edition stéréotype de Firmin Didot, avec les motifs et le rapprochement des articles du code Napoléon et de procédure. 1 vol. in-18.

129 Edition stéréotype d'Herhan, avec les motifs. In-18, in-12 et in-8.º

130 Edition des archives du droit français, avec les motifs, la forme de procéder devant les tribunaux de commerce; les statuts de la banque de France; un dictionnaire des termes du commerce, de banque et de marine; le précis des lois sur le roulage; les lois sur les douanes, sur le taux de l'intérêt de l'argent, etc. cinquième édition, 1810, Clament, frères. 1 vol. in-8.º

131 Projet du code de commerce; édition originale. 1 vol. in-4.º Edition de Baudouin. 1 vol. in-8.º

132 Observations des tribunaux sur ce projet. 4 vol. in-4.º

133 Révision du projet du code de commerce, précédée de l'analyse raisonnée des observations des tribunaux; par MM. Gorman, Legras et Vital Roux, membres de la commission du code de commerce. 1 vol. in-4.º

N.º II. *Ouvrages publiés sur l'universalité du Code.*

134 Esprit du code de commerce ; par M. Locré, secrétaire-général du conseil-d'état. Paris, 1811. 6 vol. in-8.º (il y en a aussi une édition in-4.º)

135 Le parfait négociant ; par J.-M. Dufour. 2 vol. in-8.º

136 Commentaires sur le code de commerce ; par M.-J.-B. Delaporte. 2 vol. in-8.º, (formant les 19.º et 20.º vol. des Pandectes françaises).

137 Législation commerciale de l'empire français ; par
Maugeret , avocat. 3 vol. in-8.º

138 Institutes du droit commercial français ; par M. Delvincourt. Paris , 1810. 2 vol. in-8.º Rondonneau.

139 Élémens de jurisprudence commerciale ; par M. Pardessus, professeur du code de commerce à la faculté
de droit de Paris. 1 vol. in-8.º 1811.

N.º III. *Ouvrages publiés sur différentes parties de la législation commerciale.*

140 Manuel des arbitres , ou traité complet de l'arbi-
trage, tant en matière de commerce, qu'en matière
civile ; par M. Boucher. 1 vol. in-8.º Paris, 1807.

141 Traité du contrat et des lettres-de-change , des billets
à ordre et autres effets de commerce, suivant les
principes des nouveaux codes ; par M. Pardessus,
1810 , 2 vol. in-8.º

142 Le nouveau Valin , ou le code commercial maritime ; par Sanfourche-Laporte , avocat. 1 vol. in-4.º

143 Code des prises ; édition de l'imprimerie impériale.
In-4.º

144 Notes sur la forme de procéder devant les tribunaux
de commerce; par Legras. 1 vol in-8.º

145 Traité des formalités et de la procédure civile des
tribunaux de commerce ; par P.-B. Boucher. 1
vol. in-4.º

CHAPITRE IX.

Code d'Instruction Criminelle et Code Pénal.

N.º I.ᵉʳ *Texte et interprétations officielles.*

146 Code d'instruction criminelle ; édition officielle. In-4.º, in-8.º et in-32.

147 Code pénal; édition officielle. In-4.º, in-8.º et in-32.

148 Exposé des motifs du code pénal ; édition officielle. In-4.º et in-8.º

149 Edition stéréotype d'Herhan ; (avec les motifs, et une table qui réunit sur chaque matière toutes les dispositions y relatives, et qui indique à l'article de chaque officier public, les fonctions qui lui appartiennent). 1 vol. in-18 et in-12.

150 Code d'Instruction criminelle , édition stéréotype de Didot, avec les motifs. 1 vol. in-12 et in-18.

151 Code pénal, avec les motifs ; édition stéréotype de Didot. in-8.º, In-12 et in-18.

152 Projet du code criminel, 1 vol. in-4.º

153 Observations des tribunaux sur ce projet. 8 vol. in-4.º

154 Projet du code criminel , avec les observations des rédacteurs, celles du tribunal de cassation, et le compte rendu par le grand-juge, suivi d'une table des matières; par l'auteur du Dictionnaire Forestier. Paris, 1804. 1 vol. in-8.º

N.º II. *Ouvrages publiés sur les deux Codes.*

155 Cours élémentaire du code pénal et d'instruction

criminelle; par Pigeau, professeur à la faculté de droit de Paris. Paris, 1812. Nève.

156 Code d'instruction criminelle, avec des notes explicatives et des formules; par M. Bourguignon. 1 vol. in-8.º

157 Manuel d'instruction criminelle, contenant le code d'instruction criminelle, le code pénal, et le réglement sur l'organisation judiciaire (avec formules); par M. Bourguignon; troisième édition. 2 vol. in-8.º Leblanc. Paris, 1811.

158 De l'instruction criminelle, considérée dans ses rapports généraux et particuliers avec les lois nouvelles, et la jurisprudence de la cour de cassation ; par M. Carnot, conseiller en cette cour, chevalier de l'empire et de la légion d'honneur. 2 vol. in-4.º Paris, 1811. Nève.

159 Dictionnaire raisonné des lois pénales de France, contenant les dispositions des codes, lois, ordonnances et réglemens actuellement en vigueur, qui fixent les caractères des crimes et délits commis, des crimes et délits militaires et maritimes, des délits ruraux et forestiers, des contraventions aux taxes et contributions directes ou indirectes, aux réglemens sur les douanes, sur les droits réunis, aux ordonnances de police, et qui déterminent les peines applicables à chaque fait réputé crime, délit ou contravention; précédé d'une dissertation sur les règles qui doivent être observées dans l'application des lois pénales; par M. Bourguignon, conseiller en la cour impériale de Paris. Leblanc. Paris, 1811. 3 vol. in-8.º

160 Traité de Procédure criminelle, correctionnelle et de police ; par M. Hautefeuille, conseiller à la cour impériale d'Orléans. 1 vol. in-4.º Hacquart. Paris, 1811.

161 Traité de la Preuve par témoins en matière criminelle, suivant les principes du code d'instruction criminelle et du code pénal; par M.-A.-T. Desquiron. Paris, 1811.

162 Manuel des Jurés, contenant le texte du titre II du second livre du code d'instruction criminelle, précédé de l'exposé des motifs de ce titre ; par M. le conseiller-d'état Faure, et terminé par le rapport de M. Riboud, membre de la commission de législation ; par M. Rondonneau. Petit in-12. Patris. Paris, 1811.

CHAPITRE X.
Notariat.

163 Organisation du Notariat, contenant la loi du 25 ventose an XI, les motifs de cette loi et le rapport fait au tribunat; par M. Favard. Paris 1803. 1 vol. in-12.

164 Code notarial, ou Recueil chronologique des lois, arrêtés du gouvernement, décrets impériaux, avis du conseil-d'état, arrêts de la cour de cassation et des cours impériales, et des instructions ministérielles, concernant le notariat, rendus depuis la loi du 25 ventose an XI. 1 vol. in-8.º Thibaud. Riom, 1811. (Paris, chez F. Buisson, libraire, rue Gît-le-Cœur, n.º 10).

165 Le nouveau parfait Notaire ; par A.-J. Massé, notaire. A Paris ; troisième édition. 3 vol. in-4.º

166 Traité élémentaire du Notariat ; par M. Garnier-
Deschesnes. 1 vol. in-8.º ; troisième édition.

167 Répertoire de la législation du Notariat, avec quatre-
vingt-deux tableaux généalogiques , pour faciliter ,
dans tous les cas prévus , le partage des successions
ouvertes *ab intestat* ; par M. Favard. 1 vol. in-4.º

168 Élémens de la science Notariale ; par J.-B. Loret.
3 vol. in-4.º

CHAPITRE XI.

Législation intermédiaire.

169 Lois civiles, ou Code civil intermédiaire, formé de
la réunion des lois, arrêtés , etc. , sur l'état des personnes et la transmission des biens , rendus depuis le
4 août 1809 , jusqu'au 3 ventose an 12 (mars 1804);
par J.-B. S. et G.-S. L. ; deuxième édition. 4 vol.
In-8.º

170 Traité de la Tutelle et de la Curatelle, antérieurement au code Napoléon ; par Vermeil.

171 Code de l'État civil et du Divorce ; par Vermeil.
in-12.

172 Code des Enfans naturels ; par Vermeil. In-12.

173 Traité sur les Transactions; par Guichard. 2 vol.
in-12.

174 Recueil des lois sur les Transactions pendant le
cours du papier-monnaie ; les remboursemens et
l'action en rescision pour cause de lésion. In-4.º

175 Recueil des lois et arrêtés relatifs à l'action en res-

cision , pour lésion des ventes et partages faits pendant le cours du papier-monnaie. In-8.º

176 Recueil des lois sur les Successions , Donations, Partages, etc., depuis 1790 , jusqu'au code Napoléon. In-4.º

177 Code des Successions et des Donations ouvertes avant le code Napoléon ; par Vermeil. 2 vol. in-12.

178 Explication de la loi du 4 germinal an VIII ; par Levasseur.

179 Traité sur les avantages entre époux, d'après la loi du 17 nivose an II et subséquentes ; par Levasseur. In-8.º

180 Traité de la contrainte par corps ; par Fournel. 1 vol. in-12.

181 Recueil des lois relatives au régime hypothécaire , depuis et y compris la loi du 11 brumaire an VII. In-8.

182 Code hypothécaire ; par Guichard.

183 Code Judiciaire civil , ou Recueil des lois, arrêtés, etc., relatifs à l'organisation et à la procédure judiciaire civile , depuis 1790 , jusqu'à l'an XII. 1 vol. in-8.º

184 Code des Délits et des Peines , du 3 brumaire an IV. In-4.º et in-32.

185 Recueil complet des lois sur les Émigrés. 1 vol. in-4.º

CHAPITRE XII.

Législation administrative et financière.

186 Recueil des lois, arrêtés et discours relatifs à l'organisation des Cultes. In-4.º

187 Recueil des décrets et statuts impériaux, relatifs aux Titres et aux Majorats. In-4.º

188 Traité sur les conflits d'attributions, ou Recueil des lois, arrêtés, etc., concernant les attributions du conseil-d'état, et la compétence des autorités administratives et judiciaires, depuis 1789, jusqu'à 1806. 1 vol. in-12.

189 Mémoire sur les attributions des conseils-généraux de département. In-8.º

190 Code de Police (jusqu'au 1.ᵉʳ janvier 1809); par M. Fleurigeon. 2 vol. in-8.º

191 Supplément à la dernière édition du code administratif, ou code de Police, jusqu'au 1.ᵉʳ avril 1809. 1 vol. in-8.º

192 Code des Cautionnemens (jusqu'à l'an XIII); par J.-G. Dulaurens. In-8.º

193 Principes d'administration publique, pour servir à l'étude des lois administratives ; par C.-J. Bonnin ; seconde édit. 1 vol. in-8.º

194 Code de compétence de toutes les autorités constituées de l'empire français, administratives, judiciaires, civiles, militaires, etc. ; par Y.-C. Jourdain. 3 vol. in-8.º

195 Manuel des Conseils de préfecture, ou Répertoire analytique des lois, arrêtés du gouvernement, décrets impériaux, avis du conseil-d'état, arrêts de la cour de cassation, relatifs à la justice administrative du ressort des conseils de préfecture ; par M. Mathieu Simon, conseiller de préfecture du département de Rhin et Moselle, etc. 3 vol. in-8.º Hériot. Coblentz, 1810 et 1811.

196 Recueil complet des ordonnances de Police, rendues depuis l'établissement de la préfecture de police de Paris. 1 vol. in-12. Bertrand-Pothier. Paris.

197 Code des Mines, y compris la loi du 21 avril 1810. Paris, 1810. 1 vol. in-12.

198 Dictionnaire des Droits d'enregistrement, de timbre, de greffe et d'hypothèque; par les rédacteurs du Journal de l'Enregistrement. 2 vol. in-4.º Moreaux. Paris, 1811.

199 Code des Droits de timbre et d'enregistrement, de greffe et d'hypothèque. Paris, 1810. Clament, frères, 1 vol. In-18.

200 Recueil complet des lois. arrêtés et décrets sur les hôpitaux et établissemens de bienfaisance, depuis 1789. in-4.º

201 Dictionnaire de la Législation des droits de douane; par M. Magnier; deuxième édition. 1 vol. in-8.º Paris. Ant. Bailleul, 1807.

202 Code des Douanes de l'empire français; par Dujardin-Sailly. Paris, 1810. 1 vol. in-4.º.

203 Tarif chronologique des Douanes, avec un tableau analytique des contraventions en cette matière; par le même; quatrième édition. Paris, 1809. 1 vol. in-4.º

204 Code des Douanes (depuis le mois de novembre 1790, jusqu'en 1806); par M. Magnier-Grand-Prez. 2 vol. in-8.º

205 Code des Droits réunis. 2 vol. in-8.º

206 Manuel des Contribuables, ou Recueil contenant les lois fondamentales, les décrets et les instructions ministérielles sur les contributions directes; par

J.-G. Dulaurens, 1 vol. in-8.º Patris. Paris, 1811.

207 Code des Contributions directes. 2 vol. in-8.º Valade. Paris, 1811.

208 Collection des lois, arrêtés, etc., concernant le Cadastre; par J.-B. Oyon. 4 vol. in-8.º

209 Code des Contributions directes; par Dumont. 1 vol. in-8.º

210 Manuel du Forestier, ou Traité élémentaire concernant le balivage, le martelage, les ventes et les exploitations annuelles; par Richard. In-12.

211 Nouveau code forestier (depuis l'an XI;) par Romdonneau. 1 vol. in-8.º

212 Code de la Chasse et de la Pêche. In-8.º

213 Manuel des Propriétaires ruraux, par ordre alphabétique; par M. Sonnini; deuxième édition. 1 vol. in-12. Paris, 1811.

214 Code des Patentes. Brochure in-8.º

215 Recueil des lois principales sur la Dette publique. In-4.º

216 Code des Domaines nationaux; par Camus. 2 vol. in-8.º

217 Recueil des lois et arrêtés sur la vente et le payement des domaines nationaux, faisant suite au Code des Domaines. In-4º.

218 Code des Octrois municipaux et de bienfaisance, avec celui des Droits réunis. In-8.º

CHAPITRE XIII.

Législation militaire.

219 Code de la Conscription, depuis l'an V, jusques et y compris la conscription de 1809. In-8.º

220 Recueil complet des lois, etc., sur la Garde nationale. In-4.º

221 Instruction de S. E. le ministre de la guerre, du 24 brumaire an XII, sur l'exécution des dispositions du code Napoléon, applicables aux militaires de toute arme. In-8.º

222 Etat actuel de la Législation sur l'administration des troupes ; par P.-W. Guillet. Nouvelle édition. 3 vol. in-8.º

223 Code Pénal militaire. In-12.

224 Traité de Procédure criminelle devant les tribunaux militaires et maritimes de toute espèce ; par M.-J.-M. Le Graverend, avocat. 1 vol. in-8.º

225 Code Pénal maritime, etc. ; par M. Lebeau. Paris, 1805. 1 vol. in-18.

226 Code de la Gendarmerie, avec modèles des procès-verbaux. 1 vol. in-8.º

CHAPITRE XIV.

Jurisprudence des Arrêts.

227 Journal du Palais, présentant la jurisprudence de la cour de cassation, et des cours impériales de Paris et des départemens, sur l'application de tous les codes de l'empire français aux questions douteuses

(375)

et difficiles. In-8.º 34 vol. Il en paraît trois par
année.

228 Jurisprudence, ou Journal des Audiences de la
cour de Cassation ; par Sirey, avocat en la cour de
cassation. 1 vol. in-4.º , depuis l'an X , et un vol.
de supplément, de 1791 à l'an X.

Ce Journal a pris le titre de Recueil général des
lois et arrêts en matière civile, criminelle, commerciale et de droit public, depuis l'avènement de Napoléon , jusqu'à la fin de 1812. 13 vol. in-12.

229 Table alphabétique et raisonnée du Recueil général
des lois et des arrêts en matière criminelle, civile, etc.
ou notices décennales de législation et de jurisprudence , depuis l'avènement de Napoléon (1800
à 1810); par Sirey. 1 vol. in-4.º Paris. Hacquart,
1811.

230 Journal des Audiences de la cour de Cassation , ou
Recueil des arrêts de cette cour , en matière civile
et mixte ; par Denevers , greffier de la section civile
de ladite cour , et Duprat, avocat. 10 vol. in-4.º
par an, depuis l'an XII , et 1 vol. de supplément
de 1791 à l'an XII.

231 Bibliothèque (ou Journal) du Barreau et des Ecoles
de Droit , ou examen et extraits des principaux
ouvrages français et étrangers qui ont rapport aux
codes Napoléon, de commerce , de procédure, etc. ;
par Mauguin et Dumoulin, avocats. 1 vol. in-8.º par
année , à partir de l'an 1808.

232 Bibliothèque (ou Journal) du Barreau et des Ecoles
de Droit, ou Recueil des lois émises après les différens codes, des décrets impériaux , avis du conseil-

d'état, décisions ministérielles et arrêts des cours de justice de l'empire, relatifs à la législation civile, criminelle et commerciale. In-8.º 2 vol. par année, à partir de l'an 1808.

Ce Journal a été réuni, en 1812, à la

233 Jurisprudence du code Napoléon, ou Recueil des arrêts rendus par les cours d'appel et par celle de cassation, depuis la promulgation du code ; par MM. Bavoux et Loiseau ; il en paraît 2 vol. par année, à partir de l'an XII (1802). In-8.º

234 Recueil des Causes célèbres et des arrêts qui les ont décidées ; par Méjan. 3 vol. par année, à partir de 1806. In-8.º

TABLE

DES TITRES ET CHAPITRES.

TABLE ALPHABÉTIQUE

DES

MATIÈRES.

A.

D.

E.

Q.

U.

V.

W.

FIN.